天下文化

BELIEVE IN READING

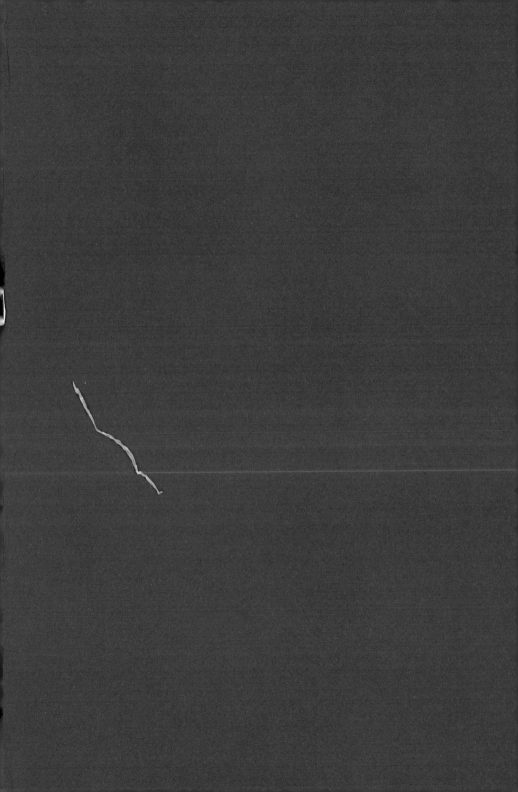

UP CLOSE AND ALL IN

——Life Lessons from a Wall Street Warrior——

摩根士丹利傳奇執行長
麥晉桁回憶錄

JOHN MACK

目錄

前言

我想說一下我在華爾街的四十三年職業生涯中，兩次難忘的交談經驗。一次是在一九九二年，跟一位摩根士丹利的資深交易員，內容是關於他早餐的三明治；另一次是在二〇〇八年，跟三位美國經濟的重量級人物，內容是我以摩根士丹利執行長的身分，拒絕以每股二美元出售公司。

兩次談話展現我個性的不同面相。我必須為沒有權勢的人挺身而出，我也把事實真相告訴大家，無論後果為何。

早餐三明治的故事已經成為華爾街的一則傳說。我在前往早上八點的會議途中，看到有個外送員站在一排電梯前，等開完會他還在那裡，手裡拿著一個紙袋。

「半小時前你不就在這裡了嗎？」我問他。

「是啊。」他說。

「你有打電話給對方嗎？」

「打了兩次。」他告訴我。

「把號碼給我。」

我一把抓過他手上的紙條，走到電話機前，撥打那人的分機號碼。「我是麥晉桁，*趕快出來拿你的早餐。」當時我是營運委員會的主席，再過幾個月就要升任總裁。當這位員工出現時，我劈頭把他罵了一頓。「你以為你是誰？他跟你一樣，都是在賺錢討生活。你讓他一直等，等於是把錢從他的口袋裡掏出來。下次再這樣，小心我把你給炒了。」

---

* 編注：作者全名為「強尼・約瑟夫・麥克」（Johnnie Joseph Mack），本書採用摩根士丹利進軍中國市場時請專人為他所取的中文名字「麥晉桁」。若行文中家人朋友稱呼他的名字「強尼」，或暱稱其「約翰」（John），我們也保留原來的稱呼方式。

這故事的重點在於待人之道。對我來說，無論從事什麼職業、銀行有多少存款，人人都是平等的。我也要求我的下屬，無論是面對CEO、同事，還是街角小吃店的店員，都要做正確的事。對那位資深交易員開嗆，並不是我對一個職級低我好幾階的下屬發火，而是我一貫的態度，要讓大家清楚知道，什麼樣的行為無法被容忍。有時我得強硬點，讓對方真正接收到我的訊息。

華爾街會吸引想賺很多錢、超好強、超積極進取的人，這類型的人確信自己最聰明，而且會不惜一切來證明。一般來說，天性樂於助人者會去當醫師或老師，而不是交易員或投資銀行家。而我就是要讓他們相信，把集體利益放在個人利益之上，才是最好的工作方式。

換句話說，我想建立一種文化，把這群汲汲營營的華爾街之狼凝聚成一個團隊，而其中一種方法，是對著一位不體貼的交易員大吼。

另一次在我職業生涯中的難忘時刻，是我把暱稱「漢克」的亨利・鮑爾森（Henry "Hank" Paulson）、班・柏南奇（Ben Bernanke）和提摩西・蓋特納（Timothy Geithner）的電話掛掉，他們當時分別擔任美國財政部長、聯準會主席和紐約聯邦準備銀行總裁。在美國的商業和金融中心被大蕭條以來最嚴重的金融危機吞噬之際，掛掉這三人的電話可謂魯莽之舉。當時的摩根士丹利處於崩潰邊緣，但我拒絕把公司的四萬五千名員工和股東拱手讓人。正是那幾次十分鐘的電話交談，讓我相信自己有一些寶貴經驗值得教給大家。

或許你不必去跟財政部長作對，但人的一生中，有時必須在眾目睽睽下做出艱難決策。無論是經營事業還是家庭，或者單純過生活，在壓力下做決策是領導力的本質。在不知結果如何的情況下做出艱難決定——承擔風險或是對眾人開誠布公——足以證明一個人的氣魄。

在華爾街的四十多年間，在危機時刻和尋常日子裡，我學到了很多正確和錯誤的管理方式。我看過太多人自稱領導者，卻沒有真正在領導。他們逃避衝突，遲遲不肯做出艱難決策。他們自以為無所不知，周遭的人只說他們想聽的話。他們要求員工做一些自己辦不到的事。他們一味批評卻不懂得稱讚，以為只有錢能激勵人心。這些冒牌領導者高估自己的能耐，遇到壞消息便大驚小怪，期待別人完全照自己的方式做事，殊不知有時換種做法，可能會得到更好的結果。

某種程度上，本書是關於發話者如何成為傾聽者、傾聽者如何成為更好的人、更好的人如何成為更好的領導者。我的自信來自天性，但我得學會如何增進他人的信心與互助合作的精神，讓團隊的成果遠高於單打獨鬥的總和。我親身體會領導者是後天養成，而非與生俱來。領導力是種教養，有時得練習才行，就像銷售力，有些人學得比較快，但終究是學得會的。

我在摩根士丹利的三十四年當中，以打造華爾街最強大、最有生產力的團隊為目標，我要驕傲地說，我認為我做到了。我們洞燭趨勢之先，創造破紀錄的獲利，也度過嚴重的危機。這段期間，摩根士丹利也躍上全球第一的寶座，業務擴及四十三國，從一九七二年的三百名員工，成長到今日五萬人的公司。

我將分享我採取哪些策略和哲學，使我一路從北卡羅萊納州的工業小鎮，到華爾街四十樓的轉角辦公室，這是美國典型的飛黃騰達歷程。上個世紀初，我的祖父和父親從黎巴嫩南部某個小村莊來到美國，最後落腳於北卡羅萊納州的莫爾斯維爾（Mooresville），這是一座只有一盞紅綠燈、居民幾乎清一色是浸信會教徒的小鎮。我們跟別人不同。我父母是虔誠的天主教徒，在家講阿拉伯語。我們家在晚餐時不聊金融服務業的話題，鎮上唯一的證券，是當地銀行的股票，而我的夢想是跟堂哥在北卡羅萊納州開一間男裝店。

上大學後，我發現我以前對自己的了解全都錯了。我是以代表全州的足球員身分取得全額運動獎學金，進入杜克大學（Duke University）就讀。高三時我在九十名學生中名列前茅，但到了杜克我差點被當掉。我在足球場上的表現更慘，從足球明星淪落到坐冷板凳。之後父親去世，我為了籌措讀完大四的費用，就在當地一家證券公司的後臺擔任初階工作。

不久我就明白，我的未來在紐約。一九六八年，我來到曼哈頓。當時正處於轉變的時刻。摩根士丹利這些一流銀行所扮演的角色，向來是為ＩＢＭ和Ａ Ｔ＆Ｔ之類的藍籌客戶提供建議，不會去碰股票和債券交易這種在他們眼中不入流的業務。一九七〇年代初，自由化和新科技改變戰場，諸如所羅門兄弟（Salomon Brothers）和美林證券（Merrill Lynch）這種野心勃勃的證券公司，積極地挖角客戶，破壞長久以來的商業模式。平靜的華爾街瞬間變得你爭我奪，當時身處前線的我看得一清二楚。之後幾年，我大量接納風險、壓力，以及敢衝敢撞、大鳴大放的人。我開創的那個喧鬧、煙硝味濃厚的牛棚，立刻感覺像是個家。接下來的內容中，你不僅會了解華爾街過去五十多年來的轉變歷程，也會知道如何在不斷演進的產業中一直走在最前面。

寫這本書是件非常歡喜的事，裡面包含九十多人的訪談內容，這些人來自我生活中的各個領域。這是個關於意志力、生存力和勝利的故事，深度指引個人如何好好活、好好領導。

第一章
CHAPTER ONE

Up Close and All in:
Life Lessons from a Wall Street Warrior

我無法移開目光。

史密斯爾公司（F. S. Smithers & Co.）是一間歷史悠久的投資銀行，辦公室位於曼哈頓下城的最前端，俯瞰著紐約港的自由女神像。時間是一九七〇年，我正在進行求職面談。我了解公司債的業務，也一一回答了未來上司的問題。高舉火炬的自由女神像，占滿我面前的整片落地窗。當陽光灑在她那氧化的綠銅上時，我滿腦子想著，**從此這位女神就是我安身立命的起點了**。

六十七年前，一九〇三年十二月二十二日——耶誕節的前三天——正當貝爾格萊維亞號（SS Belgravia）輪船駛進紐約港之際，我的祖父漢娜．馬克歐．法考瑞（Hanna Makhoul Fakoury）在這艘船上，經過被紛飛雪花一圈圈覆蓋的自由女神像。有錢的乘客只需要登上甲板，就能馬不停蹄地展開新人生。至於像祖父這種擠在統艙的乘客，則是被接駁到艾利斯島（Ellis Island）接受檢查和進一步的處置。身著制服的官員盯著這群剛到港的新人，他們排隊登上樓梯，來到兩層樓高的登記處，這裡寬闊宏偉，說話會有回聲。檢查員和身穿白袍的醫生想找出任何健康上的理由，像是乾咳、眼睛充血溼潤、瘸腿等，好把乘客遣送回他們才剛離開的國家。艾利斯島做為移民檢查站的六十多年間，有超過十二萬名移民者被拒絕入境。

身強體健的祖父順利通過檢查。當他走向負責移民登錄的辦事員時，漢娜・馬克歐已經拿掉姓氏法考瑞。但他的名字又遭到進一步修改。由於漢娜在美國是女生的名字，於是辦事員寫下約翰（John），也是當年美國男生的菜市場名。馬克歐（Makhoul）成了馬寇（McCall），祖父又將它簡化成麥克（Mack）。

第一位約翰・麥克（John Mack）就這麼抵達了美國。

＊＊＊

祖父在魯姆（Roum）務農，魯姆是個黎巴嫩南部的小山村，隸屬鄂圖曼帝國。他當時應該是栽種小麥和橄欖，但經濟局勢日益艱難。祖父有位黎巴嫩朋友，住在南卡羅萊納州的馬里昂（Marion），在雙方的書信往來中，這位朋友鼓勵祖父來美國。於是，這位嶄新的約翰・麥克在三十五歲那年決定把人生打掉重來，到有錢可賺的地方去。完全不懂英文的祖父暫別了妻子娜辛（Naceem），以及他們的孩子。當時那個家可能還不到一貧如洗的地步，否則他便出不起橫渡大西洋的六十五美元；又或者，娜辛把她的嫁妝金手鍊給了祖父當作盤纏。妻子們經常會這麼做。

祖父騎著驢子從魯姆跋涉二十五英里的泥土路來到貝魯特（Beirut），他先搭船去埃及的亞歷山卓港，之後轉往法國馬賽。他遵守醫療規定，在馬賽隔離了幾星期，檢查是否有天花、霍亂和斑疹傷寒等疾病。他拿著健康證明，搭上一班北上的火車去趕搭貝爾格萊維亞號輪船，這艘船從法國的濱海布洛涅（Boulogne-sur-Mer）港口啟程，花了約十五天橫渡大西洋。

約翰．麥克在艾利斯島獲得放行後往南走，可是紐約市的火車售票員賣給他一張前往北卡羅萊納州馬里昂的票，和祖父原本打算去的地方相距二二七英里。不用說也知道，那裡根本沒有人來接他，他又無法開口求助，完全不曉得自己跑錯了州。他在磚造的火車站外的長椅坐了一整天，可想而知是飢餓、徬徨，又孤獨。晚上站長準備收工時，覺得平安夜裡不能讓這個人在外頭受凍，於是把祖父帶回家，給他東西吃，讓他睡覺。

站長發電報給他認識的一對黎巴嫩兄弟，他們在北卡羅萊納州夏洛特（Charlotte）的火車站旁經營小吃店。他讓約翰・麥克搭火車前往東南方一百英里的夏洛特，兩兄弟給了他一個房間，還讓他在餐廳工作。祖父省吃儉用，最後自己當起老闆，向批發商買進鍋碗瓢盆、桌巾、床單、男裝女裝甚至女性內衣，開始揹著約兩百磅的貨品徒步叫賣，賣給農民和他們的妻子。他的地盤大約是北卡羅萊納州中心夏洛特以外的方圓五十英里，一個松香濃郁、名叫皮埃蒙特（Piedmont）的丘陵地，包括庫利米（Cooleemee）、索爾茲伯里（Salisbury）、柴納格羅夫（China Grove）和坎納波利斯（Kannapolis）等城鎮。我無法想像祖父竟然有膽子來到美國，也無法想像當他主動敲陌生人家的門、試圖推銷東西的時候有多麼害怕。

有些移民會拋棄母國的妻兒，但祖父沒有。一九〇七年，他回黎巴嫩想把家人接來北卡羅萊納州，但是娜辛堅決不肯，他只好把她和幾個孩子留在魯姆。不過，有兩個孩子，諾拉（Nora）和扎爾茲（Tsharlz）——英文名是查爾斯

（Charles），確實在一九〇八年陪祖父途經艾利斯島回到北卡。查爾斯，也是我父親，來美國的時候十四歲。伯父希德（Side）則是晚一年過來。

一九一二年，祖母娜辛態度軟化。她要丈夫寄錢回來，好替自己跟留下來的三個孩子買船票去美國。但是她在大夥成行前便去世了。於是祖父派十八歲的查爾斯最後一次去魯姆，把其他三個妹妹帶了過來。

查爾斯和希德加入父親的叫賣行列，他們賺了足夠的錢，買了一輛推車，先是用手拉，之後買了一匹馬。有回我在北卡的嘉德溪長老教會（Coddle Creek Presbyterian Church）一年一度的烤肉大會上，遇到一位父親的熟識。老先生放下盤子裡的桃子餡餅，跟我說起大約一九一四年的某個晚上，他把當時筋疲力竭的祖父、希德伯父和父親安置在他家穀倉裡，讓他們過夜。「你爺爺、你伯父和你爸爸都是好人，我看得出來。」一九一二年，祖父在夏洛特北邊三十英里的工業城莫爾斯維爾，開了一家「約翰．麥克父子」（John Mack & Son）乾貨店，像老先生這樣的農夫便成了祖父的顧客。

我父親有他自己的想法。他開過一家皮鞋店，也生產過糖果，還投資過一家冰淇淋公司。最後，他在雜貨批發生意安定下來，在金寶湯公司（Campbell Soup Company）、賀喜巧克力（Hershey）、家樂氏玉米片（Kellogg's Corn Flakes）等製造商，以及雜貨店、藥局、醫院、餐廳、彈子房等零售業者之間，擔任中介者。他替這門新事業取名為「查爾斯・麥克父子批發商行」（Charles Mack & Sons Wholesale），其中的「子」是指我父親第一段婚姻中的四個兒子。

北卡的黎巴嫩社群之活躍，可能會令許多人大吃一驚。一八八〇年到一九一四年間，有超過三十六萬人離開黎巴嫩，有些在美國南方落腳。有段時期，美國每個郡都有黎巴嫩的小販，連阿拉斯加都不例外。這群黎巴嫩移民的下一代，經營著電器行、咖啡館和保齡球館之類的小生意。

祖父和同船幾位先生成為情同手足的莫逆之交，他們的家人也成為我們的第二家人。每個月有好幾次，祖父——以及在他之後是我父母（我母親的故事容後再述）、叔叔和嬸嬸——會花一兩小時的時間，前去拜訪北卡和南卡的黎巴嫩延伸社群。大家用阿拉伯語聊些母國和新國的八卦，星期天他們在不同人家裡吃午餐，而且不是隨便在烤肉架上扔幾個漢堡包和熱狗就了事。女人們天還不亮就起床切洋蔥、燒烤肉片、發麵團，製作黎巴嫩的傳統料理炸肉球（kibbeh）、沙威瑪（shawarma）和香料薄餅（manakish）。

一九四四年十一月十七日，我，強尼・約瑟夫・麥克（Johnnie Joseph Mack），出生在一個溫暖、相親相愛的世界。家裡除了我還有四位同父異母的兄弟，以及比我大三歲的親哥哥富蘭克林（Franklin），我在家人和黎巴嫩傳統的包圍下成長。這是我的核心認同。如果把籃球框拿掉，我家後院就像在黎巴嫩鄉下。我父母養了羊、兔子和雞，還種了葡萄，葡萄的藤蔓纏繞在二十英尺長的杆子上，高到可以在底下走動。小時候我跟哥哥會幫母親摘取葡萄藤的嫩葉，來包肉和米飯，做成葡萄葉飯捲（warak enab）。

我以身為麥克家的一員為榮，我也愛莫爾斯維爾，但那畢竟是個小地方。祖父和父親當年來到紐約港後往南走，我則是反其道而行，一九六八年杜克大學一畢業，就搬去紐約市。

我想在金融業發展，華爾街是起點。

第二章
CHAPTER TWO

Up Close and All in:
Life Lessons from a Wall Street Warrior

八月的第三個星期天，我帶著八美元的銀行存款出現在曼哈頓。一位南卡羅萊納的遠親願意讓我睡他家的沙發，同時我也參加了美邦公司（Smith Barney）的訓練課程。我小時候就跟父母來過紐約旅行，但這次我得靠自己。

我很習慣北卡夏天的潮溼悶熱，但我沒料到曼哈頓的人行道白天熱得像蒸籠，晚上的氣溫也幾乎沒下降，熱到讓人喘不過氣。黃昏在煙霧中到來，我只能在摩天大樓間瞥見令人驚嘆的火紅落日。隨處亂扔的垃圾發出陣陣惡臭，我也習慣在走回第一大道和第二大道之間的三十街住處時看到老鼠。噪音從沒停過。深更半夜，卡車疾駛在第二大道上。時代廣場烏七八糟，充斥著窺視秀（peep shows）、妓女和皮條客，犯罪案件多到失控，人們不注視彼此，整座城市散發著敵意的氛圍。

但這一切都困擾不了我，我喜歡這裡。當然，晚上如果看到有人走在我旁邊，我會走到馬路對面，而且天黑以後絕不進入中央公園。我不傻，但也不會感到不安，全身充滿精力。

當時的我，只專注在兩件事情上。第一，我何時能搬離遠親雷伊・法蘭西斯

（Ray Frances）家的沙發？我已經在他家超過一個月，雷伊有著南方人的溫和舉止，但他開始天天問我房子找得如何。第二，也是更重要的，我想確定我在美邦公司的表現優於其他人。

進入美邦公司的路一直都不是康莊大道。我的足球獎學金支付四年，但我還需要一門課才能畢業，於是我在北卡羅萊納州杜倫（Durham）鬧區的證券經紀商第一證券（First Securities）取得一份全職工作，硬是在午休時間擠進一門「俄羅斯史」。杜倫是個菸草小鎮，當時經濟環境不佳，失業率很高。從杜克校園華麗體面的哥德式建築，來到第一證券髒兮兮的後臺，對我而言著實是一種文化衝擊。他們付我週薪六十美元，大約可換算成今天的四百七十六美元，我這輩子還沒賺過這麼多錢。

第一證券的營業員幫客戶做的買賣交易，都是手工記錄。這張傳票會到我這裡，由我負責計算佣金，然後傳票會被送給ＩＢＭ大型主機的操作員，將資料打在打孔卡上。那年頭，一臺電腦的大小，就要占掉一個房間。

每天早晨，我都迫不及待想去工作。跟我一起工作的還有十位中年婦女，我很喜歡我們的同事情誼，我看見她們對彼此和對我的關愛，她們帶來的各種家庭烘焙，讓我胖了七磅。此外我也學到投資的運作方式，而且為此著迷。我的家族創立了事業，經營得很成功，他們也向銀行貸款，但我們就和那年頭大多數的中產階級一樣，把錢存在儲蓄帳戶裡。

一開始，股票和債券的世界充滿神祕感。有一天，有位第一證券的客戶帶來一萬股豐田汽車的股票，引來大夥狂笑。誰會秀逗到投資一家叫豐田汽車的日本公司？當時豐田的股價大約是每股五十美分。彼時我不知道那支股票會怎樣，而它如今以每股大約一百五十二美元賣出。

我在前臺可以認識營業員，這群人聰明又有自信，似乎喜歡自己的工作。他們是我想共事的那種人。我每天看著營業員幫客戶增加個人財富、研究標的之後進行投資，覺得這似乎是件令人興奮的事。我逐漸領悟，這些企業構成一個更大的經濟世界。

第一證券的工作，改變了我對自己未來的看法。以前我一直盼望和堂哥米契爾・麥克（Mitchell Mack）在夏洛特或格林斯波羅（Greensboro）開一間男裝店。米契爾大我二十幾歲，是我所知最聰明的人之一。他畢業於戴維森學院（Davidson College），二次世界大戰在海軍服役後，拿到哈佛商學院的MBA。我們的計畫是，由米契爾負責提供資金，我負責管理營運。經營男裝店對我來說是再自然不過的事，每年暑假，我都會去「約翰．麥克父子」工讀，這家店已經成長為一家百貨店。我在男性和男童部門做售貨員、在倉庫整理存貨和退貨，也是耶誕禮物包裝區的快手店員。

我確定金融服務業比銷售高檔西裝、襯衫、領帶和鞋子更適合我，但我很難向米契爾啟齒。儘管在國內頂尖的商學院拿到MBA，對求職來說無往不利，米契爾卻回到莫爾斯維爾幫他父親——也就是希德伯父——經營商店。米契爾的哥哥搬去格林斯波羅，在柏靈頓工業（Burlington Industries）擔任高階主管，因此他覺得自己別無選擇。到頭來，米契爾接受命運的安排，他很開心，但也不會強迫別人走他走過的路。「你想做什麼就去做吧，強尼，」他對我說，「別讓我拖累你。」

另一個影響決定的因素，是在杜克跟我走得很近的一位女性。

不是指那方面。

個性爽朗，笑容可掬的芬妮・米契兒（Fannie Mitchell），總是戴著珍珠項鍊和貓眼玳瑁眼鏡在校園出現。她的外表不像精明的企業獵才者，但是身為大學就業輔導中心主任，她負責替眾多學生開展職業生涯。米契兒小姐在一九四二年被任命為代理主任時，只有二十一家徵才企業來到杜克面試學生，二十六年後的一九六八年她退休時，暴增到六百家來自世界各地的徵才企業，還有一百所學校來網羅研究所和專業學程的學生。米契兒打心底深信，她的任務是幫助應屆畢業生在對的公司找到對的工作。她也相信女性可以在做為「某某太太」之外追求自己的事業，這看法在當時並不多見。她是企業的媒人，精準洞悉誰適合在哪兒工作，你——或者更可能是你父母——也許以為你天生是做保險承銷的料，她卻看到你的職業生涯是聯合國的外交官。她從不允許學生自貶身價。徵才企業重視她的判斷，也接受她的推薦。

一九六〇年代，如果你在杜克大學看到一位年長女性，會以為她是某位學生的媽，要不就是祕書。大部分的孩子要到畢業前幾個星期，當他們發現自己迫切需要一份工作時，才會留意到芬妮・米契兒這號人物。

但我不是這樣的學生。我的確需要一份工作，但也真的喜歡她。我和米契兒小姐會坐在大學自助餐廳旁的小辦公室促膝長談，聊天的內容遠超過我的預期。她知道我無論面對誰都不會亂了手腳。可口可樂、寶僑（Procter & Gamble）、美孚石油（Mobil Oil）等大企業來校園徵才時，她會跟他們說：「你們一定要跟麥晉桁談談。」當時的我就像四健會*競賽中，做為獎品的豬。

於是，我經歷了幾次很特別的面試。中央情報局（Central Intelligence Agency）顯得對我很感興趣，因為我修過俄文，而且父母會說阿拉伯語。但是當面試人員遞給我一份比莫爾斯維爾的電話簿還要厚的申請書時，我心想：**「開什麼玩笑？難不成我得把這一大本填完？」**我的間諜生涯就到此為止了。

---

* 譯注：4-H，為美國農業部的非營利組織，四個 H 分別代表「head」（頭腦）、「heart」（心胸）、「hand」（雙手）、「health」（健康的體魄）。

我曾經認真考慮去芝加哥的美國醫院用品（American Hospital Supply）工作，他們付我機票錢飛過去，請我吃豐盛的牛排晚餐，讓我住在帕爾瑪希爾頓飯店（Palmer House），提供年薪一萬兩千美元的起薪，相當於現在近九萬美元。他們要我在子公司 V. Mueller 負責人事，這家公司專門製造外科手術的器具，包括解剖刀、鑷子、夾鉗。「我們想整頓一下，」他們說，「你應該會是適合的人選。」薪水很不賴，但我重視的不光是錢。綜觀全局，我擔心會就此卡在公司的深宮後院動彈不得。「這份工作對我來說不夠刺激。」我對米契兒小姐說完，便婉拒了對方。

巴赫公司（Bache & Company）和美林證券都是受人敬重的大型投資公司，他們提供我在紐約的後臺工作機會，類似在第一證券的工作，我要負責記錄交易，以及簽發買賣傳票。巴赫表示，我的起薪是一年八千美元。我問三位面試官，我在兩三年內可不可能賺到年薪一萬兩千美元。

「我認為這是有可能的。」其中一位說。

我也去美邦公司面試。這家公司從費城起家，如今在紐約積極開拓業務。我跟他們在杜克面試順利，於是對方出機票錢要我過去。美邦沒有像巴赫或美林那樣保證固定薪資，但會訓練我成為零售股票經紀人。賣股票比在後臺更有自主權，而且我喜歡按業績計酬的概念。

於是，我接受了美邦的工作。我真慶幸自己沒有滿足於保障年薪所帶來的安全感。

人必須做自己喜歡的事。我認為太多人一聽到投資銀行、顧問和避險基金，就滿腦子以為會賺很多錢。五年後，他們就會知道不是這麼一回事。

不要因為某份工作或某個產業看似光鮮亮麗就一頭栽進去，投資銀行不是光鮮亮麗的行業。或許這行薪酬極好，但你得有個鐵胃，來容納風險、壓力和競爭，而且爬得愈高，情況愈嚴重。別人把錢交給你處理，是期待你讓錢愈滾愈多，萬一虧錢可有你受的。

＊＊＊

首先，我必須學會如何到達百老街二十號（20 Broad Street）──位於金融區核心華爾街的美邦公司總部。從堂哥雷伊的基普斯灣公寓（Kips Bay apartment）搭地鐵，車資十美分。下班回家時我會順道去幸運草美食（Clover Deli），花一．八五美元買火烤白麵包做的鮪魚三明治果腹。結果我才來紐約四個月就瘦了八磅。話說回來，其他東西我也吃不起。

同梯接受培訓的二十個人跟我很像，我們都是穿著深色西裝、配上窄幅條紋領帶的白人。沒有人穿六〇年代的尼赫魯裝（Nehru jackets）、喇叭褲，或者配戴愛情串珠。沒有女性。沒有有色人種。跟我同梯的訓練生多半大學剛畢業，只有幾位年紀較長，是因為想轉換跑道而進入證券業。他們已婚有小孩，不跟我們打交道。

公司希望我們接觸過每個部門和每項業務。大家愣頭愣腦的樣子，好像又回到大一新鮮人時期。我們之間亦敵亦友，每個人都希望讓管理者留下好印象，把我們網羅到他們的部門，一些人被分到投資銀行，一些人進入資產管理，一些人去了行政部門，還有一些人開始從事零售業務。

我並不緊張，而是將自己微調到最佳狀態，全神貫注，從不鬆懈。當你是個成年人而有人付錢給你，你得讓自己處於最佳狀態。我當然是這樣。

我最初的計畫是在紐約完成培訓，然後搬去亞特蘭大這個正在蓬勃發展、進步、商機處處的城市。可口可樂和達美航空（Delta Air Lines）等巨擘把總部設在亞特蘭大，這裡是新南方的非官方首都。在那段種族緊張的時期，亞特蘭大有別於阿拉巴馬州的伯明罕（Birmingham）和蒙哥馬利（Montgomery）等南方城市，成為人人口中「繁忙到沒空仇恨的城市」。我想在那裡開一家美邦的分公司，利用我在杜克的人脈、我的高爾夫球技和我自己的勇氣、魄力與魅力，經營富裕客群——醫生、律師、企業家、商用不動產開發商，把股票和債券賣給他們。

這是個經濟動盪的時代，詹森總統（Lyndon Johnson）在兩方面大撒幣，一是在海外持續進行的越南戰爭，二是國內的大社會（Great Society）計畫，金額之大，遠超過財政部收進來的錢。一九六八年，我那個年紀的男性最擔心越戰。大學一畢業，我就被徵召入伍，但我在杜克踢足球時弄裂第四節脊椎，遭徵兵委員會淘汰。我很慶幸不必去越南，但如果當初通過體檢，我還是會去服役。我有些高中和大學時期的朋友在越戰中受傷或陣亡，我知道自己有多幸運。

透過大社會計畫，以及向貧窮宣戰（War on Poverty），聯邦政府企圖解決城鄉問題。一九六〇年代中期開始，通貨膨脹開始節節升高，侵蝕了儲蓄帳戶的價值，許多美國人把錢存在那裡頭。

當時也是美國的繁榮期。太空人在外太空行走。大家都在對美國投資。為數眾多的中產階級，想入股支撐美國經濟體的企業，包括全錄（Xerox）、IBM、通用食品（General Foods）和福特汽車（Ford Motor Company）。一九六四年，福特汽車在紐約的世界博覽會中發表迷人的野馬汽車（Mustang）。數百萬美國人跳入股票市場。

在華爾街，交易量急遽上升，市場如此熱絡，以致於短短三年內紐約證交所的交易筆數就翻了一倍有餘。一九六五年每天五百萬筆的交易，到了一九六八年成為一千兩百萬筆。但系統沒有自動化，我還記得當時看到一大群傳信者，在華爾街上全速前進，親自遞送紙本的股票證券。當時電腦才剛開始使用，後臺無法一一記錄每筆交易。換言之，你可以買股票，但得不到交易確認，萬一出了錯很難更改。還有一些交易無法歸屬於某位買家或賣家，這類交易被稱做DK，也就是不明交易（don't know the trade）。

這些未處理交易，一度累積到四十億美元，華爾街稱這問題是「文書作業塞車」。

情況愈來愈糟，一九六八年八月我開始在美邦公司工作時，紐約證交所每逢星期三都得關閉，只為了處理堆積如山的文件，有時還得在其他日子提前結束營業。

對有些人來說的衰事，對另一些人卻是好事，這道理幾乎亙古不變。當時報紙宣稱，正當許多員工徹夜趕工、午晚餐都在辦公桌匆匆解決之際，有些股票營業員卻利用這段空閒時間琢磨高爾夫球技。包括我在內的美邦公司訓練生，可不是這樣。我們星期三總被困在後臺，以紙筆處理交易。

這樣的生活持續到年底。即使到了一九六九年一月，紐約證交所恢復一週五天的營業時間，星期三下午還是會提前關門來消化塞車的文件。直到七月都是如此。

問題總算獲得解決，但也造成巨大、甚至災難性的破壞。紐約證交所大約一百家會員公司（占總會員家數六分之一）被迫合併或歇業，導致上千人失業，是華爾街從大蕭條以來最慘烈的時期。只有那些買得起電腦、雇得起員工來操作電腦的有錢公司，才得以存活。

到了一九六九年十一月，我二十五歲生日前夕，我領悟到人必須意識到改變，這道理在我職業生涯中一直很受用。人必須欣然接受一些改變需求的艱難選擇，最重要的是，要盡最大努力展望未來、洞燭機先。

否則，你會失敗。無論從商或投資都是如此。

由於文書處理塞車，紐約證交所要求美邦這樣的會員公司不要開設新的營業處所，於是我也就沒機會成立亞特蘭大分公司，更無法實現在亞特蘭大運動俱樂部打高爾夫球的夢想。

另一方面，從美邦公司全國各地營業處所對我個人感興趣的程度看來，我是個表現傑出的訓練生，我被網羅去費城當零售經紀商，舊金山辦公室的經理也出機票錢要我過去。

就在我考慮這些工作機會的時候，跟美邦公司訓練部門的主管，資深經理人喬治・威爾德（George Wilder）聊了一下，這次談話改變了我的職業生涯。喬治從普林斯頓大學畢業後，二戰期間在海軍服役，他很熱中高爾夫球，從紐澤西的西橘（West Orange）來紐約市工作。喬治以前是地方債券的銷售員，一天晚上下班後，他邀我去弗朗薩斯客棧（Fraunces Tavern）喝啤酒，這是華爾街眾人皆知的酒館，喬治・華盛頓曾在那裡喝過麥芽酒。「約翰，」他說，「你適合做債券這行。你是天生的銷售員。你知道怎麼跟人聊天，你也知道如何說服人，最重要的是，你知道怎麼成交，推銷最重要的**就是**成交。」

只有銷售員才看得出誰適合做銷售。喬治緊迫盯人。「舊金山都是嬉皮，」他說，聲音中流露出不屑，「費城打從班傑明・富蘭克林（Ben Franklin）主政以來，就沒有繁榮過。我認為你很適合在總公司這裡賣地方債券給銀行和機構，而不是在布林馬爾（Bryn Mawr）的某個鄉村俱樂部，對著大口喝威士忌、來打高爾夫球的人兜售股票。」

我仔細聆聽喬治的話，我相信這個人。在我們準備付帳時，我已經下定決心，從零售轉到地方債券。

地方債券是由州政府和地方政府發行，替學校、道路、機場等公共工程計畫籌措資金的債券。假設紐約州高速公路局需要一筆錢，在羅契斯特（Rochester）附近興建一條高速公路的支線，這時就會銷售地方債券來籌措工程款，地方債券則是支付利息給投資人。地方債券還有個吸引人的地方，就是可以免付聯邦稅。

美邦公司訓練計畫的最後一關，是參加當時所謂的「系列七測驗」（Series 7 test），考生要在三小時四十五分鐘以內，完成一百二十五道題目，答對七二％，也就是九十題，才能在證券業工作。

我的成績普通，但我向喬治保證：「我會成為你遇過最優秀的債券銷售員。」結果，我幾乎是立刻就闖了禍。

我跟幾位美邦公司的同事，以及 C. J. Devine 幾位高階主管，一起出去吃午餐。C. J. Devine 是數一數二的政府公債經銷商，我們當時有業務往來。幾瓶紅酒下肚後，我們接著喝 Strega 這種金黃色的義大利利口酒，義大利文的意思是女巫。不加冰、倒在開胃酒杯中，甜味中帶危險性，很容易讓人興奮。我爛醉如泥，根本無法回去辦公，但我還是回去了。

當天下午，幾位經紀人需要債券賣給客戶，因此我得做一筆交易，結果我算錯了。當時手持計算機還未推出。

我讓公司損失近一千美元，約相當於今日的七千美元。按照華爾街的標準，這不是一筆大錢，但對我來說，我的失誤和這筆金額，非常、非常巨大。我不應該虧錢，應該賺錢才對。那天晚上我失眠了，我想我大概會被開除，我無法想像自己必須搬回莫爾斯維爾，拜託堂哥讓我在「約翰・麥克父子」的倉庫工作。

第二天，美邦公司舊金山的高階主管肯尼斯・西貝爾（Kenneth Siebel）打電話給我，要求我解釋來龍去脈，以便了解問題出在哪。

我做了所有處境相同的人唯一該做的事。我看著電話，深呼吸，說出實話，甚至包括我喝了幾杯 Strega 的經過。

沒錯。我的成長過程中，身邊的大人，包括父母、老師、天主教神父，不斷強調誠實的重要，但這可不光是攸關正直或十誡。

做生意不可以捏造事實，特別是關於錢的事。誠信是各行各業生存之所繫，尤其是金融服務業。無論如何，數字不會說謊，資產負債表得借貸平衡才行。

我敘述完造成計算錯誤的事件後，耳朵聽到的只有長途電話線路的雜訊。我坐著等肯尼斯開口，幾秒鐘感覺像是好幾天。「這樣啊。別擔心，」他對我說，「我們來想辦法。每個人偶爾都會犯錯，特別是剛開始的時候。這是個無心之過，希望那天的午餐很開心。」

我永遠不會忘記他的諒解。

我在固定收益（Fixed Income）的交易大廳工作，負責買賣地方債券。這份坐辦公室的工作可一點都不無聊，既忙亂又刺激，震耳欲聾的聲響，香菸和雪茄的濃煙瀰漫，開口閉口「幹」來「幹」去。每張桌面上都堆放著中國餐廳的外帶餐盒、空了的披薩盒，以及喝一半的外帶咖啡杯。

我一隻耳朵聽著聽筒，同時注意其他的地方債券業務和交易員在做什麼。聲音愈大，愈混亂，我的腎上腺素就飆愈高，激動情緒爆表。競爭非常激烈，每個人都戰到最後一刻。如果我做了一筆大生意，隔壁的傢伙就會大吼：「靠！麥晉桁成交了！」然後他會嘗試做一筆更大的交易。每天的情況都不太相同。

華爾街就是這樣令我無法自拔。我愛這裡，我也是其中的佼佼者。

＊＊＊

紐約已經成為我的家。這城市充滿來自世界各地的人們，我的黎巴嫩出身很能融入。我在莫爾斯維爾的成長過程中經常覺得自己像外人。十幾歲的時候，我穿著籃球短褲站在罰球線上，因為自己比其他男孩黑很多、毛髮濃密很多而感到羞愧。父母堅持要我在射籃前畫十字，以此標誌我是這南方浸信會小鎮上的少數幾個天主教徒之一。

在曼哈頓，我不像自己認識的一些南方人，他們就像作家威利．莫里斯（Willie Morris）在回憶錄《往北返家》（*North Toward Home*）中寫的，切斷成長地的人際網絡，像旅外僑民那般生活在新國度。我也不像有些人對家鄉念念不忘，總是知道上星期五晚上高中足球比賽的比數。我剛好介於兩者之間，我不想念莫爾斯維爾甚至北卡羅萊納州，但我還是幾乎每天打長途電話給母親。

我也不會貶低自己的老家北卡，而且剛好相反——我曾經跟一群人同桌或是在酒吧，對方說：「你從哪裡來的？在哪裡長大？你那口音是哪裡的？」或者他們會捉弄我。我無所謂。我知道等幾杯黃湯下肚，我就會口若懸河。我不在乎別人認為我是鄉下老土，我認為這反而是優勢，大家都會記得我這個人。

老天慈悲，堂哥雷伊住的那棟大樓十九樓有一間小套房要出租。在占地三個街區的基普斯灣廣場大型複合建築中，雷伊住的大樓是兩棟二十層高樓的其中之一。這兩棟樓是由知名的現代建築師貝聿銘設計，輕飄飄的，使用許多玻璃。我馬上搶到這間房，月租一百八十六美元，朝東面向皇后區。我喜歡站在窗前喝咖啡，看著拉瓜迪亞機場（LaGuardia Airport）的飛機起降。

我不介意獨居，我在紐約有很多在杜克結交的朋友，雷伊開始帶我去南安普敦（Southampton），這個位在長島尾端的高級海灘城鎮，進一步開拓了我的社交圈。

安普敦讓我眼界大開，以前從沒到過這麼有錢的地方，我對著富麗堂皇的老建築瞠目結舌，屋子前是以貝殼鋪設的寬闊車道，後面的大門廊俯瞰大西洋，跟我家以前去度假的南卡默特爾海灘（Myrtle Beach）簡直天壤之別，後者盡是些炸物店、摩鐵和迷你高爾夫球場。

到了第二年夏天，我已經有錢分租那裡的一間小小出租房（六個週末），也得以認識雷伊在廣告界的朋友。他們比我年長，已經在麥迪遜大道上建立起成功的事業，他們創造的那些耳熟能詳的標語和視覺表現，正在重塑著美國人看待自己的方式。同樣地，那些彷彿從《廣告狂人》（*Mad Man*）跳出來的人，讓我留下了深刻印象。

交易大廳的許多人，下了班還是滿口髒話的大老粗，我剛到紐約時參加過的派對，跟在大學時期沒什麼兩樣，一群喝得爛醉的傢伙，吵吵鬧鬧地把桶子裡的啤酒倒光。

我突然發現，這不是我要的。

那群廣告人屬於不同的社會階層，他們懂得穿著，會玩，也知道行為舉止的分寸。我觀察他們的生活和彼此互動的方式，他們的舉止相當優雅。在派對中，他們輕輕鬆鬆地把公事和樂趣結合，令我大為讚佩。他們教我如何表現得像個大人，我的服裝、髮型和禮儀都進步了。只要你不被對方嚇到，就可以從他們身上學到很多。

我聽起來像老古板嗎？這是當然的。我可是嬉皮年代的人，但我不打算像反文化大師提摩西・里瑞（Timothy Leary）建議的那樣，「啟動」（turn on）、「調和」（tune in）或「脫離群體」（drop out）。我並不打算搬到佛蒙特的某個公社（commune）。許多我這年紀的人質疑美國的資本主義，但我對此不感興趣。

但是，我也沒有忘記社會正在改變。我聽著女性朋友談論女性主義，逐漸明白性別的刻板印象令她們感到多麼束縛。最重要的是，我認識到民權運動早就該被實現。種族不平等已經深入莫爾斯維爾的細胞達兩百年之久。黑人家庭住在鐵軌對面的種族隔離區，必須去念不同的學校。我十二歲時，曾看過十幾名身穿連帽白袍的三K黨（Ku Klux Klan）走在鎮上的商業區，經過「約翰・麥克父子」。膚色深棕的父母總是擔心自己社會階層低下，從不跟我們談種族的事。事實上也很少人會談，即使在一九六〇年，短短七十五英里外，格林斯波羅的一家渥爾沃茲（Woolworth）櫃檯就有靜坐抗議。

＊＊＊

回到百老街二十號，美邦決定進軍公司債，也就是公司為了籌措成長所需的資金所發行的債券，成長可能透過擴充，或者併購其他公司。新的經理打包票說：「約翰，這是個很棒的機會，比地方政府債券還好，你會拿到佣金。」

他說對了一件事。這機會的確很棒，我和銀行及退休基金的新客戶建立了關係。但是我在公司債櫃檯待了八個月後，還沒拿到半張佣金的支票。

我無法容忍失信的人，於是我辭職了。

主持美邦公司固定收益部門的約翰．麥克道格（John McDougall）對我的決定驚訝萬分。「沒想到你竟然要走，」他說，「你應該找費德瑞克談一談。」費德瑞克．凡．藍肯（J. Frederick Van Vranken Jr.）是美邦的資深高階主管。「他會給你想要的，把你留下來。」

「自我到這裡以來，他就沒跟我說過話，」我說，「現在跟他談要幹麼？」但是出於對麥克道格的尊重，我跟凡．藍肯約了見面。

我坐在偌大的辦公室裡，對他說：「我不喜歡你處理事情的方式。我的公司債銷售業績很好，替美邦賺了很多錢，你答應要給我佣金，結果沒有兌現承諾。」

說畢，我再度遞辭呈。

離開美邦，我跟堂兄米契爾以克難的方式去了一趟黎巴嫩。我父親和米契爾的父親，希德伯父，有時會聊到他們的家鄉，但他們從不曾讓下一代多認識這個國家。我不知道是因為太痛苦，還是他們決定忘記過去，希望我們成為不折不扣的美國人，不被他們的黎巴嫩過往綑綁。我是在那趟黎巴嫩之旅（也是我的第一次）後，才對那裡的人、土地以及我的傳承，產生更濃郁的情感。我們在後院和北卡及南卡的親朋好友聚餐，是我們版本的黎巴嫩餐會（hafli）。我第一次明白父母為何被北卡的群山吸引。當你人在貝魯特的海灘時，山和海幾乎連成一氣。

我一直到一九七〇年，接下在史密斯爾固定收益部門的工作，銷售公司債和國庫券，才算開始賺錢。一天下午，我做成一筆交易，佣金八千美元，幾乎等於現在的五萬四千美元，我樂翻了，打電話給母親。「媽，我剛才賺了八千欸！」我脫口而出，「去收拾行李吧，妳終於可以回黎巴嫩看家人了！」

母親歡呼。「強尼，真有你的！」她對著電話大喊。

我也用這筆意外之財，替我媽整修三房的磚造屋。那是我長大的地方，打從四歲以來，那屋子就沒有做過任何改變。有了錢，我才做得到這件事。我的目標是獨立、受敬重、幫助他人，而金錢是我達成目標的方式。三者對我來說都很重要，我努力工作來達到目標。

＊＊＊

我在史密斯爾工作的兩年當中，經常從交易室的窗戶向外看自由女神像。十一、十二月的太陽西沉較早，我會看到點燃的火炬閃耀的光亮。

我想到傳奇人物康內留斯・范德比爾特（Cornelius Vanderbilt），他曾經在我眼前起起伏伏的紐約港水域中定期往返。他十幾歲就開始第一筆生意，將客人從史泰登島（Staten Island）運送到曼哈頓，從航運和鐵路賺得龐大的財富。

自由女神不光代表我家的過去——他們承擔的風險，和對未來的希望。

自由女神也代表我的未來，和等待我的風險與報酬。

我全力以赴。

第三章
CHAPTER THREE

Up Close and All in:
Life Lessons from a Wall Street Warrior

「麥先生，就是她。」晚餐吃到半途，馬歐爾在我身邊輕聲說。

A La Fourchette這家純正的法國小餐館位在西四十六街上，我認識這裡每一位服務生。帶點自負、身穿燕尾服的中年法國男性以表演的方式上菜，他們看過我多次跟人約在這裡，其中有些會面比較嚴肅。

一九七二年五月十三日晚上，克莉絲蒂．金恩（Christy King）步入餐廳時，服務生眼睛為之一亮。我也是。克莉絲蒂高挑纖細，穿著緊身的白色及膝露背洋裝，讓人目不轉睛。她的皮膚晒成棕色，淺金色的頭髮長及腰部。這位美女有著柔和的棕色眼睛，笑容可掬。

我已經預期到克莉絲蒂會是個特別的人。

一九六八年，剛搬到紐約不久，我在離住處不遠的公寓參加雞尾酒派對，主辦人是四位美國航空公司（American Airlines）的空姐，當時稱做空服員。我在香菸煙霧瀰漫的客廳臨時吧檯拿了一瓶啤酒，發現緊挨在身邊的是後來的電視脫口秀主持人查理．羅斯（Charlie Rose）。我在杜克時認識這位北卡的老鄉。「我想為你介紹我太太瑪莉。」他說。在歐帝斯．雷丁（Otis Redding）低聲輕唱〈坐在灣岸碼頭〉（Sittin' on the Dock of the Bay）的歌聲中，我跟一位苗條、五官精緻的金髮女郎握手。

我和瑪莉聊得愈久，就愈覺得她不僅外貌出眾，也是個聰明樸實的人。我把我的名片正面朝上放在桌上，說：「妳真是太棒了！妳有姊妹還是活會嗎？」

「說真格的，我有，」她說，「我妹妹克莉絲蒂。」

「下回她來紐約的時候，通知我一下，我想請她吃晚餐。」我說。

「呃，她還在讀大學。北卡羅萊納大學教堂山（Chapel Hill）分校的大二生。」

「沒關係，我想約她出去。」

四年後，我家廚房的壁掛式電話響起。來電的是查理，講電話的是瑪莉。「你跟我說過，想跟我妹見面。」瑪莉說，「你還是單身嗎？克莉絲蒂要來拜訪我們，她會住在我們家。」

從那次雞尾酒派對以來，我只見過瑪莉和查理一次。那是前一年夏天，我參加堂哥雷伊跟他的廣告圈朋友在安普敦欣納柯克灣（Shinnecock Bay）一間出租大樓舉辦的派對。這場高雅的聚會頗受好評，《假期》（*Holiday*）雜誌還撰文報導。

「我再回妳電話。」我在電話中說。儘管我認為克莉絲蒂會是個好女孩，但我不想整個週末被陌生人綁住，所以我在週五晚上約了別人見面。

週六，在 A La Fourchette，我們四人坐在我平常坐的那桌，在一個私人包廂裡，有皮製的長條靠背椅和紅絲絨的窗簾。那次見面的每一分鐘我都記得。我們聊到北卡羅萊納州。金恩姊妹在莫爾斯維爾東北邊的格林斯波羅長大。那裡跟我的家鄉一樣，都是以紡織工廠而為人所知。克莉絲蒂和瑪莉的家裡有五個孩子，父親是外科醫師，在家裡和在手術室一樣嚴格。他要求自己的女兒必須才色兼備、內外兼修，兒子則一律要當個學業成績優異的運動明星。

克莉絲蒂對那次晚餐的印象與我不同。「沒有人嘗試讓我參與大家的談話，」她說，「你就沒跟我說過半句話，約翰。」

根據克莉絲蒂的說法，查理、瑪莉和我一直在聊尼克森總統最近到中國進行八天的歷史性訪問和此舉對美國的意義，以及美國再度轟炸北越。瑪莉有些小道消息，當時她在哥倫比亞廣播公司（CBS）為名過其實的記者比爾·摩耶斯（Bill Moyers）擔任研究員。

我今天晚上幹麼要來吃這頓飯呢？馬歇爾把香煎鰈魚輕輕放在克莉絲蒂的面前時，她心裡這麼想著。

接著，查理問了一個讓他成為注目焦點的刺探性問題，中國退居二線。他轉頭問我：「你想娶什麼樣的女生？」

「就是這位。」我直視克莉絲蒂答道。我跟許多女性交往過，但今天晚上不一樣。突然之間，一見鍾情似乎發生在我身上，而不再是電影裡的陳腔濫調。

我好像看見克莉絲蒂露出一絲微笑。

很顯然，這是我的錯覺。

根據克莉絲蒂的說法，當查理提出這個重要問題時，她正在恍神，我以為克莉絲蒂對我的回答報以害羞的微笑，其實她只是皮笑肉不笑。**是哦，嘴還真甜呢**，她想。

晚飯過後，我們和查理夫婦道別，我帶克莉絲蒂去東四十八街，一間叫做 Le Directoire 的迪斯可舞廳，我們在黑人流行歌曲〈我的女孩〉（My Girl）、〈只是我的想像（和我一起遠走高飛）〉（Just My Imagination (Running Away with

Me)的音樂下跳舞。停下來休息時，我問她：「妳最喜歡自己的哪方面？什麼是妳曾做過最糟糕的事？最棒的事呢？妳喜歡接吻嗎？」

「沒有人問過我這些問題，」克莉絲蒂說，「你真的想知道嗎？」

「想啊。」我老實回答。

我邀請克莉絲蒂回到我的住處，我們第一次接吻。

晚上大約十一點半，我招了一輛計程車，載克莉絲蒂回到查理和瑪莉位在上東城（Upper East Side）的公寓。他們在為克莉絲蒂等門。我猜克莉絲蒂和我彼此互望的眼神，以及在那第一個晚上我們兩人在一起的樣子，述說了一切。查理和瑪莉之後告訴我，在我離開後，瑪莉預言：「克莉絲蒂和約翰會結婚。」

第二天，我帶克莉絲蒂去百老匯看《火爆浪子》（*Grease*）的白天場。當天晚上她就要飛回家了。她在教堂山的婦產科醫院擔任行政人員。中場休息時，我在未經排演下說出獨白：「我真的喜歡妳，克莉絲蒂。我想多認識妳。下個週末再來吧。」

她真的來了。

那個星期六晚上，我跟幾位工作夥伴及他們的太太有個公事餐敘，克莉絲蒂以女友的身分參加。她穿了上次那件白色的露背洋裝，就在我們開始用餐前，其中一位工作夥伴輕敲玻璃杯說道：「我想敬酒。」他朝著克莉絲蒂的方向舉起酒杯，背了一段濟慈（John Keats）在《隱地米恩》（*Endymion*）中的名句：「美的事物是永恆的喜悅。」（A thing in beauty is a joy forever.）

她豔驚四座，風靡全場。太爽啦！

當天晚上坐在計程車裡，克莉絲蒂說：「我沒辦法超越你的自信心，約翰。你對於展現自己是如此泰然自若，我完全不是這樣的人。」

陣亡將士紀念日的那個週末，是我們感情急速升溫後的第十四天，我飛去北卡，把克莉絲蒂介紹給人在莫爾斯維爾的母親。那個星期天，我們三人開車數小時，去藍嶺山脈（Blue Ridge Mountains）的布恩（Boone），和我的幾位家人共度下午，我想把克莉絲蒂介紹給堂姊妹瑪德琳（Madeline）和堂哥米契爾，以及米契爾的太太迪羅蕾絲（Delores）。看到我在地上跟他們的兒子傑夫嘻鬧，看著我對親戚如此用心，對克莉絲蒂來說是個新奇的經驗。「我從來不知道家人的互動可以這麼輕鬆自在。」那天下午她對我說。

傍晚，我們在夕陽的陪伴下開車回莫爾斯維爾，母親坐在後座，克莉絲蒂在我旁邊。我看向克莉絲蒂，注視著她。「我愛妳。」我頭一次這麼說。

「我也愛你。」

後座沒有任何反應。

幾個星期後，克莉絲蒂辭去在教堂山的醫院工作，搬進我在紐約的小套房。她在花旗（Citicorp）找到一份行政工作，她的父母以為她住在瑪莉和查理家。

六月下旬，我要去洛杉磯面見客戶——平安太平洋銀行（Security Pacific Bank）。我打算從那裡去太浩湖（Lake Tahoe），跟美邦的朋友共度國慶日週末，屆時會有另外三對伴侶，我想這對於從沒去過密西西比以西的克莉絲蒂來說，應該會是一趟有趣的旅行。

「跟我一起去吧。」我說。

她沒答應。「我想我還是回家看我爸媽好了，我覺得你需要跟我分開一下。老是『我們』會讓你不自在。」她用手在「我們」比了括號。「我認為你需要時間獨處，等你回來再見面。」

我猜我是在有意無意間變得有點疏離。克莉絲蒂很擅長察言觀色，她直覺地明白我心裡在想什麼。即使我邀請她去，但她察覺有一小部分的我並不希望她去，於是她給了我下臺階。

這讓我想到，這種自由和信賴也是我被她吸引的原因之一。我交往過幾位女性，但總會慢慢讓我有種幽閉恐懼症。我推得愈遠，她們就黏得愈緊。我對女生會嫉妒的這件事已經習以為常，跟前女友喝杯咖啡就會引發情緒崩潰。但克莉絲蒂不一樣。她很獨立，給我很多自己的時間，事後她告訴我：「我信賴你。我愛你，我也知道你愛我。」

我放下心中的大石。「不不不，妳要來！」我說。

七月底，我們坐在我單身公寓（studio apartment）的沙發上。下班後很累，我們點了中餐外賣，一面看著小小的黑白電視，等著宮保雞丁送來。電視上正在重播《霍根英雄》（*Hogan's Heroes*），這是關於二次大戰期間德國戰俘營的情境喜劇。當聯軍戰俘再次智取笨拙的俘虜者時，我轉向克莉絲蒂。

「我覺得我們應該結婚。」

安靜無聲。

「妳會回答我嗎？」

「約翰，你沒問我問題。」

「克莉絲蒂，妳願意嫁給我嗎？」我沒有單膝下跪。

克莉絲蒂對著最不浪漫、最沒有事前計畫的求婚說：「我願意。」

＊＊＊

克莉絲蒂宛如和煦的微風，使我的心靈感到清新。我生命中的另一位女性，我的母親艾莉絲．阿祖利．麥克（Alice Azouri Mack），則像是冒著火星的暖爐，她散放愛和溫暖，但有時熱到讓人受不了。克莉絲蒂讓我做自己，母親則困在對我的控制欲中。

母親是個精力充沛的人，這點毫無疑問。艾莉絲．阿祖利出生在黎巴嫩，和我父親的村莊魯姆相隔一座山谷，她是依照自己的意願認識並且嫁給她的丈夫。

我父母的「求愛過程」很老派。

查理・麥克的妻子因癌症過世後，他做了一件當時喪妻的移民會做的事：寫信給母國的熟人，以他的情況就是艾莉絲的姊姊，定居在南卡的希爾瑪（Selma）。「我太太過世了，我有四個兒子。他們需要母親，我需要太太。我想認識妳妹妹。」

查理坐火車去見三十一歲的艾莉絲。依照當時的標準，她是個老小姐，理應使盡女人的心機，來捕獲老公。

艾莉絲卻不是這樣。她把她的註冊商標——「直截了當」——發揮得淋漓盡致，她根本就是低頭看著四十五歲的查理。「你比我矮，又比我老很多，」她說，「我為什麼要嫁給你？」

「嫁給我準沒錯，」查理在兩人見面的過程中強調，「我會給妳一個妳一直夢寐以求的婚禮——還有孩子。」

一九三九年，查理和艾莉絲結婚了。

北卡的鄉下人做事情的方式，令艾莉絲感到不耐煩。法蘭克或我生病時，她會穿著睡衣，一把將我們抱起，急匆匆發動車子開到小兒科診所，當她從路邊駛離時，輪胎發出刺耳的聲音。她穿過候診間，推開護士，自己和生病的孩子一屁股坐在檢查室外，醫生一走出來就立刻上前抓住他。這舉動既丟臉又惹人厭。我母親不是個彬彬有禮的南方婦女，她是莫爾斯維爾行為最積極的女人，但是她讓我明白該如何把事情做好。毫無疑問，我遺傳了她的基因，我愛她。

儘管強勢，母親在許多方面卻非常傳統。她很清楚自己同時擁有妻子、母親與持家者的身分。她對自己的廚藝很自豪，如果有人膽敢拒絕再吃一份，她會有點受傷。她常站在爐子旁，嘗著剛完成的傑作，驕傲地說道：「是我做過最好吃的。」

然而，她也想要有自己的錢，可以愛怎麼花就怎麼花。母親是個有天分的裁縫，她把地下室變成工作間，在那裡替莫爾斯維爾的人訂製窗簾、床單和桌巾。

我上中學的時候，她跟當地另一位艾莉絲進軍室內裝潢業。他們把這項事業命名為「雙艾莉絲」，到附近名叫高點（High Point）的地方，以批發價向製造商訂購餐桌、椅子和沙發。母親是個進取且具個人魅力的銷售員，生性毒舌的她會想都不想就走進顧客的家，脫口說道：「你怎麼把那個顏色跟這個顏色搭在一起？這些窗簾布太短了，它們離地六英寸。」她覺得自己這麼說可不是為了讓人難堪，而是觀察到之後，把顯而易見的事說出來罷了。

母親的敏銳眼光不僅表現在室內設計，她也是個精明的投資者。就在二次世界大戰後，當我家人去默特爾海灘拜訪我姑姑時，母親立刻嗅到商機。她說服我父親買了幾塊面海的土地，每塊兩千美元。四、五年後，父親以十倍的價錢賣出。一如以往，父親需要這筆錢來支持雜貨批發生意。但如果可以再持有二、三十年，等到默特爾海灘成為爆紅的觀光景點，不動產開發商就會拿出數百萬美元來買這些可以興建高層旅館的土地。母親對父親的事業頗多怨言，因為他的生意吃掉了資本。

我跟艾莉絲．麥克談妥了我的第一筆交易。我中學時，有天早上她跟我坐在廚房的餐桌前。「強尼，」她說，「我們去看地。」於是我們坐上她的雙色灰龐帝克汽車，開出莫爾斯維爾幾英里後，就在七十七號州際公路東邊。一九五九年，杜克電力（Duke Power）開始建造諾曼湖（Lake Norman），這座水庫長三十三英里、寬九英里，做為柯旺斯福特水壩（Cowans Ford Dam）建設的一部分，提供電力給皮埃蒙特地區，現在正在出售湖邊的土地。我們買了六塊地，四塊在母親名下，兩塊在我名下，每塊地只花了兩千七百美元。母親那些地用的是「雙艾莉絲」的錢，我則是為了頭期款而到處調頭寸，剩餘的錢向皮埃蒙特銀行與信託（Piedmont Bank & Trust）的莫爾斯維爾分行借貸。

父親認為她欠考慮。「我的倉庫需要用那筆錢，」他向母親說，「我們沒有錢可以炒地皮。」母親理都不理。多年後，我以每塊地十五萬美元的價格賣掉我的兩塊地，每塊地增值了五十倍。

金錢為他們的婚姻帶來壓力。倒不是說，他們拚了老命想從汽車座位下撿銅板來付電費，而是他們對財務保障的處理方式截然不同。母親甘願冒大風險購買不動產並持有，等待沒有把握的報酬。父親則是不斷把錢投入事業，問題是，雜貨倉庫從來不曾帶來任何形式的報酬。

這是我年輕時學到的一堂關於風險和報酬的課程。

母親的牌技勝過父親或許並非偶然。星期六晚上，他們經常會到二十英里外，跟一對住在北卡薩里斯伯瑞（Salisbury）的黎巴嫩夫妻玩類似橋牌的惠斯特牌戲。兩位太太跟兩位老公競賽，只要女生贏牌（經常是如此）就會故意讓對方難堪，耀武揚威地大笑並跳舞。

我父母之間還有個不同點，那就是足球。我八年級開始踢足球，攻擊和防守的位置都打過，上中學時，有幸在教練喬·波普（Joe Popp）的指導下練球。當他在一九五八年開始指導莫爾斯維爾藍魔鬼隊（Mooresville Blue Devils）時，球隊曾經有過連輸三十二場比賽的紀錄。一九六〇年我大一，整個球季都沒有輸球。第二年，他帶領我們獲得學校第一個也是唯一的州足球賽冠軍寶座。對於像莫爾斯維爾這樣的小鎮而言，打敗阿什伯勒（Asheboro）可說是件大事，因為阿什伯勒的面積是莫爾斯維爾的三倍大，球隊裡的人材比我們多多了。波普最後去北卡羅萊納大學教堂山分校、威克森林大學（Wake Forest University）和喬治亞理工（Georgia Tech）等大學擔任教練，之後成為克里夫蘭布朗隊（Cleveland Browns）的助理教練。

比賽在星期五晚上舉行，不光是學生湧進球場觀戰，鎮上每個人都來了。第二天，大夥兒全都到倉庫跟我爸說：「麥克先生，你昨天晚上應該去看強尼在球場上的表現才對！」我父親喜歡聽到人家稱讚我，但他認為運動只是在浪費時間，他只看過我踢球一次。母親剛好相反，一場比賽都沒錯過，無論是主場還是客場，球迷和啦啦隊員都喜歡她，她頂著一頭整理過的白髮，在看臺上相當顯眼，她會血脈賁張地大聲喊道：「來呦！打敗他們，強尼！」大四時，我獲選進入全州足球隊，每次北卡和南卡的後院聚會，都會聽到她吹噓「我的強尼」。

不過，我父母在一件事情上倒是意見一致，那就是他們的兒子在校表現優異。這是他們的絕對最高優先順位，我拚命努力以超越他們的高度期待。一九六三年莫爾斯維爾高中紀念冊上，列了一大串我的各式成就，我是學生會的會長，我在優等生名單上，而且我會吹單簧管。父母很驕傲。

但是，什麼獎賞對我最具意義？大四那年，我的女友卡蜜兒和我雙雙被選為校園風雲人物，當然，對僅有九十位學生的畢業班來說，競爭並不激烈。

我並沒有像母親擔心的那樣，沉湎在過去的豐功偉業之中。她為我的未來訂下兩個目標，而且不能討價還價。從很小的時候起，母親就指示我：「你要進醫學院，成為醫生。」我當不當醫生對我父親來說或許沒那麼重要，因為他的大兒子西奧多（Theodore）就是醫生，但艾莉絲相當堅持，她把一只玩具醫師包做為我有記憶以來的第一份聖誕禮物。醫生在莫爾斯維爾擁有最高尚的地位，母親希望我當醫生，她好跟人炫耀一番。

母親要我做的另一件事，幾乎是從我一出生就決定了，她規定我要娶一個信天主教的黎巴嫩女孩。而且不光是我，她的兒子和繼子都要照做。我曾親眼目睹她被違抗意旨時毫不寬容。我永遠不會忘記同父異母哥哥路易斯和妻子杜蒂（Dottie）在婚宴預演的情形。杜蒂既不是天主教徒，也不是黎巴嫩人。艾莉絲像是個流亡的皇后，背對大家坐著，凝視遠方。一言不發。怒氣衝天。

母親不斷告訴我該如何思考、做什麼、跟誰問好、穿什麼，但我由衷認為每個人都應該做自己，而且不應該被強迫。「走開！」我跟母親說，「我要做我想做的，就這樣。」

於是我就這麼做了。

＊＊＊

克莉絲蒂的父親華特・金恩（Walter King）醫師對於支配克莉絲蒂的人生也有種偏執。「我在成長過程中，常覺得我不是他女兒，而是他的專案計畫。」克莉絲蒂在我們剛交往時曾說過。

得到這樣的訊息，你會以為我必定是懷著戒慎恐懼的心情，在一九七二年八月的第一個週末，開車來到格林斯波羅的金恩家，把車停在兩層樓高、紅色磚造的V型建築前。但我沒有。我有個目標，得達到目標我才肯離開。

就在《霍根英雄》的浪漫時刻後不久，克莉絲蒂辭去花旗的工作，回家計畫我們的婚禮。全格林斯波羅的人都不知道這場婚禮，因為克莉絲蒂沒把我們訂婚的事告訴父母。她跟他們說，她原本要去花旗接替一個人的工作，但那個人突然決定不離職。瑪莉認定金恩醫師一定會打電話到花旗，把他女兒的工作要回來，但他從沒這麼做。

我去金恩家拜訪的第一個晚上，我們吃完火雞胸肉白醬燉菜，還坐在土耳其藍的廚房時，金恩醫師不知怎地叨叨說起忠誠對婚姻幸福的重要性。我趁機打斷他的話。「既然剛好說到這裡，」我說，「我想娶您的女兒。」

金恩醫師站起來，繞著椅子走了一圈、兩圈，然後坐了下來，注視著我。「再說一次。」

「我想娶克莉絲蒂。」我又說了一次。

正式的拷問開始。他看著我，開始一次沒有預約、診間之外的問診。「跟我說說你父母。他們幾歲？目前的身體狀況如何？」

「我父親七十二歲因結腸癌過世，」我說，「是在一九六六年，我在杜克大學念大三的時候，他走得很快。母親六十四歲，身體硬朗。祖父活到七十八歲，過世的時候我還是小嬰兒。」

三個半小時後，金恩醫師問累了，於是說道：「我想確認你已經玩夠了，要收心了吧。」

「是的先生，我已經玩夠了。」

「我還想確定你不是同志。我這輩子替很多足球員看過病，其中一些是同志。」

「不，先生，我向您保證，我不是同志。」

「小子，你最好是一輩子只結一次婚，因為我女兒就是這樣。」

「是的，先生，我是這樣的人。」

最後，他轉向金恩太太。「媽咪，」他說，「我問完了，妳有問題要問嗎？」

「我只希望她清楚知道自己的決定。」她回答，嘴脣看似吸過檸檬一樣，而且是特別酸的一顆。她並不樂意接到這顆球。

之後，金恩醫師把克莉絲蒂叫到他的家庭辦公室。「妳真的有意識到，妳的孩子皮膚會很黑，而且毛髮很濃密吧。」他說。他會從科學的角度看事情。

「那又怎樣？」克莉絲蒂回他。

＊＊＊

一九七二年十一月十一日，我和克莉絲蒂認識即將滿半年，我們在格林斯波羅一間天主教堂結婚。遠親琳達·佐比（Linda Zoghby）是專業歌劇聲樂家，她渾厚的女高音充滿廣場，演唱羅貝塔．弗萊克（Roberta Flack）的〈我第一次看你的臉〉（The First Time Ever I Saw Your Face）時，令我熱淚盈眶。我永遠不會忘記克莉絲蒂勾著金恩醫師的手臂走在教堂長廊的樣子。她的頭髮蓬鬆，是我心目中全世界最美的女人，到現在還是。

婚禮過後，金恩家請了兩百名賓客去他們家的宴會，之後親友團和外地來的客人到鎮上歷史悠久的傑佛遜飛行員大樓（Jefferson-Pilot Building）參加晚餐舞會，我們圍成一圈，跳中東霍拉舞（hora），直到我把鞋子給踢掉了。我知道在母親的內心深處，依然希望我選擇一位黎巴嫩女孩，但母親穿著她在貝魯特手縫、繡了金色圖案的翡翠綠真絲長禮服，什麼也沒說。

當天晚上，克莉絲蒂和我躺在床上，她轉頭面對我。

「你怕嗎？」

「嗯。」我說。

「我也怕，」她答道，「但至少我們彼此相愛。」

第四章
CHAPTER FOUR

Up Close and All in:
Life Lessons from a Wall Street Warrior

「我受寵若驚，」我說，「感覺天空分成兩半，一隻手從雲裡伸出來選中我。但我不相信我這個北卡莫爾斯維爾的小子，有機會進摩根士丹利。你們全都是哈佛、普林斯頓，要不就是耶魯。我杜克畢業，主修歷史而不是經濟，沒有MBA。我永遠都沒辦法融入這裡。」

和母親一樣，直率是我的作風。

我坐在一張鋪著白痲桌布的桌子前，對面坐著暱稱「迪克」的理查·費雪（Richard B. "Dick" Fisher）和暱稱「比爾」的威廉·布萊克（William "Bill" Black）。我們在百老匯街一百四十號，以桃花心木做壁板的摩根士丹利高階主管餐廳，身後掛著一位創始合夥人的油畫畫像，面前則是一籃熱騰騰、剛出爐的派克賓館麵包捲。

普林斯頓大學五七級畢業生、哈佛大學六二級畢業生的迪克直接回應我。「這點你錯了，約翰。」他以強調的語氣說，「我跟你保證，你會融入的。如果公司裡有人拿你的背景來反對你，我就辭職。摩根士丹利是實力掛帥的公司。」

比爾·布萊克是耶魯大學五四級畢業生，也是迪克的老闆，點頭表示同意。

當時是一九七二年的春天，我正逐漸在史密斯爾打響名號。我最大的客戶是匹茲堡的梅隆銀行（Mellon Bank）。梅隆管理兩大退休基金——賓夕法尼亞聯邦（Commonwealth of Pennsylvania）的教師和州雇員退休基金。梅隆銀行有錢投資時，我就賣公司債給他們。梅隆需要籌措資金時，我就買他們的債券。我從當中賺取佣金。

但史密斯爾讓我有些不安。這家小公司沒有資本跟別人競爭，特別是當華爾街承擔愈來愈多風險的時候。幾位頂尖的業務高手都離開了，我則是待價而沽。

貴族血統的摩根士丹利正在進行改革，三十五歲的合夥人迪克·費雪扮演重要角色。他負責公司全新的銷售和交易集團，提出一份待遇優渥的工作機會。四十一歲、亞特蘭大土生土長的比爾·布萊克，說話一如南方人慢條斯理，公司的人都知道他是王牌經紀人，當天他的出席，是要強調公司真的有意雇用我。

在格拉斯─斯蒂格爾法案（Glass-Steagall Act）通過兩年之後，摩根士丹利在一九三五年從 J．P．摩根公司（J. P. Morgan & Co）切出來。該法案的目的是要保護未來的銀行，防止它們像在大蕭條時期那樣發生倒閉。一些商業銀行利用存戶的錢購買投機性的華爾街股票，當股市崩盤，顧客就血本無歸。恐慌的美國人於是一窩蜂擠進行員的窗口，想方設法把存款取出來，銀行擠兌癱瘓了系統。格拉斯–斯蒂格爾法案是要禁止企業同時經營商業銀行的存放款業務以及投資銀行，以股票和債券的形式供給企業資金。

銀行必須選擇。J．P．摩根公司成立於一八九五年，可說是美國史上最有權力的金融機構，它繼續從事商業銀行的業務。約翰．皮爾龐特．摩根（John Pierpont Morgan）的孫子，三十五歲的亨利．摩根（Henry S. Morgen），連同另外四位合夥人與幾位員工，以及五十五歲的哈洛德．士丹利（Harold Stanley），辭去J．P．摩根的工作，成立摩根士丹利投資銀行。J．P．摩根繼續留在華爾街二十三號，摩根士丹利則是開在一百碼外的華爾街二號。摩根士丹利的創辦人把他們的血統和傳統一併帶走。兩家公司的銀行家都是穿三件式西裝，襯衫別上袖扣，外套從不脫下（而且當時還沒裝空調），坐在四腳細長的桃花心木掀蓋式辦公桌前，桌子是在英國訂製的。每張桌子都有呼叫鈴，用來使喚跑腿小弟、總機接線員或祕書。

多虧它系出名門，摩根士丹利和美國經濟的最高層有著深厚關係，包括鐵路、電話、汽車、鋼鐵、製造業、石油，以及世界各地的外國政府。在眾多客戶中，AT&T、杜邦（DuPont）和美國鋼鐵（U. S. Steel），是打造現代美國的藍籌公司。

摩根士丹利站在無人能出其右的美國金融尖端近四十年。如果IBM委託摩根士丹利籌措五億美元，摩根士丹利將透過承銷（也就是發行）股票來達成目標。接著合夥人邀請華爾街的其他投資銀行組成銀行團，來幫忙分配（也就是銷售）股票。摩根士丹利就從證券的承銷價和成交價的價差賺取獲利。

當時的金融服務業存在嚴格的潛規則。舉例來說，由於德士古（Texaco）是摩根士丹利的客戶，大家都知道這種關係具排他性，其他投資銀行就不會向這家石油公司拉生意。

但是到了一九六〇和一九七〇年代，證券交易商推翻現況，開始積極拜訪像是奇異（General Electric）、通用汽車（General Motor）等過去無法接近的公司的高階管理階層。「我們做很多業務，是摩根士丹利那種傳統投資銀行不能做的。」他們向財務長推銷，提出有創意的新方法，來管理公司的資產負債表和籌措資本。所羅門兄弟、美林證券等公司，以買賣已經發行的證券為武器，在次級市場大展身手，而這是摩根士丹利從未進入的戰場。

攻擊果然奏效。券商開始挖摩根士丹利的牆角。平靜的華爾街一時之間變得烽火連天。受到驚嚇的摩根士丹利，突然得在金融工具和服務方面變得更靈活創新，來滿足衣食父母（資本使用者）的需要。過去被選中的投資銀行，如今得發揮推銷功力，取悅客戶。

為了生存，也必須關注資本的供給者，也就是保險公司、銀行和退休基金等機構投資者。過去這些團體買了債券後持有數十年，如今他們積極管理投資標的。其中一個理由是，通貨膨脹正在侵蝕長期債券的價值。

為了掌握次級市場的生意，摩根士丹利需要從零開始成立一個銷售和買賣事業處。許多年紀較長的合夥人反對進入這個領域，交易大廳跟摩根士丹利的形象完全不符。公司合夥人喝乾雪莉酒，提供諮詢的對象都是產業界的巨頭。交易員的形象則是貪婪、卑鄙，甚至沒教養。

一九七一年的某次合夥策略會議上，事情來到緊要關頭。務實有遠見的首席合夥人羅伯特・鮑德溫（Robert H. B. Baldwin），堅決主張公司應該現代化。「我們做了一項決定，」迪克・費雪稍後在摩根士丹利接受《五十週年慶評論》（*Fiftieth Anniversary Review*）訪談時表示，「那個簡單的決定為公司帶來後續的成長。」鮑德溫點名費雪來主掌新的集團。

所以我才會跟費雪和布萊克吃午餐。做為公司債的銷售員，要是早幾年前，我的履歷表會被直接扔進垃圾桶。但由於現在摩根士丹利準備進軍次級市場，我就成了當紅炸子雞。「迪克，我會考慮這份工作。」快要喝完咖啡時，我對費雪說道。

他令我印象深刻。他跟我預期的不一樣。費雪八歲時罹患小兒麻痺症，得拄著拐杖走路，但中學時期曾經參加摔角隊。他說話輕聲細語，表現親和，這讓我想起我父親。不同的是，費雪充滿雄心壯志，想成為華爾街之霸。他連同另外五位最近被任命的合夥人，被摩根士丹利稱為「狂妄六人組」（Irreverent Group of Six），他們決心推動改革，讓摩根士丹利穩坐一哥寶座。

第二天，我打電話給費雪。「謝謝您，」我說，「但我得拒絕您。」我對這機會很感興趣，費雪給我門票進入一個很少人得以進入的領域，但我覺得受寵若驚。我既非出身常春藤名校，父母又是黎巴嫩移民，不太確定自己是否適合這家公司。

「那你就錯了，約翰。」他說。費雪的態度和善而堅定。

結果，我去了羅耶伯羅迪斯（Loeb Rhoades & Co.），一九三七年由兩家聲譽卓著的經紀商合併而成的成功券商。我在那裡工作時，位於華爾街四十二號的公司在大廳有一座私人電梯，方便員工使用。我喜歡我的工作，而且待遇不錯——事實上，非常不錯。我的收入是十一萬美元，相當於今日近七十萬美元。

但是，我一直拿羅耶伯羅迪斯跟摩根士丹利做比較。我頭腦敏銳、積極進取。在羅耶伯羅迪斯，同事跟二線客戶打交道就感到滿足，沒有成長，也沒有動力。同事跟我不是一個團體，我們只是一群尋找最高薪水的專業人士。摩根士丹利則聚焦在滿足客戶的最大利益。在此之前，我從沒思考過組織文化，現在我會了，我發現每家公司都有些差異。

我不確定自己為什麼花這麼久時間才領悟。高中時，北卡羅萊納大學教堂山分校和杜克同時網羅我去他們學校踢足球，當時我就明白兩所學校的差異。北卡大沒什麼不好，即使沒有獎學金，父母也送得起我去讀。但杜克在學術和社會上具備優勢，而我希望往更高處爬。

史密斯爾時代認識的老朋友戴蒙．梅札卡帕（Damon Mezzacappa），最近在摩根士丹利就任資深職位，一直催我去那裡。「你一定要來，」每次跟他一起喝酒，他就催我，「你太低估自己了，約翰。相信我，我不是在說笑。如果你來了，每一天你都會表現得很好。」

我一直回想白手起家的費雪在某次午餐時告訴我有關法蘭克．佩提托（Frank Petito）的故事。佩提托和我一樣是第一代美國人，他擔任工友的父親來自義大利，在新澤西州的特倫頓（Trenton）安家落戶。佩提托靠獎學金讀普林斯頓大學，於一九三七年加入摩根士丹利。他很快就讓每個人印象深刻，但是做滿一年就不再去上班。有位合夥人在新澤西州的普林斯頓看到他在加油站替人加油，佩提托被問到為何離開摩根士丹利，回答道：「你跟我說你要雇用我一年。」

「回來吧。」這位合夥人語氣堅定。佩提托回去上班，升遷速度扶搖直上，如今他是兩位資深領導人之一，另一位是暱稱「鮑勃」的羅伯特．鮑德溫。

我不太相信佩提托的故事是百分百真實。但其中的寓意很清楚：移民家庭的孩子，也可以在摩根士丹利平步青雲。

我在羅耶伯羅迪斯待了半年。在華爾街的四年間，我已經待過三家公司，這在當時並不常見。一直換工作是因為我想和能使我成長的人共事，我不希望覺得自己這樣就夠了。

啟示是：絕不要看輕自己。

十月中，就在我前往格林斯波羅和克莉絲蒂結婚的一個月前，我坐在羅耶伯羅迪斯空無一人的交易室裡。當時接近傍晚，交易市場已經結束。我拿起電話。我曾經拒絕過摩根士丹利，因此做好被拒絕的心理準備。但我也不想讓自尊心妨礙我去追求現在我發覺自己真正想要的：在第一流的公司，跟一群聰明、有職業道德且具競爭力的同事一起工作。

像費雪那樣的人，我知道自己可以從他身上學到東西。

祕書把我的電話轉給他後，我單刀直入。「迪克，」我說，「先前我錯了。如果銷售的職缺還在，我很希望能有這個機會。」

「我就知道你會改變心意，約翰，」他說，「歡迎你來。」

兩個星期後的一九七二年十月二十四日，我走過海豐大樓（Marine Midland Building）前的地標，野口勇的紅色菱形雕像，摩根士丹利的辦公室就在那裡。那是個異常溫暖的秋天早晨，天氣陰。

但我有種雲開霧散的感覺。

第五章

CHAPTER FIVE

Up Close and All in:
Life Lessons from a Wall Street Warrior

走進摩根士丹利就像來一場時光之旅。我在一九七二年加入的這家公司，無論是習慣、文化，或是賽馬和獵犬的室內裝飾風格，都和一九三五年成立時的摩根士丹利沒有太大不同。這裡有種拘謹的氛圍，十二張知名的掀蓋式辦公桌所在的位置稱為平臺區，地板架高八英寸，將電纜線巧妙地藏在底下。

合夥人坐在辦公桌前，注視Quotron股票行情顯示機提供的股票報價。他們的舉止如同身上穿的布魯克兄弟（Brooks Brothers）外套般中規中矩。我和摩根士丹利的首席總裁——現在是榮譽總裁——山謬．伯頓．沛恩（Samuel Burton Payne）握手。他是個神情莊嚴的紳士，一頭白髮和深鎖的眉頭，簡直就像被放在現場的美國建國者大理石雕像。

紐約和巴黎設有辦公室、在東京有營業據點的摩根士丹利是一間小公司，全體三百五十名員工，只要一艘豪華遠洋定期船的頭等艙就裝得下。而公司提供的服務也是禁得起比較的。每天早上九點整，畢恭畢敬的辦事員會拿一份表格要我填寫，午餐想吃牛菲力還是新鮮鱈魚，外加湯和甜點？都不喜歡嗎？沒問題，我可以向畢克曼街（Beekman Street）的狼之美食（Wolf's Deli）點一份三明治。或者我想吃中菜？還是法國或義大利料理？我可以向曼哈頓下城的任何餐廳點餐。摩根士丹利會負責買單，然後由戴著白手套、身穿制服的服務員，把餐點送到海豐大樓頂樓的華麗餐廳讓我享用。起風的日子，天花板的水晶吊燈會微微晃動。

這種每天的儀式，以及對我身心的照顧——傳統與地位的整體感——使我覺得我自己和我的工作，比原先想的還要了不起。我喜歡我加入的這個組織，它的文化被人津津樂道，更別說奢華的程度和攝取的熱量，比幸運草美食的鮪魚三明治又往上跨了一大步。

在摩根士丹利的第一天早上十點，我就見識到合作夥伴關係是多麼完美無瑕。公司正在替 AT&T 發行的一億美元債券進行定價，紐約的每一位合夥人都坐在大會議室的桌子前。每位合夥人發表意見，每位合夥人的意見都被聽見，大家激烈辯論，但彼此尊重。接著，合夥人圍著會議桌逐一投票，價格必須經絕大多數通過，因為合夥人是用自己的錢做為賭注。會議結束，他們將息票（債券的年利率）設定為百分之七又八分之一。我第一次目睹這整個過程，感覺摩根士丹利為了客戶的成功而全心投入。

接下來幾個月，我一再目睹對追求卓越的用心，也領悟投資銀行是個激烈且燒腦的行業，需要對細節異常專注。每一份摩根士丹利的文件都經過再三檢查，每個數字都是由一個人計算後，再經過另一人複算核對，不容許任何錯誤，確認完美才能交出去。

這種冷靜、嚴謹的氛圍瀰漫公司每個角落，各種聲響總是被噤聲。幾乎是如此。

除了我工作的交易廳以外。之前的大會議室剛被改成費雪的銷售與交易集團，這個用玻璃隔起來的大房間喧鬧且煙霧瀰漫。電纜線、機器和十來位交易員與業務員（一九七〇年代早期全都是男性）的叫喊聲，讓整個空間的溫度迅速上升。早上七點半我一踏進辦公室就會脫下外套，午餐前已經將領帶解下。

忘了掀蓋式辦公桌吧。我們全都擠在黑色金屬桌拼成的平面，需要更多空間的時候就再加一張桌子。在銷售和交易室，每天都是賭局，我一面向客戶推銷公司債，一面盯著四周牆面上的電子螢幕，追蹤股票代號和每一秒的股價變化。

公司成立之初，哈洛德．士丹利在開會時，曾經要求小聲抱怨「去死啦！」的合夥人離開會議室。但在交易室內，各種幹聲成了口頭禪。有時合夥人走下平臺區把頭伸進交易室，看見我們咆哮「買這個，賣那個」，然後重重掛上電話，會露出吃驚的表情。我們缺乏他們之前雇進來的那些人所具備的禮貌，我們是不同品種的人類，有著不同的技能。那些銀行家一定是對我們嗤之以鼻，只是沒說出來罷了。

陽剛和陰柔在彼此作用著，如今摩根士丹利同時進入初級和次級市場，不光承銷證券，還買賣證券。

舉例來說，當一九六八年阿拉斯加的北坡（North Slope）發現石油時，石油公司想建造輸油管。從普拉德霍灣（Prudhoe Bay），跨越北極圈上空，經過天寒地凍的七百九十八英里往南，最後在無冰的瓦爾德茲港（Valdez）結束。油槽在這裡將裝滿原油，被運送到美國本土四十八州去精煉。

摩根士丹利和英國石油（British Petroleum）與俄亥俄州的標準石油（Standard Oil）合作，以投資銀行的身分參與這筆金額龐大的交易，結果為這項專案計畫籌措了破紀錄的一七．五億美元資金。

以保德信人壽（Prudential Insurance Company）為首的七十六家機構投資人參與其中，該公司承諾買進二．五億美元的債券。我們花了好幾個月銷售。我竟然還記得當時的債息是百分之十又八分之五。摩根士丹利的投資銀行端賺取交易手續費，銷售端則賺取銷售債券的佣金。交易於一九七五年完成，之後工程開始進行。一九七七年，原油開始在縱貫阿拉斯加輸油管道（Trans-Alaska Pipeline System）中流動。

能量也在摩根士丹利流動著。在鮑德溫和費雪的領軍下，公司以飛快的速度改變。一九七三年，在前海軍陸戰隊的巴頓．畢格斯（Barton Biggs）旗下成立研究團隊。有些合夥人反對這個擴充的舉動，因為如此一來研究團隊將提供企業的客觀評估（包括摩根士丹利的客戶在內）給機構投資者，分析師的客觀評價極可能激怒客戶。公司也推出華爾街第一個專責的併購團隊，由鮑勃．葛林希爾（Bob Greenhill）帶領，它所扮演的顧問角色，過去公司一直是免費提供。葛林希爾的父親是瑞典移民，他最為人所知的是繡著浮誇金錢符號的吊帶，那是他女兒為他做的。他的工作倫理和不惜代價也要贏的堅定決心，改變了摩根士丹利在同業心目中的形象。

公司到處都是新面孔和新名字。一九七三年八月，摩根士丹利搬到洛克斐勒中心附近的埃克森大樓（Exxon Building），地址是美國大道一二五一號。公司蓋了更大的交易廳，有足夠空間來擺放纜線和電腦，以因應愈來愈多的交易。把交易廳設在新的摩天大樓，要比老厝翻新更有效率，加上我們希望更貼近顧客，而很多顧客都在中城（Midtown）。

我們的成長速度快到鮑德溫叫祕書分送一份打字的備忘錄，上面寫著，從即日起，所有辦公室的內部溝通必須載明姓氏，不可以光用縮寫，以上公告來自RHBB。

我很喜歡這種古老的貴族式傳統，但我也愛創造、改變和成長的新精神。這份工作並不輕鬆，但人與人激盪出靈感的火花。

我找到我在專業上的歸屬。

第六章
CHAPTER SIX

可惜一九七三年航空公司還沒有提供飛行點數，因為我才剛在摩根士丹利的交易大廳安頓好，就成了空中飛人。星期一到五，我會去拜訪位在紐約上州阿爾巴尼（Albany）的客戶，或者南下佛羅里達州的塔拉赫西（Tallahassee），甚至往西飛到加州。

當時有好幾個星期六的中午，我和克莉絲蒂會招一輛計程車前往拉瓜迪亞機場。我們在頭等艙的貴賓室吃簡單的午餐，搭下午一點三十五分的環球航空（TWA）班機前往梅隆銀行總部所在地匹茲堡（Pittsburgh）。我從史密斯爾跳槽到羅耶伯羅迪斯，之後又來到摩根士丹利，一路都帶著梅隆銀行，它也一直是讓我賺最多錢的客戶。

梅隆銀行成立於一八六九年，在美國金融界可說是擲地有聲，處理龐大的退休金和信託資產，並且有巨額的銀行存款。舉凡高盛、所羅門兄弟、羅耶伯羅迪斯和國際性的銀行，每一家都指派業務員專門負責向梅隆銀行推銷公司債，搶著分食這塊大餅。搶贏了，佣金就是你的，是他們投資多少錢在你的商品，而不是其他同業。

假設我跟某位客戶說，我有AT&T的債券，價錢是X。所羅門可能跟這位客戶說：「我有AT&T的債券，價錢是Y。」而X可能比Y便宜一點，或者貴一點。客戶永遠都會跟你說便宜的成交，其實他們是在說笑，因為他們沒有把潛意識考慮在內。價錢固然重要，交情也很重要。回顧我的職業生涯，我會說交情帶來優勢。不是每位客戶都如此，但絕大多數是這樣。如果你有創意，想得出好點子，你就得其門而入，但交情終究是勝負關鍵。

以迪克·凡·史考依（Dick Van Scoy）為例，他在梅隆銀行負責賓州教師和州員工退休金的投資。我最早是在史密斯爾的時候拿到這個客戶，因為債券業務員淨是性格慢悠悠、愛稱兄道弟的一群，而史考依是個不折不扣的厲害角色。他對退休金的業務知之甚詳，而且會讓每個人牢牢記住這點，沒有人能靠花言巧語讓他買下他不想要的債券。這個挑戰我喜歡。

凡·史考依有特定的策略。他喜歡盡其所能收購很多債券到償債基金（也就是被用於贖回的基金）裡，直到他取得絕大多數股權。由於債券發行者每年必須贖回某個數量的債券，凡·史考依就可以憑自己的影響力，向債券發行者要求較高的價格。

我了解到，每位客戶都存在一個疏通關係的關鍵，這關鍵因客戶而異，我得自己去發現。就凡．史考依來說，關鍵是誠實。我得開大門、走大路，要可靠，言出必行，這是我和凡．史考依打交道的方式。我拜訪他的時候，問他退休基金需要什麼，並且仔細聆聽。

接著我告訴他，我認為他應該怎麼做。凡．史考依通常會拒絕我的建議，但他知道我不會打退堂鼓；我會告訴他，我真正認為對他和梅隆最有利的想法，不是能讓我獲利的東西。

這是重要的一課：不要逃避困難的事或難搞的人。我強迫自己一而再、再而三地拜訪凡．史考依。向他推銷對我來說並不容易，因為他記不起來的債券，遠比我當時所知道的債券還多。但是在贏得凡．史考依信賴的同時，我的職業生涯也從此起飛。

＊＊＊

在過去，權威作風的摩根士丹利召喚客戶來到它在華爾街的總部。在這個新的年代，摩根士丹利向客戶趨前就教。這也是我和克莉絲蒂經常去匹茲堡的原因。我們一下飛機，就會前往赫茲（Hertz）的停車場，挑一輛龐帝克火鳥（Pontiac Firebird）雙門轎車，直奔萬豪酒店（Marriott Downtown）。這間華麗的現代風高聳旅館在一九六〇年代建造，能飽覽這座丘陵城市的壯麗景觀。從這裡到知名的莫農加希拉河（Monongahela River）和亞利加尼河（Allegheny River）的匯聚點，只有幾個街區之遙，兩條河交會後形成俄亥俄河（Ohio River）的源頭，流入密西西比。

我畢業於杜克大學歷史系，對匹茲堡總是情有獨鍾。這座城市有數百年歷史，最初是杜肯堡（Fort Duquesne），在英法北美戰爭（French and Indian War）中成為英法必爭之地。英國戰勝後，大不列顛的首相老威廉·皮特（William Pitt the Elder）重新命名這個地方。匹茲堡從此成為西方門戶的邊境城市，拓荒者從那裡啟程，來到新的國家安身立命。

一九七二年的匹茲堡，已經是個自豪、堅韌的工業大城。十九世紀打造了亞美利堅，並為卡內基（Andrew Carnegie）賺進大筆財富的鋼鐵廠，如今依舊以全速提煉鐵礦。工廠每週六天、每天二十四小時產出鋼鐵。我和克莉絲蒂從機場開車進入這座城市，看見一大團灰色的雲朵從鋼鐵廠的煙囪冒出來，人們勤奮的程度不減當年。

我帶克莉絲蒂去匹茲堡的次數，多到她幾乎可以取得賓州的投票權。一開始是因為我要洽公，後來漸漸和梅隆銀行的資產經理及其家人成為至交好友。凡・史考依離開梅隆後，由傑瑞・艾爾姆（Jerry Elm）和莎莉・葉（Sally Yeh）繼任。儘管是出公差，但也充滿樂趣。

我和克莉絲蒂把行李放在萬豪後，便直奔傑瑞的家。傑瑞跟我去買酒，我買了足夠多的酒，有沃爾夫斯密特伏特加（Wolfschmidt vodka）、百家得蘭姆酒（Bacardi rum）、加拿大俱樂部威士忌（Canadian Club）和帝王蘇格蘭威士忌（Dewar's Scotch），加上給女士們喝的卡魯哇咖啡香甜酒（Kahlua）、幾瓶啤酒，以及桑格利亞水果酒（Yago sangria）和夏布利白酒（Chablis），全都由摩根士丹利買單。

傑瑞家的後院有個露臺，我們手拿著酒，坐在那兒或者窩在舒服的地方閒聊，留下了我和克莉絲蒂婚姻初期最快樂的回憶。我們會從緬因州的畢爾之龍蝦碼頭（Beal's Lobster Pier）運來活龍蝦大快朵頤，還有丁骨牛排、玉米和烤馬鈴薯。在場的有我和克莉絲蒂、傑瑞、莎莉和各自的家人，以及其他梅隆團隊的成員。

那年頭，最令人興奮的職業球隊莫過於匹茲堡鋼人（Steelers）這個把匹茲堡凝聚起來的傳奇足球聯隊。在泰瑞・布萊蕭（Terry Bradshaw）、法蘭柯・哈里斯（Franco Harris）、米恩・喬・葛林恩（Mean Joe Greene）等超級球星的加持下，球隊突飛猛進，一九七五年奪得超級杯冠軍，真可謂所向無敵。輝煌的戰績使得三河體育館（Three Rivers Stadium）幾乎一位難求，但是有幾個星期天，我會從杜克的老隊友（他們現在進入NFL，前來和鋼人比賽）那裡，拿到八張甚至十張票。我會帶梅隆的朋友一起去，賽後我和克莉絲蒂會請他們連同妻子去用餐，他們滿開心的。

他們也喜歡我的新婚妻子。克莉絲蒂是個不可思議的好伴侶也是資產，深深受到在場同事、妻子和孩子的喜愛，他們會開玩笑地說：「約翰，你留在紐約就好！克莉絲蒂一個人來就行了！」

克莉絲蒂成了他們的獵物，而她也隨遇而安。

關於克莉絲蒂的隨遇而安，我有確鑿的證據。

經過人類史上最直截了當的求婚後，蜜月之旅更是一絕。我們打算到聖安德列斯島（San Andrés）一個星期，這是位在尼加拉瓜東岸外，加勒比海上的小島。我曾在一本美國運通的雜誌上，讀到關於聖安德列斯島的故事。

這是一座看起來荒僻、簡單又安靜的島嶼，與我們的期待不謀而合，我們從格林斯波羅飛到邁阿密，中途長時間停留，接著前往哥斯大黎加的聖荷西，之後跳上一架小型貨機，將自己綁在長條座椅上進行最後一段旅程。我們從很小的機場搭計程車前往預訂的旅館，我是看了雜誌的整版廣告，描繪在晶亮的碧藍大海邊進行浪漫的戶外用餐才訂的。終於來到目的地時，我坐在計程車後座，整個人驚呆了，差點不想下車。

那地方根本就是垃圾堆。我們決定既來之，則安之，並辦理入住。我們租摩托車去探索聖安德列斯島，最後只花五分鐘。海灘一片荒涼，我們立刻發現了原因：海岸線布滿有尖刺的毒海膽，根本無法靠近。當天晚上，我們發現老鼠在床單上咬了好幾個洞。第二天早上，我們在克莉絲蒂的行李箱看到螞蟻。早餐時，我們看見一隻骨瘦如柴、看似狂暴的狗晃進旅館廚房後就沒再出來。「不要看！」我對克莉絲蒂說，「我好像看見一隻蟑螂吃了老鼠的乳酪。我們趕快離開吧！」

我買了兩張神鷹航空（Condor Airlines）的機票飛到邁阿密，打電話給一位哥兒們，問他是否知道羅德岱堡（Fort Lauderdale）哪裡有公寓可以租給兩個「蜜月難民」。我朋友說：「我老爸有，想住多久就住多久，櫃檯的人會給你鑰匙。」

B計畫似乎不錯，直到我們走進公寓，聽見尖叫聲：「你們是誰？」原來我朋友的已婚叔叔，正在和一個女的搞外遇。真不知道比較尷尬的是哪一對。

於是我們策畫了C計畫。迪士尼世界在前一年開幕，應該會比加州的迪士尼樂園更好玩，於是我們租車前往奧蘭多。

我們試著去當代度假旅館（Contemporary Hotel）訂房，這間嶄新的現代化休閒度假中心位在迪士尼世界園區，有單軌火車穿過旅館大廳前往神奇王國（Magic Kingdom）。結果滿房。我們得到園區外約四英里的旅館才有房間。我靈機一動。「克莉絲蒂，」我說，「乾脆打電話給你爸媽，看他們要不要南下。他們為這次美好的婚禮出錢又出力，值得度個假！」

金恩醫師夫妻從格林斯波羅南下，我們四人跟米妮米奇在一起裝可愛，還穿越小小世界的隧道。我們在旅館泳池游泳，之後到一間被夏威夷火把環繞的餐廳用餐，克莉絲蒂的父母都很開心。

前面說過，克莉絲蒂宛如獵物。回到紐約市的家，我將她抱起，跨過新房的門檻，這是間一房一廳的公寓，就位於我從一九六八年起一直居住的基普斯灣大樓。不過，克莉絲蒂對匹茲堡如此喜愛，有個最根本的原因。她很難適應紐約的生活，加上我們還在磨合期，我們剛訂婚，克莉絲蒂就搬回格林斯波羅規畫婚禮。

第一年很辛苦。嘗試一起建立生活模式的過程中，我們為芝麻蒜皮的小事吵架，例如奶油。

我喜歡像我母親那樣，把奶油放進冰箱冷藏。克莉絲蒂則喜歡放在室溫的軟奶油，她喜歡奶油就擺在檯子上，方便塗在吐司上。金恩一家七口，一頓早餐就會吃掉一條奶油，但我們只有兩個人，奶油得冷藏才行。

社交生活的協調又更難。克莉絲蒂一頭栽進我既有的朋友圈，大部分的人在華爾街工作，要不就是客戶。他們年紀較長，已經結婚多年，其中有些人有孩子。這是一群見多識廣的紐約客，曾經在世界各地生活、工作和旅行。而我們的太浩湖之旅，是克莉絲蒂第一次到西海岸，她家旅行時，會在旅行車後頭拖一臺拖車。

我會突然打電話跟她說：「親愛的！我們受某某之邀去 La Cote Basque 吃晚餐，我七點來接妳，妳會喜歡他們的！」然後她掛下電話，立刻陷入驚恐之中；心情低落，緊張，不安。她想：**我該和他們聊什麼？我又不認識他們，我一定配不上他們**。

當我回到家，等不及帶美麗的新婚妻子出去炫耀時，她總是躲在臥室，悶悶不樂的樣子。「怎麼了？」我坐著脫下皮鞋，換上休閒鞋時，一面問她。

「我不想去，約翰。我跟他們完全沒有共同點。」

「克莉絲蒂，去他的朋友！我不是娶我朋友，我娶的是妳。如果他們不喜歡妳，去他們的！但他們一定會喜歡妳的！」克莉絲蒂稱不上是內向的人，她只是被那些遠不及她聰明和特別的人嚇到。

誠實一直是我和凡．史考依維繫關係的關鍵。至於我和克莉絲蒂，靠的則是堅持。有幾個夜晚，當我們上床睡覺時，我感覺到克莉絲蒂不開心，便問她：「怎麼了？」

「沒事。」

「一定有事。跟我說怎麼了。」

「沒事。」

這時我會靠近她，把頭靠在她旁邊，直視她的眼睛，說道：「除非妳跟我說，否則今天就不睡了。」

克莉絲蒂從小生長的家庭，不容許她說出自己的想法或表達情緒。不管發生什麼事，她被要求喜怒不形於色。因此她幾乎不曾清楚說出自己要什麼、不要什麼。我則是毫不隱瞞，就算做錯事也不怕別人知道。無論在公司還是在家裡，我都要知道別人在想什麼以及他們的感覺，特別是我的妻子。「除非妳跟我說，否則今天就不睡了，」我會說，「告訴我。」

拗不過我，克莉絲蒂於是承認「我」是問題所在！我對她總是口無遮攔，甚至無禮。我得學會別把交易大廳的那套言行舉止帶回家。更糟的是，在我們新婚頭幾個月中，我經常是克莉絲蒂唯一的傾訴對象。她面臨一個難題：她深愛著我，卻又極度孤獨。

一九七三年十一月十一日，我們的週年紀念日到來時，克莉絲蒂已經跟許多鄰居成為朋友，我們的婚姻基礎也更堅實。我們了解溝通的重要性，從此溝通成為我們仰賴的工具，但並非總是很順利。我了解為了好好溝通，必須把自我放一邊，真心誠意傾聽對方，而不只是等著輪到自己說話。

＊＊＊

除了梅隆銀行，美國信託（U.S. Trust）也是我的大客戶。資產經理負責龐大的資金——紐約州員工的退休金。他是個好人，以前在海軍陸戰隊服役，打過第二次世界大戰，是聖母大學（Notre Dame）愛爾蘭戰士隊（Fighting Irish）的超級粉絲。

我到摩根士丹利大約一年時，請他去一家華爾街附近的 Chez Yvonne 餐廳吃午餐。我說的是「午餐」，但印象中全是馬丁尼酒，有冰涼的琴酒、少許乾苦艾酒，和兩顆橄欖。

我們中午一坐下，這位資產經理立刻點了雞尾酒，一口吞下後馬上又點了一杯。「午餐」進行的三、四小時間，Chez Yvonne 的酒保不斷送酒過來。我們喝酒聊天，扯些大學足球隊的事，客戶煞有介事地取笑我的母校杜克。我不曉得他究竟喝了幾杯馬丁尼，但我肯定喝了至少三杯，可能要四、五杯銀色子彈（Silver Bullets）才能跟上他的步調。

沒錯，這是平日中午發生的事。那年頭跟現在不一樣。

如果想跟客戶混熟，我不能在對方一杯接一杯喝著馬丁尼的時候，坐在那兒啜飲薑汁汽水。我的信條是：如果客戶愛喝酒，我就愛喝酒。但是在和客戶談生意時，必須知道界線在哪裡。

付了帳，我拖著沉重步伐走出餐廳，搭上計程車。在用各種酒類打造午餐的模糊記憶中，我知道自己不該回辦公室。

我打開家門，腳步踉蹌地走進去，對克莉絲蒂說：「我醉得一塌糊塗！」我躺在拼花地板上，閉上雙眼，一動不動就是八小時。克莉絲蒂後來跟我說，她一度拿了面鏡子放在我的鼻子底下，看我是不是還活著。

＊＊＊

我並不是在出差或中午喝得爛醉時完成所有工作，我也常在交易大廳完成我的工作。每天早上我會做的第一件事，是跟交易員說：「你們的部位*是什麼？你們想達到的部位是什麼？」我會聽他們的目標，看他們有沒有債券需要進出？

＊　譯注：Position，又稱為「頭寸」，期貨和選擇權買賣交易的專有名詞，指金融商品的買賣契約。

接著我會打電話給客戶：「今天有什麼想法？您有現金可以投資嗎？需要籌資嗎？」我是雙方的溝通管道。

以下是我其中一次的大斬獲。經過長時間經營，摩根士丹利終於說服大通銀行（Chase Manhattan）給我們一筆大生意，透過出售五年期定存單來籌措資金。大家都興奮極了。由於我負責提醒客戶任何新的投資機會，於是立刻打電話給傑瑞。他一拿起電話，我就說：「我們剛才幫大通訂了一億美元的定存單價格，有興趣買嗎？」

「你等等，我看一下投資報表。」傑瑞說。他指的是梅隆銀行可用來投資的金額一覽表。我打這類電話給傑瑞時，他通常會說：「約翰，我們已經沒有投資額度，這次就免了。」

我一面在線上等，一面拿著筆輕敲金屬辦公桌。傑瑞讓我等的時間比平常久，最後回到線上，說道：「約翰，今天算你走運！我們有龐大的流動性，給我價值兩千萬美元的定存單。」

我驚呆了。這是我職業生涯以來最大的一筆交易，而且是多出好幾個零。

或許你會以為，我首先會跟坐在隔壁的老兄擊掌。

但我沒有。那年頭的交易大廳有很多戰鬥情誼，但不作興擊掌，甚至根本還沒擊掌這玩意。要到一九七〇年代，棒球和籃球的精采比賽結束後，球員舉起手掌彼此互拍才開始的。擊掌還未流行前，大家都比較低調。有時候在完成一筆交易後，費雪會走進玻璃交易室。「幹得好，約翰。」他拍拍我的背，說道。這些稱讚總是意義重大。

但是賣定存單給梅隆銀行的傑瑞則是非比尋常。那天費雪走進交易大廳時，後面跟著十幾位常務董事。這還是頭一遭，其中幾位從未真正踏進交易室。他們圍著我，大聲說道：「幹得好！讚！」這筆交易使我進階為明日之星。

＊＊＊

有些人很快就領略銷售的真髓，但不是每個人都適合做這行。我認為，人可以被教導成**更好的**銷售員，但要真正擅長銷售，勢必需要具備某些特質才行。你必須可以跟陌生人自在聊天，信心滿滿直言不諱，還要能夠讓別人站在你這邊。最重要的特質是，必須喜歡人，而且發自內心對人感興趣。

我遇到陌生人時，會自我介紹。一開始我會問：你成家了嗎？在這裡工作多久？你從哪所學校畢業？我聊這些不是要震懾對方，而是利用經過驗證有效的話題來開啟對話，讓對方敞開心胸。你家孩子多大了？你們都去哪裡度假？過了一段時間後，我會問比較私人的問題，畢竟得了解對方才行。如何了解一個人？答案是用心。你得表現出感興趣的樣子，把眼光超越他們此刻正在做的工作，像人與人之間的交談那樣。我可能會問餐廳的工作人員或計程車司機，生意好嗎？你喜歡你的工作嗎？

我很幸運，陌生拜訪從沒遇到過困難。當我拿到新客戶時，會打電話跟對方說：「我是摩根士丹利的麥晉桁，負責貴公司的業務。我想過來自我介紹，了解貴公司的目標，看我可以提供什麼幫助。」

我會提供給客戶的產品都是為他們量身訂做的。第一次會面時，我展示給客戶的是樣板債券，也就是一目了然的保守商品。一段時間後，我會提供比較新奇的債券。他們不一定會買，我只能一試再試，永不放棄。人生當中的每件事都是如此。

不過，難搞的客戶也是有的，而且是非常難搞。

有個組織專門負責教師退休基金。這個團體每年都召開一次大會，邀請負責基金的州政府員工參加。這些員工來自全美五十州，外加華盛頓特區。這是一場可以攜家帶眷的大拜拜。每家主要的投資公司都會派代表參加，趁著和州政府員工吃吃喝喝之際來建立關係。我想確定，如果俄亥俄州的退休基金經理人有五千萬美元可以投資，他立刻會想到麥晉桁和摩根士丹利。當時有「華爾街債券宗師」之稱的所羅門兄弟占據退休金市場，我最大的野心就是把他們擠出去。

我參加一九七四年在夏威夷舉行的大會。當時對多數美國人來說，到夏威夷旅行不是件容易的事，費用昂貴又充滿異國風，而且要花很多時間才到得了。當時懷了老大史蒂芬的克莉絲蒂也隨行，我們是真正的夥伴，她跟我一樣努力，確保賓主盡歡。

我租了一架飛機，載幾位大會的參加者及其家屬到夏威夷群島當中的五個大島。當飛機在考艾島（Kauai）加油時，有個喬治亞州教師基金的人帶著孩子向我走來，慢條斯理地說：「我兒子想要一包夾心餅乾。」他遞給我一包玻璃紙裝的亮橘色餅乾，中間夾著花生醬。「請你買單。」

我買單了。做為銷售員，我必須以客為尊。讓客戶開心是我的首要任務。嗯，只要是在合理範圍。

飛回檀香山的那段旅程，最糟的事情發生了。筋疲力竭的我和克莉絲蒂坐在前排，一面倒數著還有多久就能脫離這些退休基金經理人的魔掌。

突然間，我感受到一股陰氣襲來。

「維尼想吐。」有個鼻音說道。

我抬頭看著這個傢伙，他身穿鮮豔的夏威夷衫，脖子掛著芋貝項鍊，盯著我。

「什麼？」我說。

「維尼想吐。」他又說了一次。

「那您希望我怎麼做呢？」我直接嗆他。「叫他用嘔吐袋啊，那就是用來裝嘔吐物的。」

我學到的教訓是：你不必愛每一位客戶，而且有時對方不會感謝你。話說回來，即使我沒有答應清理嘔吐物，參加這場大會仍是值得的。我在夏威夷晒黑的皮膚還沒白回來，電話就在交易大廳響起。

「找您的，麥先生。」助理說。

這通電話是來挖角的。我的職業生涯到了這個階段，經常會接到這類電話。但這次是來自最大咖，所羅門兄弟。美國信託的資產經理，加上梅隆銀行的傑瑞，我確實一直在蠶食所羅門的地盤。我這才明白，在那次大會上，有個友善過火的所羅門債券經理人堅持請我去知名的粉紅色皇家夏威夷旅館酒吧喝一杯邁太（mai tai）雞尾酒，而且不許我說不，這絕不是巧合。

「所羅門兄弟對你很感興趣，」這位獵頭說，「可以約個時間見面嗎？」

我婉拒了。我哪裡都不想去。

一年後發生一件事，現在想到還會令我大笑。我跟一個叫做喬治．波利斯祖克（George Poliszczuk）的人成為朋友，他是梅隆銀行投資部的負責人，帶著濃重的東歐口音，有著了不起的經歷。二戰期間，當時十幾歲的他逃離烏克蘭，輾轉來到匹茲堡，是個不折不扣的老古板。

喬治走進所羅門兄弟在紐約的巨大交易廳，要找傑克·庫格勒（John (Jack) Kugler）。庫格勒在一九五七年成立所羅門兄弟，是長期在位的債券之王。他的客戶包括信孚銀行（Bankers Trust）、梅隆銀行，全是大咖。他是個鬥性堅強的角色。

「嗨！傑克！」喬治扯起嗓門。交易大廳沒有人聽不到。「當第二名的感覺如何？」

「那你曉得第一名是誰？」

「麥晉桁！」

第七章
CHAPTER SEVEN

Up Close and All in:
Life Lessons from a Wall Street Warrior

我的手一揮，把文件、咖啡杯、筆、釘書機、電話、菸灰缸、菸蒂全掃到地上。四張桌子被擺成交叉的十字形，我們稱之為塔樓，我用剛才那股破壞的力道清理每張桌子。

交易大廳的人全停下手邊的事，盯著我瞧。周遭一片寂靜，只有沒掛好的電話在地上發出微弱的鈴聲。

時間是一九七〇年代末，我從銷售員升上銷售經理。上任第一天，我站在交易大廳，對我的新團隊說話。「無論何時，」我告訴他們，「我希望你們四個人當中至少有一人守著塔樓。沒有例外，沒有藉口，不許去上廁所。從市場交易開始到結束，我希望有人接電話，隨時準備好執行交易。」

我不是魔鬼上司。我知道員工需要在營業時間去存個支票、看個牙醫、買點東西來吃。但這並不會改變我的規則：櫃檯永遠要有人顧著。我手下有四個聰明人，他們會想出辦法。

但是有天下午，我走進辦公室，發現一切井然有序——我說真的，除了人以外。我這組的塔樓唱空城，無人應接的電話鈴聲大作。這並不符合「以一流方式，做一流生意」（first-class business in a first-class way）的企業特質——摩根士丹利精神，也是我誓願帶給客戶的。

如今，你有好幾種方式可以跟人連繫，但是在一九七〇年代，沒有呼叫器、沒有手機、沒有電郵，也沒有簡訊，只有書信、地上通訊線路、面對面三種溝通方式。信件太慢，所以我們要麼打電話給客戶，要麼親自拜訪，語音留言很少用，我想不出有哪種情況，可以把客戶來電轉到語音留言，至今我依然這麼認為。維繫客戶關係如履薄冰，需要持續照料與灌溉。同業的銷售員像禿鷹，隨時準備把生意搶走。不接電話是會丟生意的。

銷售和交易的整個基礎在於管理客戶來電詢問的流程，把這些詢問變成交易。因此，如果梅隆銀行的傑瑞或任何客戶打電話到交易大廳，必須有人接聽電話。既然如此，為什麼不乾脆請一位祕書來聽電話呢？因為祕書沒通過系列七測驗，不能處理金錢的進出。

我把塔樓的東西全掃到地上，交叉雙臂站在一片狼藉中，等待。

我還記得那位做錯事的銷售員回到辦公室時滿臉驚恐的樣子。「我剛才去辦點事，約翰。」他結結巴巴地說。我也不會忘記另外三位銷售員在撿東西時，對這位被指定負責的同事投射的憤怒眼神。

我什麼都沒說，因為我不必。

從此以後，塔樓再也沒有唱過空城。

如今回想，我是個捉摸不定的人。一方面，我清楚表示不會容許摩根士丹利被任何人傷害，尤其是被某個大學剛畢業、想跟大廳某位業務助理美眉調情的小屁孩。我大可在銷售員回座位時把他們叫過來，但是這麼一來效果就不同了。不可預測是我的祕密武器。我從不希望下屬以為，他們預測得到我接下來會做的事。讓人總是感到措手不及，才能使他們愈來愈厲害。

另一方面，我為了其中一個人所犯的錯而懲罰四位銷售員。

他們全都不曾質問我為什麼要那麼做，但我能感受到他們的怒氣、不公平感，和恐懼。

他們是對的。不應該這麼做。

不是這樣管理人的。

＊＊＊

商業界經常升遷最會賺錢的人，華爾街也不例外。但是，身為搖錢樹不等於是最佳的管理者，甚至連一半都算不上。把人升到他們無法勝任的位置是常有的事，這種情形被稱為彼得原理（Peter Principle）。但無論是否勝任新工作，很少人能抗拒更響亮的頭銜、優渥的待遇和更大權力的誘惑。

我喜歡銷售，喬治．波利斯祖克也曾經告訴華爾街，我是箇中翹楚。如果我繼續留在銷售，可以賺進一大票的佣金。但我要的不只如此，我想在摩根士丹利往上爬。我想證明自己有能力管理並激勵一個團隊。如今銷售在摩根士丹利是當上常務董事的跳板，但是那年頭必須有管理的經驗才可能被選上。當我的直屬上司戴蒙．梅札卡帕獲得升遷時，我就升任他的位置成為銷售經理。剛開始包括梅隆銀行和美國信託在內的幾個最好的客戶還繼續歸我管，但最終我把它們交給我的團隊。

儘管我天生懂得銷售，卻沒有管理人的天分。

首先我得學會管好自己。

從某方面來說，我一開始根本不夠格當個管理者。我還沒開口就嚇到一堆人。從我在杜克踢足球的時代起，就一直是高頭大馬，身高六尺一寸，當時體重兩百二十磅。濃密的眉毛讓我即使不生氣，看起來也像在生氣的樣子，再加上我生來皺著一張臉。當我生氣時，右手會不自覺握緊拳頭。在婚禮預演的晚宴上，有人惹怒我，克莉絲蒂第一次看到我這樣的狀況時，說這很嚇人，甚至具威脅性。

交易大廳盡是像我這種精神緊繃到爆表的類型。加上處理的都是大筆金錢，而且必須在幾秒之內做決定，自然是壓力巨大。但我的情緒比大多數人更快到達沸點，我不懂如何控制自己的脾氣。

的確，管好一群王牌銷售員並不容易。當你聽到「首席」這兩個字時，會想到搖滾巨星或超級運動員，不會想到這個詞適用在一個穿著條紋西裝的人身上。

那你就錯了。

有些銷售員和大客戶培養緊密的關係，以為這麼一來別人就沒機會搶走客戶。由於他們賺了很多錢，就懶得去跟較小的客戶搏感情。他們以此為滿足，但我可不。

「你們把可以賺很多錢的客戶拒於門外了！」我告訴他們。期待和要求更多，是我的工作。

問題是，當下屬告訴我說，他們沒有做成某筆生意，我會在所有的交易員面前大聲叫出他們的名字。我也只有一種處理方式，那就是我的方式。銷售員該如何做好自己的工作，在我心裡自是有數，而我不接受些許偏差。

於是我得到了報應。

＊＊＊

每天早晨，我的眼睛都會從時鐘快速移到塔樓的一張空椅子上。一直都是同一張辦公桌。這個座位應該有一位從哥倫比亞大學應屆畢業的頂尖人才瓊安·

迪·阿系斯（Joanne de Asis）坐在那兒。七點三十五分、四十分、四十五分、五十分。時而惱怒、時而擔憂令我無法專注。**她人在哪？是發生意外嗎？她人還好嗎？**一九七七年的紐約不是個頂安全的城市，最後，她終於在七點五十七分衝進來，再次為了叫不到計程車道歉。

「準時」是我的鐵律之一。我記得自己跟她說得很清楚，上班時間是從早上七點三十分準時開始。（她不記得這點。）但瓊安還是繼續遲到。

耶誕節前幾天，我對瓊安說，我想在交易大廳跟她聊聊。當時我還沒有個人的辦公室，我們坐在一間小會議室。「瓊安，妳是個滿好的人，」我對她說，「但妳不適合這份工作。我接下來要去北卡度假，等我回來時，要請妳把妳的位子空出來。」

我簡短、堅定，而且有禮貌。瓊安的臉隨著我的話語垮了下來，她被開除了。

但是一月二日我回到辦公室時，瓊安還坐在她的位子上，頭一次提早到辦公室。我立刻走進費雪的辦公室了解情況。「約翰，你不能開除她，」他以公事公辦的語氣說，「我們決定再給她一次機會，你要輔導她。」

瓊安顯然是趁我度假時，跳過我去找救兵。我很生氣，但是一反常態地不發一語。我走回交易大廳，來到瓊安的辦公桌前。「我要移動妳的位子，」我劈頭就說，「從現在起，妳坐我隔壁。」如果不能把她弄走，我就要張大眼睛——和耳朵——好好盯著她。我讓瓊安跟我的業務助理和另一位哥大MBA彼得·卡爾契斯（Peter Karches）坐在我的塔樓。彼得在布魯克林出生，讀喬治城大學時，靠著當服務生半工半讀。他的藍領氣質勝過優等生氣質，與我的焦土政策很合。我很快就喜歡彼得的原因之一，是他生性不退縮，他會把自己真正的想法告訴我，而且他極度有效率。當我請彼得做某件事時，他會記在黃色記事本上，下班前一定辦好，二話不說，而且不須手把手，事情交給他就再也免煩惱。

我注意到瓊安老是用我不懂的語言在電話上聊天，這令我頗為不悅。我跟彼得每隔一段時間就會交換眼神。「她到底在跟誰講電話？」他小聲對我說。

我看了看銷售日誌。讓我大吃一驚的是，瓊安業績紅火，賣了許多債券給美國的葡萄牙和西班牙銀行。這個肥水多多的利基，是團隊裡其他人無從得知的，更別說是染指。她能流暢使用西班牙語、葡萄牙語，以及他加祿語（Tagalog）——

她從小長大的菲律賓的一種語言。有時我還聽得出法語。

我記得在每天早上八點的業務會議上，大夥圍成半圓形坐。我催促團隊去賣一九八八年的委內瑞拉八（Venezuela Eights），也就是八年期委內瑞拉政府公債，利息八％。「誰他媽會買委內瑞拉的債券？」一位銷售員開罵，「委內瑞拉？連去度假的人都沒有！」

第二天早上會議開始後，瓊安入座。「約翰，馬來西亞的中央銀行會買委內瑞拉八，用含息價。」她宣布。

我不可置信地問：「服了妳了，這究竟是怎麼辦到的？」

「昨天晚上八點鐘，也就是對方星期二的早上九點，我打電話給馬來西亞國家銀行（Bank Negara Malaysia）的副行長南利・賓・阿瑪德（Ramly bin Ahmad）先生，他們的時間比紐約快十三小時。我跟他說：『先生，委內瑞拉產石油，跟馬來西亞一樣，他們的債券是AAA等級的。』」

「我不用說更多，馬來西亞**很有錢**，經濟在飛速成長。」

她對我、彼得和其他銷售員露出一個滿意的微笑。

瓊安晚上打了很多電話給東南亞的客戶，不久摩根士丹利就在她的公寓裡設置了一條專用電話線。接著，為了配合她愈來愈頻繁的跨國出差，我們必須換旅行社，因為之前那家旅行社從沒聽過吉隆坡，也不曉得該搭哪家航空公司的飛機。那年頭無法用「Siri，哪家航空飛馬來西亞首都？」來解決問題。

瓊安讓我明白，並不是每個銷售團隊的人，都得像我一樣。她開拓了我做為管理者的視野。剛開始監督她的時候，我沒能了解瓊安具備獨特的技能。費雪把她留下來是對的。看著她的成功，令我了解到，我的職責是幫助她擴展才能。

我還學到了其他教訓。有一回，我在尋找助理，於是跟一位應徵者約了面談。這位女士如我們在電話中約定的，在下午一點來到摩根士丹利位於埃克森大樓的總部。當天有個金額龐大的債券發行，銷售員都忙著推銷，我正在交易大廳忙著救火，以致於完全忘記約定會面的事。當這位可能成為助理的人抵達時，我叫接待員請她聽電話。「聽著，我今天沒空見妳，」我因為工作被打斷的不耐，透過電話完全傳送出去，「妳必須改天再來。」

我掛了電話。

當天下午我的電話響了。我拿起電話，聽見曾經讓海軍上將為之顫抖的低沉聲音。詹森總統過去的海軍副部長，也是二戰時的海軍軍官，正在電話線上。「約翰，我接到菲莉帕・皮爾斯（Philippa Pierce）*憤怒的電話。」鮑德溫說。

我搜索記憶，心想，**菲莉帕・皮爾斯究竟是何許人也？**

鮑德溫洞悉我的想法。「你今天下午應該和那位小姐面談的，她犧牲午休時間來見你。她說你放她鴿子，約翰。她還說你沒禮貌，說你沒有為取消而道歉或者給個解釋。聽好，我了解你的工作有時會很麻煩。她是我們家的一位朋友，約翰。但重點不在此，你不能用那種方式待人。」

我打電話給菲莉帕・皮爾斯解釋取消的理由，並且向她道歉。幾天後，我請她回來面談，我沒有雇用她，但她後來在公司裡找到另一個工作。

鮑德溫提醒我，每個人都是平等的，應該尊重他人，無論對方是誰。

我父親就永遠不會像我對待菲莉帕・皮爾斯那樣對待任何人。

有件事可以說明父親的為人。有一回他在路途中停下來向在莫爾斯維爾經營葬儀社的一位朋友凱文（J. P. Cavin）打招呼，注意到有一副準備埋葬的棺材，上面沒有花。「凱文，這副棺材的花呢？」父親問。

「那家人哪裡有錢買花，」凱文說，「他們連松木棺材都買不起，查理。」

「希望他們也能有花。」父親堅持，於是把一張二十元的鈔票交給凱文。「從現在起，如果有哪個家庭沒錢買花，請跟我說，我來買單。」

這就是查理．麥克。我從他身上學到慈悲。

忘記父親設立的榜樣令我耿耿於懷，我因為當下的緊急事件和亟欲在摩根士丹利出人頭地而無暇他顧，把其他事全拋諸腦後，包括應有的禮貌和設身處地為人著想。換言之，我把自己的壓力轉嫁到菲莉帕的身上。

在華爾街，壓力一直存在，位階愈高，壓力愈大。鮑德溫說得對，不可以輕視他人，不能因為自己有壓力就發飆。這道理不光適用於華爾街。

＊ 原注：假名。

由。

***

讓我學到教訓的上司不光是鮑德溫。我也曾被別人狠狠打臉，而且有正當理由。

一九七七年，合夥人詹姆斯．路易斯（James Lewis）在校園徵才之旅中，來到他的母校芝加哥大學商學院，邀請應屆畢業生喬．希爾（Joe Hill）到紐約做進一步的面談。喬來到紐約時由我面談，他是個頭腦清晰敏銳的德州仔。我當場就給他一份工作。「您打算提供多少薪水？」喬問道。

我認為大家應該會欣然接受摩根士丹利的工作機會，無論薪水高低。「零元至一百萬元之間，」我回答，「你問了這個問題後，薪水會朝向零元的方向調整。」

喬立刻回我：「我相信您，我接受這份工作。」

他回芝加哥打包行李，搬到紐約隨時準備開始在交易大廳工作，但就在他第一天上班時，遇到一個大麻煩，那是我不小心造成的。

「我來告訴你該向誰求助。」我跟喬說。我看得出他很興奮，三件式西裝、擦亮的翼尖男鞋，加上俐落的短髮，讓他看起來很有精神。我先把他介紹給交易部門的負責人路易斯・門德斯（Luis Mendez）。

幾個月前，我跟路易斯飛到洛杉磯去拜訪客戶，平安太平洋銀行。我們在會議廳見面，這時客戶開始嘲弄起路易斯的古巴腔。我把手伸到桌子對面，抓起那傢伙的領子，壓低嗓音怒道：「如果你想嘲弄任何人，就嘲弄我吧。」於是他閉嘴。有時我的體型和脾氣還派得上用場。

此刻，路易斯一手叼著雪茄，優雅地向喬伸出另一隻手。「很高興你加入。」他說。

下一站是銷售部門的負責人戴蒙・梅札卡帕。「這該死的傢伙是誰？」他指著喬，對我嚷嚷。

「我是新來的銷售員，」喬說，「約翰雇用了我。」

「我不曉得你到底為什麼會還沒見過我就被錄用。」戴蒙不客氣地說。「你們兩個，」他舉起大拇指往肩膀的後方指了指，說道，「到我辦公室，快！」突然間，我想起在我決定雇用喬的那天，戴蒙不在辦公室。

我們跟在戴蒙後頭，坐了下來。他從小冰箱拿了一瓶啤酒，拉開拉環喝了一大口，接著把腿抬到辦公桌上，交叉雙腳，吐了一口氣。「好吧，」他說，「那你來這裡究竟他媽的要做什麼？你有任何概念嗎？約翰怎麼跟你說的？」

喬朝我看了一眼。我感覺髮線上的汗珠開始往下滴。「我完全不知道，」喬說，「但是你做什麼，我也想跟著做，我想在早上十點喝啤酒。」

「你們兩個出去。」戴蒙說，「約翰，我要你十分鐘後回到這裡，我們來討論一下喬的事。」

我們一面走著，我轉頭對喬說：「你知道嗎？我不曉得那是我見過最愚蠢還是最有膽子的事，但我挺欣賞的。」

的確如此。我喜歡膽子大的人。但是當我回到戴蒙的辦公室，我發現我之前膽子太大了。我根本不該在戴蒙放行前就雇用喬，倒不是說我沒有雇用和解雇人的權力，而是我畢竟還是在戴蒙麾下，這是禮貌問題。如果任何人這麼對我，我也會發怒。戴蒙完全有權利來否決我的雇用決定，讓失業的喬流落在紐約街頭。

我向戴蒙道歉。「他可以留下來，」戴蒙說，「但是不准你再耍花招。」

結果，喬的成績果然不負我所望。他在一年內就拿下一個從沒人聽過的超級大客戶：麥克阿瑟基金會（MacArthur Foundation）。該基金會擁有十億美元資產，來自剛過世的不動產與保險巨擘約翰．麥克阿瑟（John D. MacArthur）的遺產，可說是滿滿的錢。這個基金會以提供麥克阿瑟研究獎（MacArthur Fellowships）而知名，這個獎項又名天才獎（Genius Grants）。負責投資的人，名叫諾伯特（Norbert），他向喬買了數百萬美元的特別股，令喬喜不自勝。「這就像金子一樣，我淘到金礦啦！」喬的成績優異，於是我們派他回芝加哥，他在那裡讓摩根士丹利的債券部門聲名大噪。

喬和戴蒙的尷尬場面只是個小失誤，和我在交易大廳跟迪克．費雪發脾氣那次簡直是小巫見大巫。現在我已經不記得發怒的原因，但當時的我是失控了，開始在一大群人面前對著迪克吼叫。他沒有當場解雇我，說明他對自己的情緒多麼有自制力。在我們共事的二十五年間，我一次都不曾見過他失去冷靜。

迪克把我的不良行為看在眼裡。他把我叫進辦公室，瞪著我，冷靜地說：「你太離譜了，我想聽你的想法，盡量把話講出來，約翰。我相信你在摩根士丹利有機會大展鴻圖，但不准你**再**在公眾場合吼我。」然後迪克開始撥打電話，做手勢要我離開。

我對自己的「不貳過」感到自豪，我再也沒有在公眾場合對迪克吼過，但我依舊把心裡的想法直接告訴他。

當我對人說出真心話時，可能會令人不舒服、刺耳且痛苦——對雙方都是。但是，誠實和率直是我最大的特質，而我知道迪克欣賞這點，他常說：「我永遠可以信賴約翰會對我說實話。」

在我擔任管理者的初期，有時會遇到重重阻礙。我領悟到自己必須培養更多自制力，也了解如果有人犯錯（而且一定會），我應該把他們叫到旁邊，私下跟他們說，而不是在大眾面前提。

要澄清的是，我還是會實話實說，也還是會大聲說出來。只是，我會在我或他們的辦公室說，而且會把門帶上。

第八章
CHAPTER EIGHT

Up Close and All in:
Life Lessons from a Wall Street Warrior

我承認，身為新手管理者，偶爾會懷念以前的日子。我想念客戶，想念銷售的快節奏，想念電話閒聊。我把梅隆給了一位頂尖銷售員寇克・馬特恩（Kirk Materne），他在維吉尼亞州的里奇蒙（Richmond）長大，一從維吉尼亞軍事學院（Virginia Military Institute）畢業就直接到摩根士丹利任職。他是個愛講荒誕故事的南方人。我聽到寇克在電話上跟傑瑞聊債券和波旁威士忌時會有點傷感。有時管理似乎是解決團隊的人事問題多過做生意。

不過，這種懷舊的心情從不會持續太久。我不會讓任何事分散我對首要目標的注意力：打造一個華爾街上最強大、最團結而且最有生產力的業務團隊。

第一項任務是提升團隊的信心和銷售技能。我經常陪下屬拜訪各地客戶，之後評論他們的表現。我從來不討好我的員工。幾乎每個人都會在成交時遇到麻煩，也就是直接要求客戶購買的時刻，我試著解釋什麼時候該提這個要求，以及該怎麼提。

不過，說教也僅此而已。我知道自己很愛講話，但我努力做個聆聽者。我會問很多問題，你需要什麼？你的客戶需要什麼？業績無法成長的原因是什麼？我該怎麼幫你？

第二項任務是創造一個環境，讓大家無所顧忌地說出他們**對我的看法**。跟別人說實話還不夠，我也希望從別人口中聽到實話，否則我就無法成為更好的管理者。我會說：「當你們走進我的辦公室，一關上門，就可以跟我說我很蠢。你們可以對我說，我是你們曾經共事過最糟糕的人，也可以跟我說你們很討厭我，說我的想法都是狗屁不通。我不會放在心上；只要是在我的辦公室，在我面前說的，我都不會記仇。」

這是真的。我認為很多管理問題都來自管理者無法接受批評。下屬通常不會向上司坦白說出對他們的看法，大多數人什麼都不說，因為擔心產生不良影響。我想改變這種情況，我很努力要讓我的團隊提供真誠的回饋。

我不只想聽到他們對我的看法，還要知道他們對業務的看法。摩根士丹利投注資源來雇用第一流人才，但是如果不准許大家暢所欲言，就浪費了這些人才。我希望我的團隊在開會時信心滿滿地直言不諱，如果有人只是坐在那兒點頭如搗蒜，這種會還不如不開。我告訴他們：「我不要乖乖牌。我不是無所不知，所以才要雇用你們。大家都是聰明人，了解一些我不懂的事，請把這些事告訴我。」

他們對市場走向有什麼看法？為何某某債券的發行一敗塗地？我不會誤以為自己是在場最聰明的人。我經常請最新的成員先發言，因為他們往往有新鮮的觀點。

我從自身經驗了解到：在交易大廳，衝突是家常便飯。銷售員和交易員之間存在一種固有的緊張關係，銷售員想給客戶最好的條件，交易員的工作則是保護並管理公司的資本。在我看來，交易員有時會過度小心，經常堅持拒絕為銷售交易承擔風險，這時我得替銷售員爭取。每天都像在打仗，我身為他們的管理者，必須固守城池，提供銷售員所需的盔甲，幫助他們凱旋歸來。

我接收了一些既有的員工，也雇用一些新人。我曾經遇到常春藤名校的畢業生結結巴巴地吹噓母校。他們或許能說三、四種語言，卻渾然不知自己的高傲只會讓客戶愈離愈遠。有些人中看不中用，需要在背後推一把，還有些人渴望獲得認可。我從小生長的家庭是不隨便稱讚人的，但我學著去讚美人，有時是私底下，有時在交易大廳或是會議上。

在了解業務員的個別差異之外，我還有一項任務，就是培養團隊精神，接納不同個性的人，把他們塑造成一個團隊。

我是無可救藥的搗蛋鬼，從小學開始就一直在計畫怎麼捉弄人，當時還把我和我哥哥法蘭克共用的床單剪短。假如我搭你的車子，我會趁車子暫停和等紅燈時，偷偷把車子的排檔換成N檔。我會從任何衣櫃裡跳出來，要不就躲在任何一張桌子底下。

某個星期六早上，我請紐約帕切斯（Purchase）的布蘭德布魯克俱樂部（Blind Brook Club，我都在這裡打高爾夫球）的場地管理員給我一袋沙子。第二天下午我進辦公室，把沙子倒在團隊成員的辦公桌抽屜裡，一直倒到滿出來為止。星期一早上，有個經常早到的同事打開抽屜，「怎麼搞的？」他大叫，「幹！」隨著成員陸續進辦公室，同樣的場景如骨牌般一一上演。當他們發現每個人都是受害者時，交易大廳爆出哄堂笑聲。我告訴大家：「又是一個海灘上的美好日子！」這就是我，想方設法要讓交易大廳釋放壓力。在那裡，摔電話跟摔椅子的聲音此起彼落。

我由衷覺得惡作劇有助於客觀看待事物。有個銷售員每天吃過中飯後會刷牙，接著細心地剔牙並漱口，當他從男廁回來時，每個人都會聞到一陣薄荷味。每隔一段時間，他會在以為沒人注意的時候噴口腔清新噴霧，而且一整天都嚼著迷你涼糖。

我們實在忍不住了。

一天下午，他出去吃午餐，我們把他的話筒旋開，塞了一片燻鮭魚進發話口，然後恢復原狀。三天後，他坐在位子上，用力聞自己的手，看得出來他擔心得要命。**是我嗎？**他每三分鐘就去廁所刷牙。最後，我們趁他去清新口氣的時候，拿掉已經腐敗的魚。在這位老兄把他的琺瑯質磨掉之前，我們揭開謎底。他笑得要死。

受害的還不只我的同事。史蒂芬出生不久，我和克莉絲蒂報名參加一堂中國菜的烹飪課，以便有機會共處，也算是晚間的約會。我們和另外三對夫妻在老師位於上西城的家裡見面，結果好笑得要命。我在用切肉刀切肉的時候，故意把刀子鈍的那面朝下，然後我猛地放下刀子，開始為我的手尖叫。

我這麼做只是想嚇嚇大家。實在太好玩了。但是當我再三干擾上課後，我猜老師想讓我走人。

＊＊＊

這時候，我和克莉絲蒂有了三個不到五歲的孩子：史蒂芬出生於一九七四年九月、約翰是在一九七六年十二月，剛出生的珍娜則是一九七八年十月。選擇取名史蒂芬，是因為我和克莉絲蒂都喜歡這個名字，約翰是為了紀念祖父，珍娜則是紀念在黎巴嫩把母親養大的曾祖母。

珍娜出生後大約一個月，迪克打電話給我，問道：「你能不能下樓到比爾・布萊克的辦公室來一下？」我走進去，看見當初雇用我的那兩位。「恭喜你，約翰，」迪克以一貫低調的口吻說，「我們想邀請你，成為摩根士丹利的合夥人。」他拍拍我的肩膀，比爾則是跟我握手。我在摩根士丹利升遷迅速，一九七六年升任副總裁，不到一年升任首席，因此這次的升遷不完全是個驚喜，但也沒有稍減我的自豪感。從莫爾斯維爾到摩根士丹利是一條漫漫長路，除了和克莉絲蒂結婚並且有了孩子，這是到當時為止，在我生命中最有意義的一件事。

第九章
CHAPTER NINE

Up Close and All in:
Life Lessons from a Wall Street Warrior

我興奮地打開公寓大廳小小的黃銅信箱，信箱裡是我的第一本護照，綠色的封面硬挺，二十四頁乾乾淨淨。時間是一九七〇年，我拿著它進電梯，回到我十九樓的單身公寓，想著這本小冊子乘載著多少希望與冒險。這是之前我去美邦公司附近的郵局申請的。當時我二十五歲，正準備跟堂哥米契爾去黎巴嫩。十五年後的今天，我有了一本新護照，每一頁都密密麻麻蓋滿出入境的圖章和貼紙，我得請主管護照的辦公室添加新頁。

一九七二年進公司後的頭幾個月開始，我就為摩根士丹利東奔西跑。但都在國內，阿爾巴尼、波士頓（Boston）、塔拉赫西，和傑克森維爾（Jacksonville）、匹茲堡、哥倫布（Columbus）、洛杉磯、檀香山，以及阿拉斯加的戴德豪斯（Deadhorse）。一九七九年，我也開始往國外跑，這時的華爾街已經將觸角伸到美國疆界以外的遠方。

法蘭克．佩提托於一九七三年至一九七九年間擔任摩根士丹利的董事長，當時他看到摩根士丹利在海外的商機。他的世界觀或許來自於父母是義大利移民。早在一九六六年，佩提托就談下義大利銀行（Banca d'Italia）六億美元的交易。另一位擁護全球擴張的是比爾·布萊克，他的父親尤金·布萊克（Eugene Black）在一九四九年至一九六二年間擔任世界銀行（World Bank）總裁。

向國際進軍的不只是摩根士丹利，每家投資銀行也都在瞄準其他國家的生意。美國的退休基金和機構投資者愈來愈精打細算，只要報酬比較高，就會選擇英國債券而不是美國債券，或者香港債券。交易市場已經走向全球。

自由化和科技這兩股力量在驅動著這樣的改變。舉個例子，一九七〇年，我和米契爾正在貝魯特拜訪瑪莉（Marie）阿姨，我問她：「您上次跟我媽媽說話是什麼時候？」

她看著我，好像我是在建議她趕快去火星。「強尼，我沒辦法跟人在美國的艾莉絲講話，我都是寫信給她。」

我拿起電話，打給接線生，幫我接通打到莫爾斯維爾的對方付費電話。「嗨，媽！我是強尼，嗯，一切順利。嗯，我知道電話費很貴。別擔心，我付費。等一下，有人想跟妳講話。」我把話筒遞給阿姨。「瑪哈邦？」瑪莉阿姨用試探性的語氣說出阿拉伯語的「喂」。她一聽到母親的聲音，就露出大大的微笑，無需翻譯。

在當時，大多數人絕不會沒事打越洋電話，除非是生死交關的緊急事件。但是一九七〇年代跨越大西洋和太平洋的電纜，使電話技術快速改變，成本下降，品質大幅提升。

如今，摩根士丹利的銀行家靠著電話就能做遍全世界的生意。

同樣重要的是電傳打字機（telex machine），它能接收電子訊息，以輕快的速度打出來，一面發出喀喀的聲響。電傳打字機有個鍵盤和一捲紙，有點像是自動打字機（之後是自動打字的電腦），可以透過它和世界各地的企業連繫。一九八〇年代初的傳真機，讓傳輸文件變得像影印般容易，取代了電傳打字機。

其次是自由化。國家開始將過去以高牆築起的金融市場打開，讓外國投資者進來。個別的市場漸漸連在一起。儘管當時沒有領悟到，但這是一場革命。全球化就是我們的未來，將改變整個金融服務業。

***

一九八〇年我第一次去日本時，對這國家毫無概念。雖然我是搭泛美航空的頭等艙，還是被十四小時的時差和長途飛行弄得筋疲力竭。不過相較於摩根士丹利前幾代的合夥人，這趟差旅還是算輕鬆，他們得先搭火車到西岸，之後乘坐汽船去夏威夷，最後才搭飛機到東京。

從成田機場一通關完畢，一位衣著體面、三十五歲左右的日本男性朝著我走來。「歡迎您，麥先生。」他一面說著，一面鞠躬。他是宗村健二（Kenji Munemura），摩根士丹利東京辦公室的銷售員。健二開車載我到位在東京蛋黃區的大倉飯店，這間飯店融合了傳統的日式建築與一九六〇年代初時髦現代的設計。我立刻明白，尼克森總統和福特總統（以及〇〇七）當初為何會待在這間傳說中的知名飯店。這裡的大廳還曾經出現在一九六七年的〇〇七動作片《雷霆谷》（*You Only Live Twice*）中。

我對日本相當陌生，但摩根士丹利打從一開始的J・P・摩根公司，就已經和日本結下淵源。資深合夥人湯瑪斯・拉蒙特（Thomas Lamont）早在一九二〇年就去過日本，摩根士丹利從一九三五年成立開始，和日本政府一直保持著關係，直到二戰發生為止。戰爭結束後，過了幾十年，公司才再度跟日本搭上線。

一九七〇年，也就是我進公司的兩年前，摩根士丹利成為第一家在東京開設代表處的國際投資銀行。雖然當時只有兩人，但東京辦公室發揮了無比的力量，這要歸功於負責該辦公室的大衛・菲力普斯（David Philips）。菲力普斯於一九三三年出生，本名是杉山智（Sugiyama Satoshi），十幾歲時搬到加州長灘市（Long Beach），和一個美國家庭一起生活。後來那家人收養了他，便改姓菲力普斯，並且把名字改成大衛。他的英語和日語說得一樣流利。

有了語言這套技能，讓他的事業無往不利。菲力普斯從加州大學柏克萊分校畢業後，於一九六〇年加入紐約的摩根保證信託銀行（Morgan Guaranty），之後在日本的這家銀行工作。他被告知只有白人才能升任副行長，於是去摩根士丹利應徵，摩根士丹利馬上錄用他。中規中矩的菲力普斯是公司的重要資產，朗・契爾諾夫（Ron Chernow）在《摩根財團》（*The House of Morgan*）中這麼形容他：「精通雙語、雙文化，穿著昂貴的訂製西裝，配戴袖扣，抽登喜路香菸（Dunhills）。」菲力普斯在日本擁有廣大人脈，稱得上是無往不利。他簽下了日本興業銀行（Industrial Bank of Japan）、日立（Hitachi）、日本製鐵（Nippon Steel）、三菱（Mitsubishi）等客戶。當索尼（Sony）決定私募債券時，投資銀行趨之若鶩想拿到這筆生意。根據《紐約時報》（*New York Times*）的報導，「據報導，高盛請亨利．季辛吉（Henry Kissinger）代表公司去跟索尼董事長盛田昭夫談。」結果沒談成。倒是大衛．菲力普斯和摩根士丹利贏得了這筆生意。一九七七年，公司選菲力普斯成為第一位非白人的合夥人，之後任命他為摩根士丹利的日本總裁。

在我去拜訪前，東京辦公室已經成長許多。管理者是個名叫傑佛瑞．皮卡德（Geoffrey Picard）的美國人，但多數員工都是日本人。高盛在海外的辦公室多半雇用美國人，摩根士丹利則是建立堅強傳統，雇用當地人。

同時雇用男性和女性使我們的人才庫擴大一倍——大部分的日本公司不雇用女性的專業人士。但是出身菁英家族的日本女性經常有著顯赫的資歷：她們畢業於常春藤名校，並且在頂尖商學院獲得ＭＢＡ。由於曾經住過美國，她們的英文無可挑剔。雖然她們懂得美國的企業文化，但真正的天賦是和日本銀行與保險公司的高階主管建立交情，有些人負責衍生性商品，有些則是傑出的銷售員。

日本已經從二次世界大戰的戰敗國，重振成為經濟的超級強權，而且似乎愈來愈有超越美國之勢，世界各地的消費者都對日本製的電視機、錄影機、音響、隨身聽和汽車等產品愛不釋手。我剛開始往返東京時，與我們往來的銀行和保險公司都是保守的投資者，只對美國藍籌公司的ＡＡＡ債券感興趣。到了一九八〇年代，日本人對美國資產產生強烈的欲望。一家日本的輪胎製造商收購了俄亥俄州艾克隆（Akron）的泛世通輪胎公司（Firestone Tire & Rubber Company）。三菱地所（Mitsubishi Estate）以十四億美元買下紐約洛克斐勒中心八成股權。一家日本不動產開發商花八．四一億美元買下圓石灘公司（Pebble Beach Company），包括位在加州卡梅爾（Carmel）附近，知名的圓石灘高爾夫球場（Pebble Beach Golf）。此外，日本公司也正在購買垃圾債券和其他結構化證券，以賺取更高收益和高槓桿。他們很敢衝，很想花錢，我們的工作就是幫助他們。

我在東京也和在紐約一樣。我嚴格訓練當地的銷售員，就像對待紐約團隊那樣。「你最難搞的客戶是誰？你需要我怎麼幫你？」我陪他們拜訪客戶以促成交易。公司主事者願意從紐約飛來會面，對日本高階主管來說意義重大。這些技巧在美國管用，我相信在日本也是：我堅持坐在客戶對面的某個角度，以便觀察他們的身體語言。他們坐立不安嗎？在看手錶嗎？還是打算離開？如果我注意到我的銷售員沒有傳達的訊息，我就會立刻代為傳達。

不過，紐約和東京存在著差異。我發現日本人經常會說他們認為我想聽的話，不管是酒店裡穿燕尾服的門房，還是某大型人壽保險公司的執行長。你想預約 X 餐廳的晚餐嗎？沒問題。你要我買一百萬美元的債券嗎？當然可以。當餐廳的預約未能實現，或者交易沒有簽字時，真相才浮現出來。「在這個國家，不了解做生意的潛規則，很難成交。」大衛．菲力普斯有回對一位記者說，「直覺占了很大部分，一種感覺。在日本，某人在一樁生意上做的官方表述是一回事，但實質往往是另一回事。」

我並不打算去破解這個古老精緻文化的密碼。我在杜克沒修過日本史，也不會說日文，我得透過翻譯，但我會盡最大努力。開會前，企業人脫下鞋子，換上客人用的拖鞋，於是我有樣學樣，即使對我十一號半C的大腳來說，拖鞋經常太小。晚餐時，作東的日本人通常會簡單致歡迎詞，之後舉起裝了清酒的陶瓷杯，大聲說：「乾杯！」我發現每個人到這時候才能喝一小口酒。

營業「日」通常延續到晚上。交際應酬比圍坐在會議桌開會更重要，晚餐後，我們會到銀座喝酒。白天這裡是東京知名的購物區，太陽西下後，閃耀著上千霓虹燈，有點像紐約時代廣場的除夕，只是更亮些。太太和女友從不在受邀之列，這是文化。

做生意，身段要柔軟，努力配合對方，但我有我的局限性。有一天，我和宗村健二及日本興業銀行的客戶，到東京一家超級昂貴的餐廳吃午餐。服務員以誇張的手勢呈現這家餐廳的特色料理——一大盤手掌大小的蝦子。這些蝦子還在我面前的盤子裡活蹦亂跳，令我感到一陣反胃，實在難以下嚥。於是我用筷子夾起一隻蝦子假裝要咬，然後用力點頭表示讚許，一面偷偷把蝦子扔在地上。

* * *

一九八五年，我升任全球課稅固定收益（Worldwide Taxable Fixed Income）部門主管。摩根士丹利除了擴大在東京的能見度，也在世界各地的其他城市開設辦公室。我被託付的部分任務，是確保在每個海外的辦公室找到對的固定收益經理。我也繼續拜訪客戶，飛到澳洲、紐西蘭、新加坡、韓國和香港。

我到國外出差通常會待兩天，頂多三天，即使我繞了大半個地球。我在長程旅行時，會把時差變成優勢。我幾乎不讓自己睡覺，盡量參加銷售員安排的每一場會議，之後搭上國際航班，聽到機長發動引擎便呼呼大睡，直到快降落在甘迺迪機場前，空服員打開飛機的窗戶時才醒來。

我想回家見克莉絲蒂和孩子。

無論我的行程多緊湊，我知道克莉絲蒂承受的一定更多。她對史蒂芬、約翰和珍娜的要求很高，會趁他們吃早餐時，挑選《紐約時報》的文章大聲朗讀。她身兼老師、廚子、司機、教練、祕書、營運長與家庭維修工、紀律執行者、健康和衛生檢查員，以及保安人員。

幾年前，我們曾在位於紐約市郊區的帕切斯買了一筆不動產。這裡占地二·五英畝，長了茂密的老樹，距離百事可樂總部約一英里，有個美麗的公共雕塑花園，週末我們會帶孩子去。

我們興奮極了！

直到搬進去為止。

房子看似美麗，但大梁是木頭而不是鋼製，而且每次下雨地下室必定淹水，最終整個房子的一大部分都得改建。

撇開這個錢坑，我們還是很喜歡離開城市，但有個缺點。現在我不再是走路或搭跨城公車到埃克森大樓，而是被迫面對單程一小時的通勤時間，這還是在交通順暢的時候。

我決定請一位司機，他會在早上六點半來接我，晚上載我回家，通常都是在應酬結束後。那年頭請司機並不常見，大部分的摩根士丹利合夥人，都是搭火車進城。迪克·費雪搭地鐵上班，而且是從布魯克林高地（Brooklyn Heights）。

雇用司機使我成了被取笑的對象。一天早上，有位交易員看到我從車子裡出來，大聲說道：「約翰，你家也有金子做的馬桶嗎？」但我不為所動。既然可以在車子裡讀《華爾街日報》，並做好今天的計畫，我不想浪費時間開車。大約有一年的時間，我讓肯．迪芮特（Ken deRegt）這個聰明年輕的固定收益交易員搭便車，以便更了解他，向他請益。有時我也會開車載巴頓．畢格斯，巴頓成立了摩根士丹利的研究部門，是華爾街知名的投資策略家。他出了名地節儉，開一輛老爺旅行車，後車窗還是破的，他沒換掉玻璃，而是用膠帶黏起來。

我們約在一個雙方都方便的停車場，巴頓把破車停在那兒。有天晚上，他找不到車子，不久他的電話響起。「我是田納西州卡頓茅斯（Cottonmouth）的警察局長，」電話另一頭的聲音說道，「畢格斯先生，你的車子在這裡，一定是被人偷走了。你可以南下來取車嗎？」

巴頓正想辦法訂機票去卡頓茅斯，這時我揭曉謎底：「你的車子在我家車庫裡。」

克莉絲蒂從不抱怨我應酬到深夜或出差。她在每個人總是努力迴避嚴厲父親的家庭中長大，所以她會確保我們家是讓人放鬆且好客的地方。有時我嫉妒她可以跟史蒂芬、約翰和珍娜相處那麼久，我會在中午打電話給她，問：「可以叫他們來聽電話嗎？」

我們搬到帕切斯後，更常招待客人來家裡玩。我們採取輕鬆隨意的方式，把摩根士丹利的同事和客戶一起請到家裡。我們喜歡這樣，我骨子裡就是個外向的人。克莉絲蒂總是開玩笑說，她嫁給了最愛請客的美國男主人，所以她不得不成為最愛請客的美國女主人，而她也很有天分。此外，在寬敞的後院烤肉，使我想起過去和父母親一起和黎巴嫩親戚共度的週末餐會。

不過，克莉絲蒂的耐心確實有極限。我們在帕切斯的家裝設一個電子車庫門後，她花好幾個小時警告孩子：「絕對不可以玩車庫門的按鈕。那不是玩具，可能會把人弄死。如果門降下來而你被卡住，會被門壓死。」

下一個星期天，克莉絲蒂把車子開出車庫，孩子坐在後座，全家要去教會。我打開防盜警報器，鎖上廚房的門，按下車庫門的按鈕。在四雙眼睛盯著我看的情況下，我在門邊等著它降下來。我坐上副駕駛座，克莉絲蒂轉過來對我說：「車子的遮陽板就有按鈕可以把門關上，」她說，「你只用了兩秒鐘，就讓我花兩星期努力教孩子的事破功。」

我們五個人放聲大笑。

每天晚上下車時，我有意識地做了一個決定：努力不把工作上的情緒帶回家。我不見得都能做到。我的三個孩子會雀躍地在門口迎接我，跟我玩摔跤。這是結束一天工作最好的方式。之後，等孩子上床睡覺後，我會跟克莉絲蒂聊天。她坐在廚房的中島，我坐在桌子旁。我跟她說我白天發生的事，她靜靜聽；她跟我說她白天發生的事，我靜靜聽。我們經營婚姻的祕訣就是：溝通，溝通，再溝通。

我出差時，心從不曾遠離家。我總是花大約一小時選購禮物，不想只是在機場隨便買個定價過高的紀念品。我在東京買了一串美麗的珍珠項鍊給克莉絲蒂，這價錢在美國只買得到玩具店的塑膠項鍊。每顆珍珠賣兩美元，真是不可思議的划算。

我經常和瓊安一起出差，她已經成為明星。有回我們到南韓首爾拜訪中央銀行和一家保險公司，她帶我到一個賣Gucci和LV山寨包的市場。討價還價是韓國的規矩，好比是一場賽局，就在我付了錢，銷售員把錢包包起來時，她稱讚我：「做得好！」過了幾天，我和瓊安抵達香港，她帶我去知名的購物區the Lanes，替克莉絲蒂和珍娜選購紵縫外套。

我又想炫耀自己討價還價的功力，結果沒成。「你，不是紳士。」老闆尖酸地說，「你，離開。」

尷尬的瓊安戴上太陽眼鏡，假裝不認識我。

經過這次事件，瓊安依然請我參加亞洲的銀行和企業領導人在瑞士蘇黎世召開的大會。「馬來西亞國家銀行的南利·賓·阿瑪德先生會出席，」她告訴我，「新加坡航空的負責人也會去。去一趟蘇黎世，就不必去新加坡了。」

大會在多爾德大飯店（Dolder Grand）舉行，這是一家在一八九九年開業的五星級豪華飯店。當一板一眼的門房帶我們去客房時，他打開一間豪華套房的大門，可以清楚看到阿爾卑斯山脈的壯麗景色。「這是您的房間，麥先生。」他以帶著德國腔的英文說。

「我的同事住哪裡？」我問。

「我帶您去。」我們穿越長廊，來到一間陰暗狹小的佣人房。「這是小姐的房間。」他說。

「大房間給她，」我說，「我住這間。」

「麥先生，您是一位真正的紳士。」說完，他微微一鞠躬。

如果 the Lanes 的老闆能聽到這句話，該有多好。

第二天早上我吃著瑞士燕麥片時，對瓊安說：「欸，昨天晚上我接到妳男友們打來的電話，誰是綠先生啊？」

「不好意思啊，約翰。那些全是代號，黑先生、綠先生、棕先生，」她調皮地說，「你永遠不會知道他們是誰。」

事實上，我知道根本沒有什麼男友，只有一位未婚夫，暱稱「裘利」的荷西．康拉多．本尼泰茲（Dr. Jose Conrado "Joly" Benitez），在馬可仕政府擔任內閣大臣。瓊安和裘利邀我和克莉絲蒂去參加他們在紐約舉行的婚禮，我得以和伊美黛．馬可仕（Imelda Marcos）開心共舞，伊美黛是以驚人的鞋子數量而聲名狼藉的菲律賓第一夫人，擔任瓊安的首席伴娘（matron of honor）。當瓊安和裘利的大女兒出生時，他們請克莉絲蒂做她的美國教母。

瓊安和我有了很大的進展。

對我來說，每次出差的亮點，是車子開回家後在車道上停下來，孩子們從前門衝出來的那一剎那。「把拔，把拔，你回來了！」他們開心興奮地跳來跳去，一面尖叫著。經歷身在異鄉的孤單後，見到他們是再好不過的事。接下來，他們會要求看我買了什麼禮物，最受歡迎的是一款米老鼠掌上型電玩機，它的大小和一隻 iPhone 差不多。這款遊戲是要把畫面上的雞蛋弄進籃子裡，如果你失敗了，雞蛋就會裂開。

或許是因為年紀最大，史蒂芬對我不在家這件事愈來愈在意。他十歲時，有一天晚上我又不在家了，他下樓對克莉絲蒂說：「我們不再是一個家了，把拔老是不在家，永遠都那麼忙。」

史蒂芬剛出生時，有天克莉絲蒂帶他去摩根士丹利，素以大剌剌聞名的鮑勃·鮑德溫輕輕抱著我們的大孩子，熱淚盈眶看著我，說道：「約翰，一定要留時間陪兒子啊。」

我不要像那些幾乎不認識自己孩子的華爾街父母一樣。孩子小的時候，我和克莉絲蒂每年夏天一定會去北卡羅萊納威明頓（Wilmington）外的海灘度假兩星期，同行的還有我們雙方的家庭。我們晚上七點從紐約啟程，通宵開車，孩子們睡覺，我和克莉絲蒂輪流開，一路上聊著我們的生活和對未來的夢想。早上八點終於到達時，我們累壞了，史蒂芬、約翰和珍娜則迫不及待要到海邊去玩。

克莉絲蒂轉述了史蒂芬說我老是不在家的話之後，我當下就訂了一個規矩。我決定每年帶每個孩子去一趟週末旅行，而且只跟我。我的條件是他們必須選擇地點——美國的任何地方，結果連續七年都去了迪士尼世界——珍娜選的。我得學著幫她夾髮夾，我從來沒做過那種事。珍娜是個完美主義者，她會說：「把拔，再夾一次，馬麻不是這樣弄的。」我也幫她拎著小包包，走在園區裡和米奇米妮說話。我對於「家中有女」這件事了解了許多，這對我們來說真的很重要。

史蒂芬喜愛《星際大戰》。一九八三年春天，史蒂芬九歲，《星際大戰六部曲：絕地大反攻》（*The Return of Jedi*）上演。我原本打算那個週末帶他去看，結果星期三晚上，我和克莉絲蒂正在睡覺，史蒂芬跑到我們的房間說道：「我睡不著，要去看《絕地大反攻》讓我太興奮了。」那部電影當天上映。

「去拿你的外套！」我從床上起身，穿上牛仔褲。「我們去看午夜場。」

不用說，史蒂芬的第一次旅行是以《星際大戰》為主題。我們飛到舊金山，開車七小時到加州的新月城（Crescent City），那裡有大片紅杉林，盧卡斯曾在這裡拍攝與毛茸茸的伊娃族有關的場景。

約翰選擇的旅行地點總是和運動有關，我們一起去奧蘭多大衛．李德貝特（David Leadbetter）的高爾夫學院上課，還去杜克參加籃球營。一九九〇年，我們去丹佛觀賞最終四強決賽（Final Four Tournament）。杜克藍魔鬼（Duke Blue Devils）在冠軍爭奪賽中，迎戰內華達大學的拉斯維加斯奔跑叛逆者（Las Vegas Runnin's Rebels）。我們聲嘶力竭地為杜克和教練麥克．薛塞斯基（Mike Krzyzewski）加油，最後輸球時難掩失望，但是過程太開心了！

這幾次的旅行讓我體認到，不能讓工作占據整個生活。和孩子們相處，了解每個孩子，是何其重要的事。在飛機上，坐在每個孩子的身邊，我會問他們，假如你希望我改變一件事，會是什麼？為什麼喜歡跟把拔在一起？最喜歡把拔哪一點？

史蒂芬每年都不假思索地給了相同的答案：「把拔，你讓我做自己。」

這是我所能想到，兒子對父親最好的讚美了。

＊＊＊

在工作上建立人際關係也是件可貴的事。

每個人都以為，唯有錢能使員工賣命，但我從職業生涯中領悟到，努力去真正了解大家，就是對他們的激勵，也幫助我建立團隊精神。

宗村健二與客戶培養的融洽關係，是我們在日本成功的關鍵，而他也升任東京辦公室的固定收益銷售經理。健二是個拚命三郎，有著過人的精力，我知道他在摩根士丹利一定前途無量。有一天，我從紐約打電話給他。「嗨，幾天後我會過來，我想打高爾夫球，到鄉間遊覽，我們倆來趟公路之旅如何？」

健二到成田機場接我，我們開車去一處高級的山間度假中心，那裡以滾騰冒煙的溫泉池而聞名。我們高爾夫球打得很盡興，之後在溫泉池裡放鬆，手裡拿著札幌啤酒。健二非常有幽默感，我們不時放聲大笑。到了晚上，為了融入度假中心的其他客人，我穿上浴衣。身穿日本和服的女性，將我們的晚餐放在矮桌上，每個人都是跪坐在榻榻米墊上，這是我在日本最愉快的時光之一。我脫離了舒適圈，感覺棒極了。我想知道是什麼激勵了一個人。我喜歡健二，我想和他成為好友，而我們也真的這麼做了。

我沒料到這趟旅行產生了這樣的影響，當「麥晉桁帶健二去打高爾夫球」在東京商業社群傳了開來，健二聲名大振，在客戶面前大有「面子」。此外，我花時間走出東京來認識日本的鄉間，令日本人對鄉土感到無比的驕傲。

一九八六年，我成功推舉健二為常務董事。第二年我送他去美國，參加一門哈佛進階管理研究（Harvard Advanced Management Studies）的課程，來改善他的英文。同時我派傑夫．薩爾茲曼（Jeff Salzman）去東京填補他的位置，傑夫十年前從美林證券跳槽來摩根士丹利，在固定收益事業群中成立政府債券部門，表現優異。

健二和傑夫成為摯友，我們樂見在摩根士丹利能有這種情誼。健二對日本企業內部的狀況瞭若指掌，他和傑夫攜手合作，讓固定收益的業務蒸蒸日上。當健二於美國生活第二年，到紐約的摩根士丹利工作時，他們的動態夥伴關係仍持續創造佳績。

傑夫剛到日本時，我們每天通電話，等到他比較適應，就改成每週通兩次到三次電話。我對於他能勝任愉快有無比的信心，而傑夫也讓我清楚知道每處辦公室無可避免的混亂情形，例如不良的行為、個性不合等。他是最佳的員工，因為他了解一個放諸四海皆準的原則：主管厭惡意外的驚嚇。

一九八九年，傑夫和健二再度對調職位。健二回到東京，他非常努力提升英文程度，並且下定決心要讓孩子也把英文學好。隔年夏天，我們接待他十幾歲的兒子。這個孩子和我們一起住了六個星期，在我們帕切斯住家附近的曼哈頓維爾學院（Manhattanville College）上英語課程。

我再三強調，不必在你十幾歲的時候就出國，但人的一生要設法有海外生活和工作的經驗。我愛美國，但美國不是唯一的活動地點，無論是歐洲、亞洲、非洲、拉丁美洲，或任何地方，所有見聞都是無價。你會變得沒那麼像井底之蛙，而是更像個世界公民。

我在主持固定收益部門時，確實有機會住在倫敦，我對家人說：「你們覺得搬去英格蘭住一陣子如何？」

孩子們一致反對，於是我和克莉絲蒂決定維持原狀。

我們家有幸能體驗幾次很美好的旅行，但除非住在當地，否則無法真正了解一個國家及其人民。

我不是那種會回顧人生並思考所有該做而未做的事的人。我總是向前看。但我後悔沒有把握機會去倫敦。

第十章
CHAPTER TEN

Up Close and All in:
Life Lessons from a Wall Street Warrior

一九八六年三月二十一日，不是很多人會記得的日子。那是個星期五，春天的第二天。在此近兩個月前，挑戰者號太空梭爆炸，造成教師克里斯塔．麥考利芙（Christa McAuliffe）和另外六位機組人員死亡，許多美國人還為此而震驚不已。第二十屆超級盃，芝加哥小熊隊和新英格蘭愛國者隊的比賽，判定小熊隊獲勝。大學籃球冠軍賽，杜克大學對路易斯維爾大學一役，再過十天要舉行。

但是對我和摩根士丹利來說，一個巨大的改變在三月二十一日發生了。當天早上九點半，代表紐約證券交易所開市的鐘聲敲響後，外部投資者有史以來第一次可以購買摩根士丹利的股票，股票代號為MS。摩根士丹利成立五十一年來，這家公司一直是個未上市的合夥公司。如今，它成了公開上市公司。七人組成的管理委員會決定讓公司上市，而我是其中之一。

一九八五年末，就在我四十一歲生日前後，我受邀加入委員會，同時受邀的還有監管股權部門（Equity Division）的安森．比爾德（Anson Beard）。這對我們兩人來說都是跨越了一大步。在當時，銷售員和交易員依然是投資銀行家不屑的對象，而這次的邀請，等於是承認銷售員和交易員在摩根士丹利扮演愈來愈吃重的角色。委員會的其他成員，有前董事長鮑勃・鮑德溫、現任董事長派克・吉爾伯特（Parker Gilbert）、總裁迪克・費雪、併購團隊主管鮑勃・葛林希爾，以及全能的策士路易斯・伯納德（Lewis Bernard）。摩根士丹利的未來就掌握在這個團體手中。

直到三月二十一日，路易斯和外部承銷商共同商討確定首次發行價格（initial offering price）。他告訴迪克：「我認為應該是每股五十七美元。」

對每件事總是多方考量的迪克不同意：「路易斯，你得留點賺頭給投資人，我認為股價應該訂在五十四美元。」

「迪克啊，」路易斯回答，「我的工作，是替公司爭取最好的價錢。我尊重你的意見，但我沒辦法讓步太多。」

＊＊＊

半年前的一九八五年九月十二日，我們在皮爾龐特・摩根圖書館（Pierpont

Morgan Library）舉行正式晚宴，慶祝摩根士丹利成立五十週年。這座圖書館收藏了約翰．皮爾龐特．摩根舉世聞名的藝術品和書籍，也是紐約的文化瑰寶。同一天，摩根士丹利刊登全版報紙廣告，宣告公司將維持做為非上市公司的承諾。廣告才付印，不上市的宣言就被摧毀。整個秋天，管理委員會的成員都在為一個決定傷腦筋，這個決定的重要性與一九三五年和J．P．摩根分家不相上下。

上市是否會使摩根士丹利不再特別？

還是可以保持？

帝傑證券（Donaldson, Lufkin & Jenrette）、美林證券、貝爾斯登（Bear Stearns）和所羅門兄弟等早已上市。在巨擘當中，只有高盛和拉札德（Lazard）還未上市。（後來兩家公司也分別在一九九九年與二〇〇五年上市。）一九八五年秋天，我們一致決定讓摩根士丹利上市，派克．吉爾伯特向百餘位常務董事宣布了這個消息。

公司分成兩派意見。

資深合夥人主張維持現狀。公司業務進展順利。如果成為公開上市公司，帳簿要公諸於眾，其他公司的分析師會評估摩根士丹利的股票究竟該買進、持有，還是賣出。我們的一舉一動都會被揣測。最具潛在危險性的是，我們是否應該把每季盈餘報告放在客戶需求之上？上市會不會破壞我們引以為傲的傳統——卓越和誠信？

合夥公司的財務結構，最能說明摩根士丹利的獨特性。當新的合夥人被選上後，會被告知他們需要出資多少錢入股摩根士丹利。舉例來說，迪克·費雪是靠獎學金讀高中，父親是個百折不撓的銷售員，當他和亨利·摩根談到錢的問題時，他說：「摩根先生，很抱歉，我沒辦法入股。」

摩根先生回答：「我替你出。」

原來，摩根先生幫幾位合夥人做過同樣的事。他要傳遞的訊息很清楚——人才，才是重點。摩根士丹利最寶貴的資產，是每天早上拎著皮製公事包走進公司的人。

新進合夥人投入公司的錢，每年能賺取股利，但股利不是立即發放。合夥人不能提領他們的錢，不管是原始資本或者股利。直到退休五年後才能賺取出資額的報酬，之後根據五年期國庫券利息領股利，報酬低而且發放得慢。

意思是說，當合夥人還在工作時，他們的薪水是根據公司績效，他們的紅利反映個人成績，只有等到退休時，才能碰自己累積的財富。

如果摩根士丹利繼續做為未上市的合夥公司，我們不會有立即的危險。但重點在「立即」。幾位合夥人，尤其是像我一樣的年輕合夥人，了解長遠來看我們必須改變，否則就會失敗。鮑勃·鮑德溫做了一個至今仍為人津津樂道的動作，他展示福特一九五六年首次公開募股（IPO）的「墓碑式」報紙廣告，*上面列出該次上市的聯合承銷商。他拿起一枝紅筆，槓掉許多家當初曾參與而現在倒閉的投資銀行。

他經常提到庫恩雷波（Kuhn Loeb），這家公司成立於一九六七年，是J·P·摩根公司強大的對手，為鐵路公司和西屋電氣（Westinghouse）與西聯匯款（Western Union）等知名企業擔任顧問，一九七七年與雷曼兄弟合併。一九八四年，合併後的公司成為美國運通的一部分，庫恩雷波的名字也被卸下，從此成為華爾街的幽靈。鮑勃要大家了解，過去的豐功偉業不足以支撐公司的未來。

此外，摩根士丹利的財務不是很穩定。一九七〇年代初，公司的收入創新高，但是接下來的幾年，由於多方拓展業務而入不敷出。

一九七〇年，摩根士丹利雇用一百六十二名員工，資本額九百萬美元，營業收入一千五百萬美元。這家公司只有一項業務，就是針對企業和政府的資本結構提供建議，幫助他們籌措資金。承銷帶來獲利，而且費用不高，於是迪克．費雪在一九七一年推出銷售與交易業務，而這需要許多資本。我們買賣股票及債券，而不光是透過同業結盟來分配。現在我們雇用了銷售員、交易員，以及負責記錄這些交易的後臺人員。我們也增設研究和資產管理等部門。而最花錢的是為進軍國際籌措資金，估計需要十億美元。

＊ 譯注：tombstone advertisement，是報紙雜誌上的一種印刷廣告，文字通常是黑白，用一個框框圍起來，標題向中間對齊，廣告主體為幾行字。

除了爆炸性成長和隨之而來的費用，我們還要付錢給即將退休的合夥人。擴張的速度愈快，承擔的風險也愈高，愈謹慎的合夥人也就愈早選擇離開。過去這些合夥人對公司百分之百放心。「風險……對過去的摩根士丹利來說是個陌生的概念，公司只想做有把握的事。」契爾諾夫在《摩根財團》中寫道。到一九八〇年代中期，每次退休派對的潛臺詞都是，有多少資金會離開公司。愈多合夥人離去，公司的成長就愈受限。

我們需要更多資金，以及更永久性的資金來源。這才是關鍵。解決之道呢？股票上市。一月中，《華爾街日報》刊出一篇文章，標題是：「摩根士丹利計畫上市，發行兩億美元股票。」

＊＊＊

三月的第三週，我人在猶他州的鹿谷（Deer Valley）。孩子們從滑雪道快速溜下來，我正努力跟上他們。我信守承諾，在春假期間帶家人（包括克莉絲蒂的家人在內）去滑雪。每個父母都知道，學校的行事曆無法更改，即使是摩根士丹利首次公開募股。

跡象顯示前景看好，但不能保證獲得華爾街投資人的青睞。我的職業生涯到了那個時期，清楚知道市場是難以預測的。任何事都可能搞砸精心策畫的計畫。

猶他州屬北美山區時區（Mountain time）。既然不能在摩根士丹利的交易大廳走動，我從早上五點半（紐約的七點半）就開始打電話。「傑瑞，你有聽到什麼消息嗎？」我問了一位高爾夫球友傑瑞．伍德（Jerry Wood），他在不動產抵押貸款證券（Mortgage-Backed Securities）公司工作。「你認為接下來的情況會如何？」

「約翰，饒了我吧！股市還沒開市呢，我知道的不會比你多。」

兩個小時後，我還在臥室打電話。「他在裡面做什麼啊？」我聽見克莉絲蒂的母親小聲說道。她和克莉絲蒂正在我們租來的公寓廚房裡。

「媽，今天是摩根士丹利的大日子。」克莉絲蒂回答。

「哦。我只知道他再不快點吃，早餐會涼掉。」

「把拔，你答應會跟我們一起滑雪，不會整個假期都在講電話。」約翰在關上的房門外抱怨著。我承認，即使我人不在辦公室，也從沒真正離開過。梅隆銀行投資部的負責人喬治．波利斯祖克曾經對我說過：「你是我唯一可以全年無休找到的人。」這是在行動電話發明之前。我把這當成讚美，但這讓我的家人快崩潰了。

「這就像是最後一天上學，」彼得．卡爾契斯跟我說，「沒有做多少正事，大家就只是在飲水機前講些五四三。沒有人能專心工作。」

「去叫那些固定收益的人回到座位上，開始打電話給客戶。」我指示彼得。

「今天不可能啦，老闆。」

摩根士丹利的銀行家和交易員，每天處理數百萬美元就像家常便飯，但是首次公開募股的成敗，攸關許多人的個人利益。派克．吉爾伯特發明一個公式，來計算每位合夥人能分配到多少股票，公司也提撥四十五萬股給非合夥人。

「不蓋你，約翰，股票交易大廳擠滿了人，」當天下午我再度打電話給傑瑞時，他說道，「他們都盯著股價看！」

首次公開募股非常成功。投資人拚老命想搶到摩根士丹利提供給大眾申購的二〇%股票。它以每股五六．五美元發行，當天下午收盤於七一．二五美元。摩根士丹利在上市前的股東權益總帳面價值為三億零五百萬美元，三月二十一日下午四點為止賣出五百一十八萬股，籌到約三億美元。現在，公司的市值（公司總股數的價值）約十九億美元。

我在六個半小時內賺的錢，多過我這輩子夢想賺到的錢。但事實是，從我一九七〇年進入史密斯爾，成為一個領佣金的能幹銷售員以來，就不曾為錢發過愁。股票上市確實讓我的淨資產翻了好幾倍，但是三月二十一日最讓我難忘的不是錢。晚飯後，全家人圍著火爐坐著，史帝芬對我說：「把拔，你一定很驕傲。」

沒錯。

我並不是在貶低錢的重要性。但我為摩根士丹利感到無比驕傲，公司的成長和實力令我驚嘆，那種成就感讓人沉醉。我是多麼感恩，成為這個如此有影響力且卓越的組織的一份子。

現在我們成了全球性的大公司。

公司股票上市後的那個星期一，我們直接回去工作。

當初我們在爭論是否要上市時，一些合夥人最擔憂的是，我們能不能繼續吸引國內的一流人才？在此之前，當有同事和中途跳槽的專業人士加入摩根士丹利時，總是存在著公司上市、讓他們致富的可能性。現在我們會不會讓頂尖應徵者跑去還沒上市的高盛？

答案是「不會」。摩根士丹利的徵才人員到一流大學和商學院時依舊大受歡迎，平均每個出缺的職位，就要拒絕十位優秀的應徵者。

但是，股票上市是否改變了摩根士丹利？

是的。我們開始承擔更多風險。

股票尚未上市時，如果某位合夥人賭輸了，錢要由他們的部門出。減少的金額呈現在他們的損益表上。他們的個人獎金和團隊獎金會減少。當年底結算收入時，公司每個人都感受得到這筆損失。

現在股價會隨整個公司的營運結果變動，而不是任何一個事業單位或部門。如果摩根士丹利的績效不佳，股價就會下降。但是做為一家上市公司，我們有數百萬美元來自數十萬不知名的股東。損失會分攤到廣大人群和機構中，這使公司得以擔負更多風險，而不必承受相同嚴重的個人後果。

我的事業是靠著承擔風險建立起來的，但我也同樣確定，由於這種冒險行為在華爾街每一家股票上市的投資銀行是以指數成長，整個產業便失去了以往抑制危險投機的內部金融約束。

這是我在華爾街四十三年的歲月中，親眼目睹的一個最大改變。

第十一章
CHAPTER TEN

Up Close and All in:
Life Lessons from a Wall Street Warrior

我是怎麼得到「麥小刀」（Mack the Knife）這個稱號的呢？

老實說，不用心的下標者會忍不住把尖刀塞到任何名叫麥克的人手上。這麼做很容易就能讓人立刻聯想到一九二八年一首關於冷血殺手的歌。一九五〇年代的流行歌手巴比・達林（Bobby Darin）和偉大的爵士樂歌手路易斯・阿姆斯壯（Louis Armstrong），都有暢銷歌曲提到「尖刀麥克」。

摩根士丹利第一次有人叫我「麥小刀」，是在一九八〇年代中。當時我主持固定收益的銷售部門，暱稱「鮑勃」的羅伯特・莫爾罕（Robert "Bob" Mulhearn）負責固定收益的交易部門。我還記得鮑勃之所以離職，是因為受不了辦公室政治，加上摩根士丹利比華爾街其他同業保守。

或許他也受不了我。我們太常意見相左，以致於管理委員會（當時我還不是成員）曾經請路易斯・伯納德來監管固定收益事業群。有好幾個月，路易斯坐在交易大廳，聽著我們像兩頭公牛似地對彼此大吼。

一天早上，路易斯不在座位上。我聽說他向管理委員會回報：「大家聽著，這情況我幫不上忙。我認為約翰和鮑勃的表現都很優異。他們正在招募優秀的人才進來。」

「嗯，或許你應該留在那裡，以防他們殺死對方。」迪克對路易斯說。

「他們有可能會，」路易斯說，「但如果是這樣，我不會阻止他們。」

鮑勃離開後，派克・吉爾伯特和迪克・費雪提拔我去監管整個全球固定收益課稅事業群，涵蓋銷售和交易。

這對我而言是高升，也是挑戰。我和交易員共事了數十年，而且經常和他們起爭執。現在我卻要監督他們，以及他們的業務。

每家投資銀行的交易員都握有權力，因為他們是用公司的資本買賣證券。銷售員從交易櫃檯取得存貨，但是由交易員來管理整個公司的風險。問題在於莫爾罕底下的交易員有半數都高估了自己的能力，而且對銷售員和支援幕僚的態度傲慢無禮。

一顆爛蘋果會毀了一整桶蘋果。我無法忍受爛蘋果。

如果你是主管，開除該被開除的人是沒有商量餘地的。比較簡單的做法是睜一隻眼、閉一隻眼，但絕不是好做法。不做決定也是一種決定，到頭來整個團隊被惡霸主導，被無能的人扯後腿，其他人則是士氣低落。在我開除任何人之前，會考慮方方面面之後才做出決定。或許不是最好的決定，但這是我的決定。後果由我負責。我不喜歡開除人，但如果該開除，我會毫不手軟，該做的事就要去做。

一天下午，股市收盤後，我把那些惹事的交易員一一叫進我的新辦公室，給每個人一張粉紅單（解雇通知）和優厚的遣散條件。有些交易員從我的辦公桌對面俯身過來吼我，口沫橫飛地說道：「麥晉桁，你是他媽的王八蛋！」

我沒有退縮。當然也沒有放在心上。

於是我得到了這個綽號。

＊＊＊

「麥小刀」不光是指我會開除人，也包括我會灌輸紀律的觀念。固定收益的交易室有著低矮的磁磚天花板和耀眼的日光燈，是我的工作基地。我花了太長一段時間在老鼠肆虐、充斥前一天泰式炒河粉氣味的交易室工作。現在是我做主，我發誓要讓辦公室一塵不染。「每個塔樓都要乾乾淨淨的！」我下令。

我在交易大廳昂首闊步。我開大家玩笑，我跟大家打招呼，我幫大家打氣。

「你醒著嗎？」

「昨晚熬夜了嗎？」

「打電話給客戶了嗎？」

我在交易員和銷售員之間馬不停蹄地穿梭著，有時感覺自己像條鯊魚。交易員坐在交易室的另一個區域，我和各部門的首席交易員一對一交談，包括衍生性商品、地方政府金融商品、公司、政府債券、貨幣市場、全球等部門。我會拉一張椅子過來，問道：「你在做哪些交易？市場情況如何？」

即使我有了自己的辦公室，還是在交易大廳用玻璃圍了第二間辦公室，大家稱之為「魚缸」。我想貼近現場，看到和聽到正在發生的事。我以這種方式觀察銷售員和交易員的關係，他們是否彼此尊重？他們能夠合作嗎？當交易員虧錢時，經常把挫折感發洩在銷售員身上。他們會試圖叫銷售員賣債券來停損，雙方的互動是吵吵鬧鬧、咄咄逼人，或者是嘻嘻哈哈。如果交易員認為銷售團隊不夠努力，他們會跟我說：「約翰，你可不可以叫銷售的人多用心一點？」

這時我會開免持聽筒，按下按鈕，宣布：「大家聽好！我們正在替新發行的債券訂價，這是最重要的事，如果你們在忙別的事，最好告訴我是什麼事。我們得把狀況排除。」

我不只是在對紐約的固定收益團隊講話。多虧了每個人桌上有個全年無休的對講機「通話盒」，我那北卡的鼻音突然間響徹半個世界外的交易大廳。

我用通話盒來讚許、批評、點火。

我要求下屬任何時間都全力以赴。我希望交易員、銷售員、支援幕僚，每個人都把摩根士丹利的發展視為己任。我決心要使大家做到最好，好過他們認為自己能做到的。

無論在當時還是整個職業生涯，我的口頭禪是：「不找藉口，把事做好。」

固定收益團隊每天早上八點整**準時開會**。各部門經理都要發表他們對市場的預測，我希望是完整的預測。之後大家開始打電話。

一天早上，我七點半走進辦公室，看見一堆員工正在用力翻閱當天的《華爾街日報》，集體臨時抱佛腳。「兄弟啊，這不是展開一天的方式。」我宣布，「我希望你們進公司時，已經讀過《華爾街日報》。我希望你們準備好才來上班！」

正如傑夫・薩爾茲曼的委婉說詞，我如此「熱切地」表達了我的意見，以致於「大家再也不敢忘記」。

有很多事我無法忍受。我這人向來不喜歡對方面無表情，假如我問一個問題，換來的是聳聳肩，一句「我不曉得」，對我來說就是一大扣分。若是回答：「我所知道的就是這些，之後我會提供更多資訊給你。」那就好太多了。我希望當天下午五點前得到情報，如果是四點更好。

最讓人不愉快的莫過於「說謊」。我不說謊，也痛恨人家對我說謊。而且不只是我。摩根士丹利的員工被要求必須誠實，即使——**尤其是**——沒有人監督的時候。也因此我看到桌上的費用報告時會那麼生氣。這份報告是我團隊裡的某個人呈報，被負責監管公司會計的主計員打了回票。

報告裡有許多問題，而且是嚴重問題。有好幾頁貼了黃色便利貼。自一九六八年以來，我交過很多費用報告，一眼就看得出它明顯遭到灌水。這傢伙把喝了很多雞尾酒和名貴紅酒的私人晚宴，以接待客戶的名義拿去報銷。儘管這在華爾街很常見，摩根士丹利訂有嚴格的政策來防止這樣的行為。

我請這位老兄到我在交易大廳外的辦公室，而不是魚缸。「我知道你在做什麼，」我舉起那份令人冒火的費用報告書，「我不能容忍你的行為，主計員也不能容忍你的行為，摩根士丹利更不能容忍你的行為。」

他很清楚我的為人，於是一言不發，起身走出辦公室。

第二天早上八點的會議上，我首先宣布他的離職，大家都很震驚。「欺騙公司的人，」我說，「就是在欺騙大家。我有責任維護公司的原則，你們也是。」

「現在，講一下市場狀況吧。」

＊＊＊

但我有時確實會放人一馬。

到現在，我是還會笑談某次週末的銷售大會。當時大家在這類活動中都會喝很多酒。星期六晚上我演講結束後，跟一群銷售員到酒吧聊天。每個人都在拍馬屁，除了一個在不動產抵押貸款證券部門替傑瑞．伍德工作的人。他不斷戳我的胸口，粗聲粗氣地叫著：「你應該給我們更好的待遇！我們這些銷售員應該賺更多錢才對！我如果在貝爾斯登，賺的錢會多更多，很多。」

我聽到背後一陣竊竊私語，大家小聲說：「閉嘴！別說了！你喝醉了！」

但他還是說個不停。

他的抱怨其來有自。以前銷售員和交易員的所得，是根據他們為公司賺取的收入的某個百分比，我當家作主後改變了此一做法。現在固定收益的員工賺取一份薪水外加紅利，有別於華爾街其他同業，但我的制度強迫大家互助合作。我的團隊會因為「互助合作，創造佳績」獲得獎賞，而不是「自己吃撐，別人餓肚子」。我希望固定收益部門的每位成員盡最大努力幫助其他部門，包括把業務轉給摩根士丹利的其他事業群，替公司創造最大的總營收。

星期一早晨的第一件事，是打電話給傑瑞．伍德：「把那個抱怨鬼叫來魚缸！」他們來了以後，我說：「我想了想你星期六晚上說的話。我不想阻礙任何人的發展，你應該去貝爾斯登。我認識他們的總裁吉米・凱恩（Jimmy Cayne），打了一通電話給他，他說會給你一份工作。很遺憾留不住你。」我就這麼說了十五分鐘。這位老兄的臉一陣紅、一陣白，結結巴巴，滿頭大汗。

最後我決定放他一馬。「如果你願意，我會希望你留下來。」

老實說，我不知道這位老兄究竟想不想離開。但如果他不滿意我的處理方式，最好早點走人。

「對不起，約翰。我真心喜歡這裡，我想留下來。」

更重要的是——以及我在魚缸對他說那番話的理由是——我想提出一個主張：在摩根士丹利工作是個特權，抱怨的人破壞了士氣。

還有幾次，我利用公開場合來推動我想做的事，在英格蘭發生的事就是如此。摩根士丹利於一九七七年開設倫敦辦公室，由小亞契博德・考克斯（Archibald Cox Jr.）主持。亞契的父親是水門案（Watergate）的獨立檢察官，他在短短八年內，讓摩根士丹利在倫敦市從二十人的小辦公室成長到近一千人的規模。倫敦成為全球金融樞紐，部分原因是首相柴契爾夫人對推動金融自由化不遺餘力，產油國把油元投資在英國而不是美國。摩根士丹利絕對是目前為止歐洲最賺錢的美國公司。

但有件事倒是挺滑稽的：如果你在中午到下午兩點間打電話去倫敦辦公室，不會有人接電話。四十五分鐘的午餐配健怡可口可樂，已經成為華爾街的作風——如果你真敢離開辦公室的話。英國人就不同了，不少人在中午會去酒館或酒吧，幾品脫或幾杯黃湯下肚，數小時後回到辦公室。

紐約和倫敦的另一個不同點是：在華爾街，我算是異類，因為我沒念過MBA；但是在倫敦，很多銷售員和交易員沒上過大學。他們十六歲就開始工作，練就了銳利的眼光和豐富的實戰經驗，比起美國一般投資銀行的員工，往往更不假修飾。

固定收益部門有個人就屬於這類型。他的飲酒習慣和學歷並沒有造成任何問題。績效表現也沒問題：他簡直就是用堆高機將大把鈔票鏟進摩根士丹利。問題出在他的行為。他是個惡霸，女性尤其是他的目標，他會開黃腔，又不正確地暗示曾經和辦公室不同的女性上過床，有時會故意去招惹女性。「妳們應該和真正的男人交往。」他大聲嚷嚷。在確定以上報告屬實後，我決定從紐約派一位經理過去。這位惡霸風聞此事，便撂下狠話，揚言要辭職並帶走幾位表現優異的員工去投效競爭對手。

看來我被下了戰帖。

這傢伙以為，憑著他替摩根士丹利賺的錢就可以為所欲為，但他錯了。我要他滾。我已經知道他所有的惡行惡狀，於是我做了決定，預訂了飛往倫敦最快的航班，一架紅眼班機。第二天早上他走進辦公室時，我就坐在他的辦公桌前。

我站起身。「我大老遠跑來是因為我知道你威脅要帶一群人一起走。你少在那邊做夢，你被開除了！」我手指著門口。

我獲得一陣掌聲。

不是每種情況都需要我介入。傑瑞．伍德曾經向我抱怨一位新來的交易員湯姆，他是從政府公債調到不動產抵押貸款部門。

不動產抵押貸款的人，和典型固定收益債券的人截然不同。利率上升時，債券價格通常會下跌。利率下降時，債券價格會上升。而不動產抵押貸款的情況則不同，價格的升降視交易條件而異。

「湯姆懂不動產抵押貸款個屁，」傑瑞說，「他是個不錯的交易員，心臟滿大顆的，能應付風險。但他一副無所不知的樣子，我沒辦法跟這傢伙共事。」

我瞪了傑瑞一眼。「你有沒有請湯姆去吃午餐，跟他聊過呢？今天就去。」

湯姆和傑瑞出門後。傑瑞對湯姆說：「你不懂客戶要什麼。」

湯姆說：「你不懂我為了賺錢承受多少壓力。」

他們被我強迫一對一交談，才開始了解對方在為什麼而努力，以及各自的難處。從此他們成了好友，也是互助的好夥伴。如果當初我介入，這樣的結果就永遠不可能發生。

＊＊＊

「麥小刀」也代表對費用採取微觀管理（micromanaging），刪減不必要的費用。以應酬吃飯為例，我們發現像拉格雷諾耶（La Grenouille）這種紐約的高檔法國餐廳，會讓許多固定收益的客戶感到不自在；火花牛排館（Sparks Steak House）則不同，客戶喜歡被招待比盤子大、烤得嘶嘶作響的沙朗牛排，佐以滋味同樣豐富但價格合理的卡本內葡萄酒。真正令他們興奮的是，一九八五年十二月十六日，黑手黨老大保羅・卡斯特拉諾（Paul Castellano）就是在這家位於東四十六街的餐廳門外，被敵對的黑道約翰・高蒂（John Gotti）下令槍殺。

我很懂得投顧客所好。我曾經買很多酒和龍蝦給匹茲堡梅隆銀行的人，我也有過許多邊喝馬丁尼邊閒聊的午餐。但重點在於透過愉快的用餐增進友誼，而不是炫富式地亂花錢。後者反而可能會使客戶懷疑我們將如何對待**他們的**錢。買幾張票請客戶觀賞百老匯的《貓》或《悲慘世界》倒無傷大雅，但不要花數千美元買黃牛票，請客戶去麥迪遜廣場花園觀賞瑪丹娜演唱會。

辦活動不必鋪張浪費，我最常舉的例子是芝加哥小熊隊的足球賽。喬・希爾被升遷到芝加哥，主管當地的固定收益部門，他買了一輛一九五三年份的美國拉弗蘭斯（American LaFrance）敞篷救火車，上面裝了安海斯布希（Anheuser-Busch）啤酒的龍頭。有比賽的日子，他會載一堆客戶去體育館，打開後車廂來一場車尾派對。痛快吃喝之後大夥都去看臺，比賽結束後派對再度開始，這時球員也一起加入。到現在還有人對那輛救火車津津樂道。

有一次我在芝加哥過夜，帶固定收益團隊去莫頓牛排屋（Morton's The Steakhouse）的本店吃晚餐。侍酒師來到我們這桌，說道：「你們一定要嘗嘗這瓶波爾多葡萄酒，這是剛到貨的，非常好喝。」

「拿來吧。」我說。我想對團隊表達一些關愛。

拿到帳單時，我火冒三丈。好酒是一回事，但價錢實在太離譜。我張大眼瞪著侍酒師，食指指著他。等他走過來，我用同一根手指戳著帳單。「我他媽不敢相信你這麼做。」我說。

「很抱歉，先生，」他面無表情地注視著我，「您是個見多識廣的人，我以為您認得這只酒。您應該問我價錢，我會很樂意告訴您。」

這傢伙說的沒錯。我有責任給侍酒師一個價位，如此就不會發生尷尬的事，而我也能得到我想要的。我發誓以後點酒之前一定先問過價錢。

第二天一大早，我還沒喝咖啡就打電話給人在紐約的助理。「發一則通告給事業群全體，」我說，「不要去莫頓（Morton's）吃晚餐！」

幾天後，這份備忘錄傳遍全事業群，看起來好像是我對「摩根」（Morgan's）下戰帖。芝加哥的同事利用這個打字錯誤做為漏洞。當我要求他們解釋為何莫頓還出現在費用報告時，他們無辜地說：「我們沒去摩根。」

「你們知道我是指莫頓。」

「約翰，我一向都對您言聽計從，不會讀言外之意。」喬・希爾貌似誠懇地回答。

＊＊＊

看緊荷包並不難。至於開除行為不檢的人，該做就要去做。但是，「人員精簡」——因為經常費用太高而解雇一群人——就比較困難。這並不意味著單單只是把表現平庸的人裁撤，每個人都知道你這麼做的理由，通常包括被裁的人在內。人員精簡意味著放掉好的人才：那些早到晚回的人，那些在比較好的情況下有可能獲得升遷的可靠員工。

我接下全球固定收益課稅事業群一年左右之後，我感覺我們部門還可以再精簡一點。早前，摩根士丹利曾經大舉招募人才來填補空缺，現在我體認到我們應該縮減規模。倉促時聘人，閒暇時後悔，這是亙古不變的道理。

為團隊瘦身還有另一個理由。股市正在蓬勃，爆炸性的成長令我懷疑這是泡沫，而泡沫總是會破。我預期美國經濟即將走下坡，成長將來自海外。我希望公司在用人的時候能反映這個新現實，於是我找來經理們。「我們必須資遣固定收益部門的兩成員工。」我說。我們檢視了員工的紀錄，我告訴經理們，我認為美國和倫敦的哪些人該被裁掉。

你絕對可以相信我：當你決定精簡人事後，拖延沒有好處。謠言會傳開來，焦慮感會上升，人們無心工作。經理裁掉銷售員和交易員，我負責比較資深的員工。我們會在我的辦公室裡談，不是在魚缸。「我們的組織太過龐大，需要做些調整。如果我可以提供任何協助，請告訴我。」

我記得我們裁撤了九十個人。

當天晚上，我跟克莉絲蒂說到白天發生的事，她問我：「你對裁員感到難過嗎？」

「不會。」我說，「那感覺很差，但對公司來說，是做了件正確的事。」八個月後，泡沫破滅，證明我是對的。一九八七年十月十九日，立刻被稱為「黑色星期一」。道瓊工業平均指數狂跌二二．六%，至今依然是史上最大的單日跌幅，比一九二九年十月二十八日的股市崩盤以及二〇二〇年三月十六日的疫情大流行崩盤還要糟糕。

投資人擔心即將大幅度升息，就像一九七〇年代末和一九八〇年代初那樣。波斯灣發生動盪。國會嚴肅檢視過熱的併購產業。多虧了雷根總統的減稅政策，華爾街才享有五年的榮景。此外，當時投資公司正在採取電腦化交易。

亞洲的市場一開市，股價立刻大跌。驚慌失措的賣方將恐懼傳播到全世界的市場，包括雪梨、奧克蘭、香港、東京、法蘭克福、巴黎、倫敦。早上九點半，美國開始拋售股票。黑色星期一是全球首次的金融崩潰。

許多投資人認賠殺出，拋售股票和較高風險的公司債，紛紛把投機性證券從投資組合中剔除。由於需要把資金停泊在安全的地方，於是他們轉向政府公債，也就是俗稱的「安全投資轉移」。我們很早就看出這個趨勢並買進國庫券。

當天下午稍晚，彼得．卡爾契斯走進我的辦公室。平常意氣風發、堅定不移的他，看起來一副失魂落魄的樣子。「怎麼啦，彼得？」我趕緊把門關上。

「約翰，我快把過去的辛苦錢賠光了。我的全部財產。」他熱淚盈眶地說。

「那麼，」我說，「你當初是怎麼起家的？」

「我身無分文，只有負債。我借錢去讀喬治城大學和哥倫比亞商學院，在餐廳當服務生來付房租。」

「彼得，這不是世界末日。」我說，遞給他一盒面紙。「別擔心，你會賺回來的。」

那天，我和克莉絲蒂也損失了一大部分淨資產。我們把大部分資金放在摩根士丹利的股票，但它卻跌得一塌糊塗，我們的其他投資也損失慘重。

我和彼得一樣，都不是有錢人家的小孩。剛到華爾街的時候，我的支票存款帳戶裡只有不到十美元。我還是活了下來，在接下來的十九年間賺了很多錢。此刻，在六個半小時內，我的個人財富受到重創。這會改變我們的生活嗎？是的，差一點就會。我是個冷靜的人，但沒那麼冷靜。我有些不安，但我努力不要慌張。我們的孩子不會餓肚子，房子也還保得住。

那天早上股市大跌時，我做了個決定。我要表現出信心滿滿的樣子。我生來一副撲克臉，於是我帶著嚴肅的表情，開始在交易大廳走動。這就是領導的意義，你得站在前方安定軍心，表現出一切沒事的樣子，哪怕你跟大家一樣，身在黑暗之中。

一九六〇年代末，我開始進入美邦公司的地方債券業務時，對面坐著一位越戰時期在海軍服役的同事。他身材壯碩，而且老實講，有時讓人討厭。他每天早上進辦公室，一坐下就開始滿口牢騷：「約翰，如果我沒拿到像樣的紅利，恐怕會失去我的房子。」

他每天都這麼說。每一天。

最後我轉頭對他說。「你怎麼受得了這種壓力？」我問，「我很擔心你。」我是真心的。我認為這傢伙隨時都可能中風死掉。

他驚訝地看著我。「你在說笑嗎？這不是壓力。在越南，隨時都有人想在他媽的叢林裡把我幹掉，**那才是**壓力。」

他的話讓我有了不一樣的看法。我了解到，只要沒有人想殺掉我，都不算最壞的情況。

事實上，我在一九七〇年代末當銷售經理時，曾經有過刻骨銘心的恐怖經歷。鮑勃．鮑德溫再度證明了他的遠見。早在企業例行性設置健身房和養生中心之前，他就在埃克森大樓設置了一間健身房，強烈鼓勵摩根士丹利的員工去運動。鮑勃在普林斯頓大學是個精通三項運動的運動員，一直保持著苗條結實的身材。他出了名的直率，經常當面叫人減肥或者戒菸。

我迷上重訓，充分利用健身房。我變得更魁梧，比在杜克踢足球的時候還壯。一天下午，我在進行激烈的重量訓練。我從架子上抓起槓鈴，深吸一口氣，用力將沉重的槓鈴舉起。

突然間，感覺像是有人把釘子刺進我的耳朵，而後進入我的腦子。我尖叫起來。

第二天，即使頭痛得要命，我還是照原定計畫去加州徵才。疼痛並沒有稍減。出於擔心，我一回到紐約就去找小法蘭克．佩提托（Frank Petito, Jr.），他是個備受尊崇的神經學家，也是摩根士丹利前董事長的兒子。

佩提托醫師做了許多檢查，每項檢查都不太正常。他做了腰椎穿刺，把一根針插進我下背部的兩節脊椎之間抽取液體。我早上做完腰椎穿刺後，就直接回去上班。我知道這很瘋狂。大約晚上八點鐘，喬．希爾吃完晚飯回到埃克森大樓，發現我在交易室的地板上扭動身體。「約翰，怎麼了？要不要我叫救護車？」

「我的頭好痛。我今天做過腰椎穿刺。」

這些結果也不太正常。

現在我是真的被嚇到了。我和克莉絲蒂有三個孩子，分別是一歲、三歲、五歲。令我害怕的不是死亡，而是留下家人。我能想到的只有這件事。

下一項檢查，是把染色劑注射到我的大腦裡，來觀察我的血管，這需要住院一晚。住進醫院的前一晚，我對克莉絲蒂說：「老天哪，我好害怕。」

最後，佩提托發現我有一根血管爆裂，疼痛也自行緩解了。至今我仍會舉重，只是沒那麼重了。

但是，我永遠忘不了那充塞於胸臆的巨大恐懼。這和金錢毫無關係。

＊＊＊

所以，沒有。黑色星期一沒有讓我手足無措。我很慶幸那年稍早已經裁員，大多數人都找到好工作，而且獲得保障。不過，那是一段動盪、艱難的時期。每年春天，摩根士丹利會雇用二、三十名新夥伴。那年十二月，我從小道消息得知其中有一群人抱怨紅利太少。

哇！這讓我生氣了。我把他們全叫進會堂。面對一張張突然感到焦慮的臉，我說道：「你們之中有些人在抱怨，讓我帶你們了解其他公司的做法。他們正在開除員工！所羅門不久前才踢走半數訓練生。我們承諾會留住大家。如果你們不滿意紅利，就想想在其他公司會有的遭遇。如果我是你們，我會很感激。」

然後我走了出去。「麥小刀」的稱號發揮了功用。

第十二章
CHAPTER TWELVE

Up Close and All in:
Life Lessons from a Wall Street Warrior

在我的一生中，有幸認識幾位真正的領導者。其中一位是北卡的友人比爾・李（Bill Lee），他帶給我許多啟示。

比爾在一九八〇年代和一九九〇年代初，是杜克電力公司（Duke Power Company）的傳奇執行長，這家公司的總部在夏洛特。

底下這個故事可以說明比爾的為人。

杜克電力公司準備鋪設一種以超細的新絕緣體包覆的電線，專案經理打電話給比爾：「我們的工人不肯爬上電線桿。」他回報，「他們認為電流通過電纜時會觸電。他們很害怕。」

比爾跳上車子，開到夏洛特外二十五英里的工地現場。他一停好車，就戴上工程安全帽，向經理借來護膝與釘鞋，然後直奔電線桿，擺動身子往最高處爬去。中年的比爾雙手抓住剛包覆好的高壓電線，懸吊在半空中。接著他爬下來，把器材還給專案經理，把這群電線工人聚集起來說話。「我從不會叫你們做任何我覺得危險的事，」韓戰退役的比爾說，「我也絕不會叫你們做任何我自己做不到的事。」

於是，接線工人開始工作了。

這就叫領導力。

我在一九七八年認識比爾，當時我們在杜克電力公司的某件交易上合作。幾年後，他邀我去杭茲億（Hounds Ear）滑雪，這是在北卡羅萊納州布恩附近的藍嶺山脈。某個星期五，我飛去夏洛特，大約晚間八點到達。比爾跟其他幾位杜克電力公司的人和我在機場見面，之後大夥兒往西一路開去。大約一小時後，他拿起手持式雙向無線電通信器，那年頭還沒有人擁有手機。「幫我接通馬蓋爾（McGuire）核電廠，」他說，「我要找總工程師。」

我心想，**這傢伙要幹麼？**

「查理？我是比爾．李。我知道你已經準備好讓工廠開始運轉，我也知道你承受很多壓力。情況如何，老兄？」

我們聽不到對方說了什麼。但我們確實知道，當時核能存在許多爭議。一九七九年，賓州哈里斯堡（Harrisburg）附近的核反應爐三哩島（Three Mile Island）發生部分爐心熔毀事件，激起強烈的反核聲浪，全美示威抗議不斷。

接著，我們聽到比爾說：「我希望你知道，我有多麼以你所做的事為榮。杜克電力公司的每個人，都對你充滿信心。查理，我們都與你同在。」

我對自己說，**如果我的主管打這樣的電話來，我會為他做任何事**。

這就是一位優秀土木工程師的故事，他來自普林斯頓，也是美國大學優等生榮譽學會（Phi Beta Kappa）的成員。他是核能領域的世界領導者，他的祖父曾經協助成立杜克電力公司。他在星期五晚上九點，花時間告訴值班工程師，說他正惦記著對方。這種體貼和用心，會在公司各處造成漣漪效應。

凡是管理者，都需要思考領導的意義。在我帶領全球固定收益課稅事業群的時候，對這個問題想了**很多**。

「領導力」是個熟悉的字眼，卻是很難做到的概念。

你不能只是宣布「我是領導者」，大家必須接受你是領導者。在我看來，除非你建立一個隨時準備跟隨你的團隊，否則就無法帶領大家。

每年我都被要求對摩根士丹利的新進員工講話。「這是個由團隊組成的事業，」我告訴大家，「這是個保護你周遭的人的事業。在摩根士丹利，每一個人都想成功。在這裡，你不必踩在別人身上照樣能成功。如果不互相**合作**，不互相**幫助**，你們反而不會成功。」

做為管理委員會的一份子，我的角色之一是每年決定應該把誰升上常務董事。一九九〇年的其中一位候選人是梅莉．克拉克（Mayree Clark），她來自奧克拉荷馬州，一九八一年從史丹佛商學院畢業就加入摩根士丹利。梅莉是併購部門主管鮑勃．葛林希爾的徒弟，那年的升遷狀況不明。在一九八九年十一月的會議中，葛林希爾、派克．吉爾伯特和迪克．費雪談論她的諸多功績。「梅莉應該升任常務董事。」他們點頭說道。「不，」我說，「我不同意。她做成很多交易，帶來很多收入，但她沒辦法團隊合作。我們總是說，應該獎勵那些能夠團隊合作的人，梅莉不是這樣的人。」最後我的意見沒被採納。

梅莉拿到新頭銜的隔天，我去了她主管的辦公室。「我想跟梅莉談談。」我對他說。她進來時，我說：「我要妳知道，我投了反對票給妳。我認為妳會挑起鬥爭。假如妳得不到想要的答案，會試圖從別人那裡得到。這不是這裡做事的方式。」這次的交談很尷尬，但我對梅莉相當不放心。

「謝謝你跟我說。」她說，「我會證明你是錯的。」

或許梅莉被我惹惱了，但我猜她應該會感謝我說出對她的看法。事情就這麼結束了。一年後，梅莉來到我的辦公室。「去年，你投我反對票。」她說，「今年，我很努力向你和你的同事證明我是個可以合作的人。」

「我很佩服妳。」我說，「很多人不能接受批評。我知道妳是誠心的，因為妳等拿到紅利獎金後才跟我說。」

我確實佩服。梅莉沒有怨恨我，而是改變她的行為。我們後來成了好友。

＊＊＊

即使固定收益事業群已經成長到一千五百名員工，我還是盡最大努力和大家連絡感情。有一次，我看到一位銷售員的鞋底破了，開玩笑說：「怎麼啦？你賺的錢不夠修鞋嗎？」然後我帶他去布魯克兄弟，買一雙流蘇樂福鞋給他。我知道他輕易買得起，但這個舉動是要讓他知道，我注意到他，而且關心他。但不是對每個人都可以這麼做。有些人喜歡我的惡作劇和被嘲弄，有些人則覺得討厭。我很善於搞清楚誰屬於哪一類。

為了促進員工之間的互動，我會繫上引人注目的領帶——我最喜歡紫色和黃色的領帶。如果有人評論我的領帶，我就會解下來，送給對方。我的抽屜裡一直放有備用領帶。我也會為了激起人們的反應而挑選藝術品。我不會挑選版畫印製廠卡瑞耳艾維士（Currier & Ives）的冬季滑雪圖。我在魚缸的牆上掛了一尊約翰．沃伍德（John Woodward）的雕塑作品，每個人都看得到它，並思索它的意義。那是一顆頭顱，有一根尖刺直接穿過前額的兩眼之間。雖然這尊雕塑作品沒有正式命名，但我稱它為「高度緊張」（High Tension）。我還有一尊雕像放在地上，那是一具坐在籃子裡的三英尺高木乃伊。有人問起這尊雕像時，我回答：「讓我失望的人，下場就跟這尊雕像一樣。」其實，我喜歡讓人摸不著頭緒。當你這麼做的時候，會發現更多關於他們的訊息。

我每次進電梯時，都會跟一同搭電梯的人搭話。「今天過得如何？有沒有嗅到商機？」當我看到一群暑期實習生或新來的訓練生在吃午餐時，我會問可不可以加入他們。我的辦公桌上有個老式玻璃罐，就像一百多年前在我祖父乾貨店裡的那種。任何人都可以進來抓一把 M&M 巧克力或 Tootsie Rolls 軟糖。我知道有人會趁我離開辦公室時，溜進去滿足對甜食的需求。但有時我回到辦公室時，他們的手正在糖罐子裡，被我逮個正著。他們一副尷尬的樣子，趕緊說道：「對不起！對不起！」

「別道歉，」我會說，「那是給你們吃的。」

我在辦公室裡放糖果的理由，就是為了製造與員工相遇的機會。糖果就像陷阱，誘使內向靦腆的人進來，好讓我們有機會聊天。

我坐在辦公室的時候，經常自己接聽電話，「麥晉桁。」

「抱歉，我以為會是您的助理接聽。」來電者經常結結巴巴地說。

「呃，是我本人，有什麼事嗎？」

我跟華爾街的任何人一樣，對賺錢奮不顧身、專一不二，但我了解到，如果我做點什麼來釋放部分壓力，就能提升員工的績效，固定收益部門就是這麼做。我在男廁安裝了一只一百五十磅重的沙袋，包括我在內的男性可以打沙袋，而不是彼此互打。

我剛當上合夥人那年的七月三日，跟少數留守的員工一起工作，當天股市提前收盤。天氣溼熱，我們幾個國慶連假還在工作的人變得萎靡不振。我走到街上，說服冰淇淋三輪車的老闆把車子騎到交易大廳，我出錢讓大家買自己想吃的冰淇淋或冰棒。我不曉得究竟是摩根士丹利的人比較快樂，還是踩著三輪車賣冰淇淋的老闆比較快樂，但是當我接到鮑勃．鮑德溫的電話時，自己相當興奮。「我聽說你做的事了，約翰，」他說，「這是很棒的領導力。」

我延續了傳統。一年之中有幾次，當我認為大家需要開心一下時，我會打電話給舞臺熟食店（Stage Deli）訂購三明治，給固定收益事業群的同仁一個驚喜，口味有裸麥麵包夾燻牛肉、火烤牛肉、火雞總匯和罐頭鹹牛肉。由於我們是大量訂購，熟食店沒辦法在午餐時間送來。上百個三明治在早上十點半送來，數量相當龐大。三明治的分量大到足以養活四口之家。儘管不久前才吃過早餐，員工還是排隊朝著食物蜂擁而來，就像在莫爾斯維爾卡得溪教堂（Coddle Creek Church）野餐時遇到的螞蟻。

令我大為驚奇的是，他們之中有許多人年薪超過百萬美元，卻迫不及待興奮地去拿免費食物。有些人拿了**兩個**三明治後匆匆回到位子上。我的原則是邀請交易大廳的每個人，從請來做文件歸檔的臨時雇員，到收入最高的交易員，因為沒有人喜歡被遺漏。糖果這招是跟我父親學的，父親會從他的龐帝克後車廂拿出賀喜小巧克力、火箭筒泡泡糖（Bazooka Bubble Gum）和Tootsie Pops棒棒糖發給大家，因而受到喜愛。艾莉絲・麥克則讓我明白，食物是表達關懷的利器。

固定收益部門的表現優異。我們屢戰屢勝，也因此每個月都得超越自己的壓力節節升高。就像一支籃球場上的常勝軍。每個人都把自己逼得如此緊迫，對彼此也是。直覺告訴我需要讓氣氛輕鬆點，所以我定了一個規矩，每週一早晨八點的會議上，播放五分鐘電影或電視節目的片段。每個人都可以提供內容，可以是《三個臭皮匠》（*Three Stooges*）這種經典電影、上週末的《週六夜現場》（*Saturday Night Live*），或者滑稽的電視新聞報導。選擇可說是五花八門、無所不包，唯一的規定是我必須事先看過，確保適合在工作場合播放。

我知道自己可以是個渾球，但我也有感性的一面。我喜歡假期，我最喜歡的電影之一是《銀色耶誕》（*White Christmas*）。這部電影在一九五四年上映時，我才十歲。父親下班後帶全家去看。我等不及要讓大家觀賞平・克勞斯貝（Bing Crosby）哼唱主題曲的片段。那是十二月的最後一個星期一，接著股市就要休市過耶誕。那天早晨八點的會議結束後，接下來的時間裡，無論我走到交易大廳的任何地方，包括我自己在內的每個人都在低聲哼唱：「我正夢想銀色耶誕，一如過去我所知。」

這是我在摩根士丹利的快樂回憶，我由衷感到自己建立了一個團隊。

＊＊＊

於是，背叛者來了。

我一降落希斯洛機場（Heathrow Airport），便搭車前往位於倫敦金絲雀碼頭（Canary Wharf）的摩根士丹利辦公室。我那隻大小有如一塊磚頭的手機，接到一通語氣慌亂的電話。「約翰！約翰！人都跑光了！沒有足夠的人來接電話！

我們沒辦法替我們的部位籌錢！」

來電的是倫敦固定收益銷售部門的負責人，我能聽出他聲音中的恐慌。

兩個月前的一九九一年十二月，負責倫敦國際固定收益（Fixed Income International）業務的前交易員鮑勃．戴蒙（Bob Diamond），跟我說他要離開摩根士丹利，去帶領瑞士信貸第一波士頓太平洋（Credit Suisse First Boston Pacific）的東京分行。我對鮑勃的離職感到失望，他一九七九年就來到公司，但這對他來說是個相當難得的機會。「你充分展現專業人士的精神，」我告訴他，「祝你一切順利。」

鮑勃離開後，我去紐約看他的團隊。我想確保大家都好好的，同時保護摩根士丹利，以防能幹的員工再被挖走。「我的大門是敞開的，」我強調，「需要什麼都可以來找我。我的責任是幫助大家把工作做得更好。」

「我們很滿意，我們忠於摩根士丹利，哪裡都不會去。」鮑勃舊團隊的每位成員都向我打包票。幾星期後，我飛到東京，帶一群摩根士丹利的人去吃晚餐，其中包含一位新任常務董事。我不僅重複在紐約說過關於我的大門敞開那段話，我們也深度、坦誠地討論摩根士丹利需要改進的地方。那是我絕對不希望競爭對手聽到的談話。

我得到的回應還是一樣：「我們百分之百忠於摩根士丹利。」

我跟他們說話的時候，他們從頭到尾坐在那兒微笑點頭，心裡早就知道明天我上飛機的那一刻會發生什麼事。

鮑勃在三個時區外同步進行偷襲行動。東京團隊在下午四點辭職，同時間倫敦團隊早上八點辭職，紐約團隊則在午夜三點。辭職的時間點與我十二小時的飛行時間重疊。我處於失聯狀態，完全不知道正在發生什麼事，因此無從改變任何人的心意。簡單來說，共有大約十幾人辭職，大部分任職於倫敦的融資辦公室。

「突襲」在商場上是家常便飯。我只是要求大家把工作機會告訴我，讓我有機會提出我的相對條件。如果我做不到，只能祝對方好運。我並不氣鮑勃．戴蒙離開。我甚至對於他把人帶走也沒那麼生氣。惹怒我的是，我認為他們陷公司於危險的境地。他們沒有給我們機會平倉，或是替交易部位籌資。我們必須簽發一張擔保信用狀，倫敦辦公室才不致於周轉不靈。趁著離開之際對摩根士丹利插一刀，這舉動深深冒犯了我，到今天依然是。

倫敦融資辦公室的一位資淺員工說得好：「至少他們可以前一晚跟我們說一聲。」她告訴我：「我們甚至沒有足夠的人來接電話。真不敢相信他們這麼對我！真不敢相信他們這麼對我們！」這就是我的感受。

我在隔週的經理會議上簡單重述這個事件，我說：「這群人當中有許多人是你們的朋友。我希望大家知道，他們是怎麼對待你們的。我們都是專業人士，請記住，你在這一行——甚至應該說是你的一生——唯一擁有的，是你的聲譽。此外你一無所有。」

第十三章
CHAPTER THIRTEEN

Up Close and All in:
Life Lessons from a Wall Street Warrior

我從飛機窗戶往外看，夕陽映射在聳立於鹽湖城的瓦薩奇山脈（Wasatch Mountains）上。瓦薩奇山脈是個光禿禿的雄偉山脈，山頂高聳積雪，顯示地質年齡尚淺。我能感覺到達美航空的噴射機加速然後起飛。孩子們學校放假，和克莉絲蒂一起留在鹿谷，我們最近在那裡蓋了一間屋子。

我正要飛回紐約，得回去工作。我正想著孩子長得好快時，思緒被隔壁座位的乘客打斷。他在自言自語，但聲音很小。我瞪他一眼，心裡不太高興，頭等艙不該是這樣的。我正準備叫那人安靜點。然後我開始仔細聽他在說什麼。

「每個組織都有個**信奉**的理論，」他說，「**那是**組織對外**表示**其信仰所在。接著會有一個**實行**的理論，是組織真正在使用的。兩套理論經常南轅北轍，當組織**言行**之間存在差異，**很容易**失去員工的信賴。」

「不好意思！」我大聲說，「可以請你說大聲一點嗎？」

隔壁老兄停止自言自語，吃驚地轉頭看我。「真的很對不起。」他帶著歉意說道，「我吵到你了嗎？」

「沒有。我對你說的很感興趣，我是說真的。你怎麼會知道這些？」

「這個啊，」他說，「我研究組織功能不良的原因和解決之道。我正在演練明天要去紐澤西州AT&T演講的內容。」

我趨前靠向他，伸出手。「我是麥晉桁，在摩根士丹利工作。」我說，「很高興認識你。」

「我是湯姆．狄龍（Tom DeLong），」他回答，「楊百翰大學（Brigham Young University）的副院長，在哈佛商學院擔任過客座教授一年。」

三個小時後，機長廣播因為亂流要大家繫緊安全帶，我才發覺我們一直聊天都沒停過。我的新朋友湯姆正在仔細分析什麼是領導力。「那是當別人跟你在一起的時候，發生於他們內在的事。」他解釋，「你所做的事，讓別人對自己有了不同的認識，那就是領導力。」

我們在紐約市落地後，我遞給湯姆一張名片。「我會跟你連絡。」我告訴他，「我們會變成朋友，而且是好朋友。」湯姆．狄龍像個寶庫，我不可能就這麼輕易放他走。

「湯姆，我沒忘記你和你的想法。」幾星期後，我打電話到湯姆在猶他州普若佛（Provo）的辦公室。「我對摩根士丹利的新任董事長迪克・費雪說了很多關於你的事。我們想請你來紐約做一次諮詢，看看我們的現況，告訴我們怎麼做可以更好。」

我們出機票錢請湯姆來，全權委任他訪談固定收益事業群的人。「對他說實話。」我在早晨八點的會議上告訴團隊成員，「湯姆不是我的抓耙子，他只是在找出問題癥結。當一個人指出問題是一回事，當一群人提出同一個議題又是另一回事。」

湯姆很快就準備好分享他的發現。他先說好的一面：「約翰，你的團隊成員認為你很懂得培養團隊精神。他們喜歡你在固定收益事業群營造的歡樂氣氛。你跟他們相處不拘小節，你很直接。大家不會質疑你期待的事，每個人都想取悅你。」

我對湯姆報以微笑。接著他以鐵錚錚的事實打擊了我。「固定收益事業群是個類校友體系，」湯姆對我說，「你有自己喜愛的人選。大家認為，想要出人頭地，就必須跟你做朋友。我不知道這是不是真的，但他們是這麼相信。還有一件事：你還沒訂定一套客觀、平衡的升遷評量制度。我知道你們有一個『升遷委員會』，但事實上，大家認為委員會只是一群內部人士，負責當你的橡皮圖章罷了。你說了算。」

他又說：「所以升遷變得很空虛。人們希望自己獲得升遷是因為做出一番成就或因為勝過同儕，而不是因為『麥晉桁喜歡他們』。」

我能理解湯姆的話。摩根士丹利以任人唯賢的制度為榮，迪克．費雪和比爾．布萊克請我加入公司時強調過這點。法蘭克．佩提托的移民身分已經成為傳奇。正如湯姆所說的，任人唯賢是我們信奉的理論，但在固定收益事業群的實際情況（也就是我們實行的理論）是，能不能升遷，要看我喜不喜歡。

這番話讓我很難接受嗎？是的。有些人覺得我不公平，這件事讓我耿耿於懷。我相信我給每個人均等的機會。但我決心要盡力做個最好的領導者。忽略湯姆的專家意見，無法讓我達到目標。

我立刻做了一些改變。現在，想升遷的候選人首先要和十人委員會面談。為了確保委員會不被視為「一群自己人」，每年會有三位委員被替換，由三位新委員取代。接著我會和候選人見面，做出最後定奪。但我一定會權衡委員會的建議。

翻新過後的委員會令我眼界大開。幾位我原先認為很棒的團隊成員，到頭來卻是遭到大扣分。有些在我身邊表現得無可挑剔的人，據報會對分析師、暑期工讀生和支援幕僚出言不遜。他們絕不可能獲得升遷。另一方面，委員會推薦升遷一些我很可能會忽視的人選。「這個人非常安靜，但他會以身作則。」他們告訴我，「他能夠身兼數角，要讓他加入你的團隊。」或者，「這位女士是個優秀的策略專家，但她從來沒有獲得該有的認可。」

如今，固定收益事業群已經大到我無法認識每個人。而我的角色是讓它成長得更大些。

＊＊＊

這是華爾街的紛亂時期。各個金融業者還在從一九八七年的崩盤中復原，摩根士丹利也不例外。一九九〇年，投資銀行部門史無前例地資遣了五十個人。我們的股價跌落谷底，對股東與員工的財富造成影響。士氣低迷不振，大家愈來愈能感覺到公司出了岔子。為了阻止股價繼續往下掉，常務董事在一九九二年舉行了為期數天的異地會議（off-site meeting）。

大廳的空氣中充滿了憤怒和焦慮。常務董事起身說出心裡的話，這是摩根士丹利最具代表性的傳統。他們要求改變公司的管理方式。結論是，我們成立了有史以來第一個全公司的營運委員會。

我被任命為主席。

我搬進高階主管套房的新辦公室，和迪克．費雪與鮑勃．葛林希爾共用空間。派克．吉爾伯特於一九九〇年退休後，迪克當上董事長。鮑勃則擔任摩根士丹利的總裁，在適當的時候接手迪克的位置。我們三個人最初做的其中一件事，就是把自己的薪資砍半，以提高公司內部和外部的信心。我的新工作是改善摩根士丹利在人事、日常營運及費用等各方面的內部運作。十個事業群的負責人，以及倫敦和東京的負責人，每星期向我匯報。分布於十二個國家的正式員工，人數已經成長到七千五百人。

我在固定收益部門已經待了二十幾年，並從一九八五年開始管理這個部門。說實在的，這是摩根士丹利最成功也最賺錢的事業群，七年內成長七五%，而摩根士丹利的債券收益成長了五倍。如果最初投資一百萬美元，現在擁有五百萬美元。我知道彼得．卡爾契斯會是個殺手級的替代人選。

但是，主持固定收益部門並不都像銀色耶誕那麼溫馨，也不總是塞滿熟食店的三明治。一天早上，我走進摩根士丹利的旋轉門，沒有轉到大廳，而是繞回到人行道上。我拿著手機站在外頭，以快速撥號打通了帕切斯家裡的電話。克莉絲蒂一接起電話，我就說：「我受不了了，我要辭職。」

我記不得那天是什麼事惹毛了我。

不過，我確實記得克莉絲蒂的反應。她沒有說「辭職不是個好主意」、「把心靜下來，今天晚上來聊聊」，或者「睡個覺就好了」。

她的回應相當即時，卻不含糊。「約翰，不管你想做什麼，我都會是你的後盾。」我知道如果我那天早上辭職了，克莉絲蒂當天晚上會在門口迎接我，說：「你做了正確的事。」

而如果我沒有辭職，她也會迎接我，說：「你做了正確的事。」這就是無條件支持。從我們結婚以來，克莉絲蒂一直是這樣。當你在家中有堅實的靠山時，在工作上承擔風險就容易許多。

我很感恩這些年來克莉絲蒂把我的稜角磨得比較圓融，但有些時候她還是必須當場指正我。舉例來說，身為主管，我明確表示希望員工在各自的社群中成為領導者。「做些事，」我敦促他們，「站起來，貢獻力量。」十二月某個星期三的晚上，有個我們一直在關注的交易突然間談成了。第二天必須全員到場銷售，但我遍尋不著傑瑞．伍德。他擅離職守了。找不到他幫忙，令我非常生氣。我大步走向交易大廳。「傑瑞死到哪去了？」我問大家，「有人知道傑瑞在哪裡嗎？你知道他還好嗎？他是不是他媽的在高爾夫球場迷路了呢？」我打電話到他家，但沒人接。

星期五早晨，傑瑞出現在我的辦公室，臉上堆滿笑容。「老闆，我聽說昨天您在找我，」他說，「有什麼事嗎？」

我站起身，手按在桌面上，以銳利的眼神瞪著他。「你昨天沒來上班。」我咆哮，「我在找你。大家都在找你。我們忙壞了。你讓大家失望了。我給你一個解釋的機會，你生病了嗎？還是個人因素？」

「呃，是啊，類似個人因素。」他說。

「怎麼回事？」

「你叫我們貢獻自己的力量，我就照你的話去做。我在女兒的學校擔任理事會會長。一位修女要我扮演聖誕老公公，所以我請了一天假。那是我這幾年來最開心的一天。老師給了我一張小抄，讓我正確預測孩子們想要什麼聖誕禮物。他們還以為我是真正的聖誕老公公。」

「聖誕老公公！我們有五億債券要賣，而你竟然哇哈哈扮演起聖誕老公公？我不敢相信你竟然做出這種事！」

我氣得冒煙。我打電話給克莉絲蒂。「你不會相信傑瑞幹了什麼好事。」我把整個經過告訴她。

「約翰，」她還是一如往常平靜地說，「你不能那樣對人。你叫大家站起來，當他們聽你的話這麼做，你又狂怒。」

她說的沒錯。我很慚愧，我真的是說一套、做一套。好主管不會這樣。我撥了傑瑞的分機。「我要向你道歉。」他一拿起話筒我就說。「但是不要到我的辦公室來，聖誕老公公。」我開玩笑地說，「我不希望你的錯誤判斷影響我！」

＊＊＊

到了一九九三年，高階主管套房裡一波未平、一波又起。華爾街的併購事業放緩，鮑勃．葛林希爾成立的部門也跟著不好受。鮑勃忙著提振頹勢，專注在企業客戶上。他這個幹勁十足的飛行員，經常駕著自己的私人飛機（Cessna Citation X）去見客戶。但是要在飛機駕駛艙內經營公司，畢竟是困難的，尤其當摩根士丹利最需要關注的是地面上的細節時。

二月二十六日星期五，情況來到緊要關頭。鮑勃正在科羅拉多州和客戶滑雪時，管理委員會投票表決將他換掉。鮑勃被賦予副董事長的頭銜，我被任命為總裁。星期一，鮑勃回到辦公室，迪克．費雪把這項異動告訴他。星期二，迪克召開常務董事會議宣布這項人事異動。他說完話後，我步入會議室。「謝謝你，迪克，」我說，「我很期待。」之後我就離開了。我是故意快閃的，我不想坐在那兒被常務董事盤問。我不想表現出一副幸災樂禍的樣子，或者替我如何獲得新職位辯護。我想傳遞的訊息是：公司正在往前走。《投資交易員文摘》（*Investment Dealers' Digest*）寫道：「如果摩根的高階主管套房之戰，代表新舊態度的鬥爭，罷免葛林希爾之舉清楚表示，摩根終於準備好拋下過去。」

六月，我和迪克都在歐洲出差，鮑勃離開摩根士丹利，成為美邦哈里斯烏罕公司（Smith Barney, Harris Upham & Co.）的董事長兼執行長。

在這過渡期間的某一天，我走進梅莉．克拉克的辦公室，站在窗邊。梅莉在過去一年來，一直擔任迪克、鮑勃和我的副手。「現在我真的是總裁了。」我熱淚盈眶地說道。我並不在意讓梅莉看到我情緒激動。自我一九七二年加入摩根士丹利後，一直都是兢兢業業。我加入一個自己沒把握能融入的公司，銷售債券的背景讓我不太可能邁向總裁之路，但如今我和迪克領導著摩根士丹利。

＊＊＊

我擔任總裁的公司，是華爾街上最好的金融特許企業。但在一九九三年，摩根士丹利也曾嚴重分裂，變得更像是一群爭奪錢與權的封建領地集合，而不是一家統一的公司。每個事業群都有各自的盤算。我成功創造出一個有凝聚力的固定收益團隊，如今想創造一個有凝聚力的公司。我打電話給湯姆·狄龍，請他加入摩根士丹利來改善我們的人事政策。他覺得我給的條件非常誘人，於是辭去楊百翰的工作，賣掉九英畝的農場，把太太跟十幾歲的女兒搬到紐約郊區。湯姆把我們在固定收益部門評估和升遷候選人的方式專業化。我希望他把相同的知識技能應用到全公司的績效檢核上。多數事業群對員工的評量都很馬虎，甚至連做都不做。

績效評量不是件有趣的事，但非常重要。大家都很想知道上司怎麼看待自己的工作表現，以及自己在公司有沒有前途。如果員工不清楚狀況，會浪費大量的情緒能量來猜測。

美國的大企業，包括ＩＢＭ、奇異、通用汽車等，早在幾十年前就建置一套正式的年度檢核程序。但華爾街沒有這麼做。我還記得那天湯姆給我一份最新研究，是關於給予員工回饋的重要性。之後，他把資訊分享給常務董事們。「希望你們每一位都能承諾，每年花半小時坐下來跟直下屬屬討論他們的績效和職涯目標。」湯姆說。常務董事們瞪著他。

一位年紀較長的董事說話了。「每年十一月，我會把員工一一叫進辦公室，我會說：『這是你的紅利，這是你明年的薪水。』數字述說一切，紅利多代表做得好，紅利少就是做得差，沒有紅利就該打包走人了。這是數字的遊戲，我太忙著替公司賺錢，沒空浪費時間和剛進公司的分析師閒聊他們的『抱負』。」他在吐出「抱負」兩個字時，還比出括號的手勢。換言之，他媽的門兒都沒有。

這是我能預期的回應，但不是我會接受的回應。雇用出身純正的人，之後讓他們辛苦工作，但從不討論他們的表現或他們想達到的目標，這樣的時代已經過去了。至少在摩根士丹利是如此。

要我給下屬回饋從來不是問題，但許多常務董事不是這樣。在這強制性的半小時談話中，他們摸索著適當的遣詞用字。最後湯姆請一家公司拍攝影片，找來演員模擬出我們希望主管和下屬該有的對話。

湯姆建議華爾街的另一項創舉時，常務董事們更加提不起勁，那就是三百六十度評量，讓下屬、同僚和主管替自己評分。在此之前，如果真有檢核的話，純粹是上對下，你坐在主管面前，主管稱讚或批評你的績效表現。

湯姆的三百六十度評量則不同。首先，這是匿名的，你永遠不會知道誰說你的壞話。摩根士丹利的副總裁和常務董事不習慣讓部屬和同事參與考核，但重點是改善公司縱向與橫向的人際關係，創造更好的工作環境。

包括我在內，沒有人拉得下臉來接受三百六十度評量。我和湯姆聊到時，他說：「有人形容你直覺很強、會鼓舞人心、帶有威脅性。你的員工得當個超人，約翰。你讓大家從高處往下跳，有時你操縱他們這麼做。大家**真的**想取悅你。你做一些不尋常的事。很多高階主管把一群員工叫來辦公室，但你主動去見他們，而且你會一對一互動，親身接近員工。」

他那麼說還真有意思，我正打算展開新的攻勢，目標是：投資銀行事業群。

我開始來到摩根士丹利工作時，幾位投資銀行家跟我說，我只是個愚蠢的債券銷售員。幾乎沒有比這更能激怒我的了。我不止一次跟這群龜孫子講電話時，把話筒摔到碎成兩半，電線都露出來了。我還記得有個銷售員拿著破碎的塑膠話筒，說道：「我想這具電話機已經見過它最後一次的競技比賽。」

我依舊認為投資銀行家是一群菁英，但現在我當上了總裁，想了解他們的人，以及他們的工作。接下來的一年半，我跟投資銀行的每一位常務董事吃晚餐，有時一對一，有時跟一小群人。這讓我了解到摩根士丹利的投資銀行家是多麼有才能的一群人，他們對於公司的成功是多麼不可或缺——過去、現在，以及最重要的，在公司的未來。

還有另一個理由：我希望他們承諾跟隨我帶領摩根士丹利的新方向。我們稱之為「團結一體的公司」（The One-Firm Firm）。目前為止，隨著摩根士丹利的成長，每個事業群各自為政。我們會在同一天，有八位來自不同事業群的徵才人員同時來到哈佛商學院，每個人都不曉得另外七人也會去那裡。各事業群有自己的夏季壘球隊和假日派對。公司內部的競爭程度，不亞於在對抗華爾街其他競爭對手時的激烈程度。

有時我會愧疚地覺得這現象是我自己造成的。在我被任命為總裁後，一位投資銀行家私下向我表示，他寧可向一位在高盛固定收益事業群工作的朋友求助，而不是向我、彼得・卡爾契斯，或者我團隊中的任何人。這種地域觀念，在我們剛開始發展時還情有可原。豎立事業群的高牆是為了保護固定收益的銷售和交易部門，就像在保溫室裡養育新生兒一般。如今我們的翅膀已經長硬了，不再需要那樣的保護。

我們開始邀請不同事業群和部門主管一起吃午餐，並且將徵才的權力收歸中央，鼓勵員工轉換事業群。「異花授粉」對公司是件好事。過去，如果你被某個事業群雇用，例如投資銀行、固定收益或資產管理，你就會一直待在同一個事業群。最重要的是，我們整合了客戶的連繫，如此一來，當創業企業家找摩根士丹利做首次公開募股，我們就會後續跟進，鼓勵他們將新募得的數百萬元投資在摩根士丹利的產品上，而不是把這筆生意帶到別的地方去。

＊＊＊

我被任命為總裁後，迪克．費雪和我去吃晚餐。我們整個用餐過程都在討論公事。咖啡上來後，迪克嚴肅地看著我，說：「約翰，我想說出對你的擔憂。你是真的很有一番作為。摩根士丹利的人都尊敬你。你有優越的才能。」他停頓了一下，「但是當你耍狠的時候，也侵蝕了你的功勞和大家對你的尊敬。你可以得到任何你想要的，但你不必當個惡霸。」

「你在公司內握有最大權力，」他繼續，「你的目標是永遠不要用到它。」我們正投入大量精力和資源，把摩根士丹利打造成管理更完善的公司。迪克以他合乎經濟效益且優雅的方式，直指我領導作風的核心。我需要管好自己，這樣公司才會更好。

我每天都會思考他的這番話。

第十四章
CHAPTER FOURTEEN

Up Close and All in:
Life Lessons from a Wall Street Warrior

「約翰，傑克打電話來。」克莉絲蒂從廚房喊。

每個星期天晚上七點，電話都會響起。這通電話來自世界的另一端，傑克·瓦茲沃斯（Jack Wadsworth）從香港辦公室打電話來，當地時間是星期一早上七點。

傑克負責摩根士丹利的亞洲營運。他是個有遠見的銀行家，在東方近十年，先前在東京，現在則在香港。在我官位節節高升之際，傑克不斷告訴我：「約翰，我們應該進入中國大陸。中國會成為世界強國，一旦改革成為主流，會有巨大商機等著我們，我們一**定要**進軍中國。」傑克在一九九〇年為摩根士丹利亞洲所做的業務計畫中重申了這一點：「我們能正確理解亞洲其他每個國家，但如果我們理解錯了中國，我們將會失敗。」

長期以來，摩根士丹利都以進入中國為目標。法蘭克·佩提托在一九七六年曾經和東京辦公室的大衛·菲力普斯一起去過，距離尼克森訪問中國才四年。尼克森與中國共產黨領導人毛澤東的歷史性會面，反轉了地緣政治的版圖。但一直要到一九七八年，毛澤東的接班人鄧小平才推出經濟改革。他一面維持共產黨的嚴格控制，一面讓中國對全世界及資本主義開放。他大膽的市場導向改革，最終鼓勵了外國人前來投資，傑克希望摩根士丹利搶得頭香。

即使受到了熱烈歡迎，當傑克·瓦茲沃斯和傑夫·薩爾茲曼在一九八〇年代末開始將業務從東京拓展到中國時，還是相當震驚。他們降落的機場只有一條破爛的跑道，燈泡赤裸裸地接在電線上。進入北京的道路只是以一片片水泥板串接而成，雜草從水泥板的縫隙間竄出來。水泥板的接合處讓輪胎顛簸，汽車只能以時速十五英里前進。他們在北京的住處也同樣簡陋。外國人被限制只能入住某一家酒店。雖然這棟建築物有七層樓高，傑克和傑夫堅持住在一樓的房間。他們深怕萬一發生火警會被卡在電梯裡，因為每隔幾小時就會斷電。

固定收益端的傑夫，開啟了最初在中國的外匯交易。投資銀行端的傑克，則是前往上海和北京。中國正試圖將國企私有化，但在那段時期，我們並不清楚該和誰談生意。摩根士丹利在華爾街做了一些拓展外交的舉動，教導中國銀行紐約分行的二十五名中國員工了解什麼是固定收益，以及紐約證券交易的運作方式。

一九九〇年代，中國經濟正在起飛，年成長率都是兩位數。為了打造電話系統、高速公路、供電網絡等基礎建設，中國需要資本。但是在金融服務方面，與西方世界還相差甚遠。摩根士丹利決心成為中國人的首選投資銀行，把中國和西方的差距填補起來。彭博（Bloomberg）刊登了一篇標題為「摩根士丹利的全球賭局」的文章，迪克．費雪在裡頭簡單道破了推動我們的力量：「高成長率創造財富，財富為我們帶來商機。」

中國只是我們的目標之一，我們也想涉足其他前景看好的新興市場。一九九〇年代結束時，摩根士丹利已經成為印度最大的美國投資銀行。我們的辦公室遍布新加坡、南韓和臺灣，並在泰國、印尼、馬來西亞、越南和菲律賓等國家探查商機。

但是，當我們走遍全球，中國以其急速成長的經濟和超過十億的人口，依然代表了最大的可能性。一九九二年，我當上營運委員會主席，傑克帶了一份改變遊戲規則的提案來找我和迪克：摩根士丹利應該和中國成立一個合資事業，亦即，中華人民共和國第一家投資銀行。

合資事業這個點子出自傑克和艾德溫．林（Edwin Lim），艾德溫是個經濟學家，在來到摩根士丹利工作前，曾經開設世界銀行中國辦公室，他向我們解釋為何中國的領導階層可能會同意。「如果中國想要成長，」他說，「他們必須要有自己的投資銀行業務和文化。他們不會仰賴外人介入，來提供專案的資助。」

我知道傑克和艾德溫是對的，我們得努力爭取。我們賭下摩根士丹利的信譽，投身在我們幾乎一無所知的人和國家，而且二十年前美國還將這個國家視為存在威脅。

總之，我向彭博表示：「不成長，就死亡。最大的風險是不投資。」

我們的全球攻勢，使我必須頻繁出國洽公。我幾乎每隔一個月就會去中國，我也經常去拉丁美洲、歐洲、非洲和其他亞洲國家。我唯一沒去過的大陸只有南極。我知道這聽起來很多采多姿，但相信我，並非如此。我花了很多時間被困在外國機場，因惡劣的天候而哪裡都去不了，或者因機械延誤而倉促改道。我不知道自己是不是個好的旅人，我只是做我該做的。這是獲得新業務的代價，而那種興奮感是我前進的動力。

你可以請專家提供摘要或者讀十幾本書，來深度了解某個地方，但我從長久以來的經驗得知，唯有身歷其境，才能真正懂得一個國家。我需要親自見到本人。無論在世界的哪裡，只要我出現在會議桌就代表公司的承諾。有時語言可能是障礙，但總是能建立起關係。我到過的每個地方，都能跟人們建立情誼。或許這會被證明是錯的，但將是很久以後。

＊＊＊

我第一次飛到中國是在一九九二年，當時美國沒有直飛航班，只得在東京轉機。北京機場從一九五〇年代興建以來還沒有現代化，沒有護照查驗，也沒有海關的關員。我走出機場，搭上來接我的汽車時，心想：**要說狂野西部，這裡就是啦！**我看著人們朝著目的地步行前進，或是在北京街道上騎著自行車，感受到一股巨大的能量。到處都在蓋大樓。這是個有活力的城市與國家。

我去那裡是要跟史大楨見面，他不久將成為新成立的電力工業部部長。如果將他形容成政府官僚，就低估了他的影響力與權威——中國的官員往往是實質上的商人。史大楨當時正在設法替龍源電力籌集資金，我們見了八次面，討論籌資的事。有一回，他的上級——總理李鵬——出席會議，我就知道我們將大有進展。李鵬是在俄羅斯受過訓練的水利工程師，他是中國統治階級的資深領導人。他也因為一九八九年天安門廣場的大屠殺而聲名狼藉，當時政府軍隊對著抗議民眾開火。一位攝影師捕捉到拎著購物袋的男子與軍隊坦克對峙的「小蝦米對大鯨魚」瞬間。國際間對鎮壓的強烈抗議令李鵬大為震驚，曾任《華爾街日報》中國分社社長的麥健陸（James McGregor）在著作《十億顧客：在中國做生意的前線教訓》（*One Billion Customers: Lessons from the Front Lines of Doing Business in China*）中，形容李鵬的動力來自他「亟欲獲得改革者的歷史定位」。

經過一年的協商，一九九三年十月，李鵬和史大楨委託摩根士丹利替龍源電力承銷「洋基債券」（Yankee bonds）。這是中華人民共和國的專案計畫首次在美國市場籌資。之所以稱為「洋基債券」，是因為這些債券以美元計價，賣給美國的投資人。龍源電力對資助龐大的三峽大壩將有所助益。三峽大壩於一九九四年動工，即使加緊趕工，還是花了十七年才完成。它橫跨長江，是全世界最大的電力站，為中國經濟注入巨大的推動力。在他們替大壩注水前，李鵬邀請我去遊長江，我因為太忙而婉拒邀請。那真是個不智的決定。原本有機會一睹即將消失的風景，我卻錯過了。話說回來，我去中國都在談公事，從來都沒時間遊覽，直到二〇〇九年快要退休時，才參觀了萬里長城。

在龍源電力的簽約儀式上，我坐在一群眉開眼笑的中國官員旁邊。「對了，你們為什麼選擇摩根士丹利，而不是其他銀行？」我轉頭問史大楨。他滿臉笑容地回答：「因為你啊，麥先生，你是唯一沒有在律師陪同下來見我們的銀行家，你信任我們。」

諷刺的是，我是在中國才跟主要競爭對手高盛的高階主管成為朋友。我跟後來當上該公司執行長的漢克·鮑爾森都花了大量時間在中國尋找商機。我們總是在穿過旅館大廳、在旅館健身房裡健身，或是在等待不同政府官員時撞見彼此。我對漢克產生許多敬意，他是個難以對付但十分可敬的對手。

＊＊＊

正當我們在競爭龍源電力的洋基債券時，傑克和艾德溫持續敦促中方與我們成立合資企業。中國人希望的合作對象，是在信譽方面享有國際盛名，同時在金融方面具影響力，能讓合資企業發揮功能的機構。摩根士丹利兩者兼具。

促成合資企業的關鍵，在於網羅了一位中國善於解決問題的專家。王岐山領導中國建設銀行（China Construction Bank）的兩萬四千家分行，我立刻就對他產生好感。他博覽群書，樂於接受新觀念，並且努力提高中國的生活水準。他小我四歲，父親是工程學教授。王岐山二十歲時認識了後來成為中國國家主席的習近平，習當年十五歲，他們倆是在一九六八年毛澤東殘酷、反智的文化大革命中被送去勞改。在這段期間，大學被迫關閉，但是當時住在洞穴的王岐山，找到了用功讀書的方法。他從不放棄，最終取得歷史學位，還娶了大權在握的共產黨領導人之女為妻。

從我見到王岐山的那一刻起，就察覺他的精明。我很擅長察言觀色與見機行事，但這位先生的ＥＱ簡直超乎想像，這是我在跟他協商成立我們命名的中國國際資本公司（Chinese International Capital Corporation, CICC）時所了解到的。

這項計畫需要花費兩年密集的你來我往。中國人不僅是談判高手，他們也享受談判的過程。一九九四年十月，我們與王岐山和他的主管朱鎔基達成口頭協議，朱鎔基是中國的「經濟沙皇」（economic czar），後來擔任總理。雖然我們最初要求和中國各持股五〇%，但最後只是五位合夥人之一。中國建設銀行持股四二·五%，新加坡政府、香港的名力公司（Mingly Corporation）和中國投資擔保有限公司（China National Investment and Guaranty Corporation）各持股約七%。摩根士丹利擁有三五%股權，投資了三千五百萬美元。

口頭協議只是開始，還需要擬定合約。接下來的十個月，我得橫跨亞洲、北美洲與歐洲持續協商。我和我的團隊去北京，之後和王岐山在義大利米蘭會面，我們有了相當大的進展。接下來的協商是在我紐約的辦公室進行，但情況不太對勁。王岐山變得怪怪的，一副失魂落魄的樣子，精神緊張、焦躁不安，完全不是過去那個專注、堅定但令人喜歡的談判者。我一直看著他，試著找出問題。經過大約四十分鐘，我突然想到王岐山是個老菸槍，於是我舉手示意中場休息。

「岐山，」我說，「點根菸吧！」

「什麼意思？」他露出疑惑的表情。

「抽根菸。」

「約翰，你知道我在紐約市不能這麼做，會違法的。」

「沒事。岐山，你在我辦公室，點菸吧！」

他拿出一盒菸，點了一根深吸一口，快樂似神仙的樣子。於是我們繼續談正事，完成了整筆交易。

王岐山讓我驚訝的是，他注意並且尊重紐約市的法律。這表示他能觀察到，並接受其他文化中最細微的差別。此外我必須說，我對自己在這件事情上的觀察力，也感到相當自豪。

所有工作在一九九五年八月的某個晚上達到最高峰。我和迪克·費雪、傑克·瓦茲沃斯和艾德溫·林等人坐在加長禮車後座，駛過釣魚臺國賓館的中國傳統大門。巨大的木門上有著繁複的雕工與漆工，鍍金顯得金光閃閃。釣魚臺建築群是中國政府官員接待外國貴賓的地方。它融合了現代與傳統中國建築，是毛澤東於一九五九年為了紀念中華人民共和國建國十週年而委託興建的「十大建築」之一。「釣魚臺」的意思是釣魚的平臺，一一八九年至一二〇八年在位的章宗皇帝喜歡在這裡釣魚。數百年的歷史令我震撼。

為了慶祝新的合資企業，中國人辦了一場盛大的國宴。廚師在食物呈現上發揮的創意實在難以用言語形容，他們把食物做成花朵、龍和水牛的造型，總共至少有十二道菜。我開始喜歡中國西南省份四川的香辣料理，四川也是大貓熊的發源地。當時我對博大精深的中國料理依然是個門外漢，但我不再是那個在東京無法吞下活蝦的人。有一道菜是魚眼湯，我咕嚕咕嚕喝下這碗湯，彷彿這是我吃過最美味的食物。若不這麼做，就是對主人不敬。我也不拒絕茅台酒。這種中國烈酒後來就在宴會上失寵了，現在的人偏好紅酒。但是在一九七四年，美國國務卿季辛吉曾向中國領導人鄧小平表示：「我認為，只要茅台喝得夠多，就可以解決一切問題。」

我很習慣從早忙到晚，很少讓自己坐下來享受當下。這是筆大生意，我以參與其中為榮。我們是成立CICC的先鋒。以喊口號聞名的中國人，讚許摩根士丹利是「第一個吃蟹的人」，表示這個合資企業是破天荒的頭一遭。

＊＊＊

電話那頭劈里啪啦地傳出聲音。

「出問題了，麥先生，」來電的摩根士丹利員工說，「您得來北京一趟。」

時間是二〇〇〇年陣亡將士紀念日的週末。幾天前，我才剛從疲累的中國之行回到美國。為了輕鬆一下，我和克莉絲蒂到北卡去，我們在海邊蓋了一棟房子。我們和朋友一起過節。那是個溫暖的日子，我穿著泳衣和T恤站在岸邊。「你怎麼知道這個電話號碼？」我問。

「我問公司保全的。」她說，「我知道您才剛回到美國。但這不是重點。我們不能等了，您得趕緊回來。」

「等星期二我回到辦公室再說，再見。」

我掛了電話，跳進水裡。

但電話還是繼續打來。我每小時就接到一通語音留言。儘管覺得很煩，但我必須佩服這位女士的毅力。她鐵了心要這麼做，而那是我造成的。

最後，我回她電話。

電話才響一聲她就接了起來。

「好吧，我在聽。」我說。她解釋，除非我三天內坐在北京的會議桌上，否則中國國營的石油與天然氣企業集團中國石化（Sinopec）即將到來的首次公開募股，將會告吹。

她的名字叫孫瑋（Wei Sun Christianson），已經在摩根士丹利工作了整整兩年。新來的員工總以為，只要交易出問題，就是世界末日的來臨。但她的強烈反應讓我不禁懷疑，**或許她發現了什麼重要的事**。不過我得測試一下。「妳知道的，孫瑋，最好是好事，否則我要開除妳。」我說。

「我知道，」她說，「我知道。不用您開除我，我會自己辭職。但如果您不來，摩根士丹利在中國的信譽真的會受損，好幾年都無法恢復。」

她說服了我。我掛斷電話，打給負責協調摩根士丹利公司飛機航班的主管助理，告訴她：「我必須盡快到北京。」這趟飛行單程要十三小時。

我知道我嚇到孫瑋了。但我沒有做出許多高階主管在類似情況下會做的事：我沒有打發她，讓她「打給別人」。我從很早以前就知道，擺出一副官僚的嘴臉，不是領導者該做的事。如果情況如她所說的那麼急迫，我就不能期待別人搭上飛機。非我不可。當你是個領導者，有時就是必須親自上陣。我期待下屬負起責任，這正是孫瑋在做的事。但我也該承擔起自己的責任。

孫瑋的人生橫跨中國近代史。她生於一九五六年，在共產黨統治下成長，母親是醫師，父親是軍官。孫瑋在名校北京語言大學讀英文。由於鄧小平對外國人開放中國，她遇到一位美國教授，鼓勵她去美國大學攻讀學位。孫瑋接受教授的建議，成為中華人民共和國第一位畢業於麻薩諸塞州安默斯特學院（Amherst College）的學生。她之後去了哥倫比亞法學院，在那裡認識她的先生。一九九○年代初，這對夫妻搬去香港，孫瑋在政府機關證券及期貨事務監察委員會

（Securities and Futures Commission）工作，負責制定法規，讓中國企業的股票在國際股票交易市場上市。她覺得自己還是比較喜歡做交易，於是在一九九八年加入摩根士丹利的投資銀行部門，就這麼參與了中國石化的首次公開募股。

兩天後，我抵達北京機場，這時的機場已經是完全現代化的設施，孫瑋就在那裡。這位神態威嚴、衣著完美的四十三歲銀行家來接我。「我想趁著進城時，一邊跟您解釋一下情況，」她說，「我們沒時間可以浪費。」孫瑋的司機順利通過重重的汽車、計程車、卡車和禮車時，她也娓娓道出交易的來龍去脈。「一年來，我一直和中國石化與CICC合作這次的首次公開募股。」她說，「我們完成事前審核的時候，發現中國石化的股票不能在任何股票交易所掛牌。原因很簡單，原油（crude oil）和汽油（gasoline）的價格，是依據不同的政策來訂定的。」

孫瑋繼續說：「原油價格高是因為它可以在全球市場上自由漲跌，汽油價格低是因為中國的國家計畫委員會對其進行了補貼。兩者之間的衝突意味著中國石化永遠不會賺錢。我們不能讓這家公司上市。沒有投資人願意投入半分錢。」

「但是同時，如果政府讓汽油的價格上漲，會為國家帶來巨大的影響，包括計程車司機可能罷工。情況非常錯綜複雜。」

「中國石化打電話來，他們說我們必須遊說朱鎔基改變政策。「這位曾經開放合資企業的經濟舵手已經升任總理。」但是朱鎔基說，只有我們的頭號人物（number one guy）過來，他才願意坐下來跟中國石化談。」她指著我，「就是您。」

孫瑋總結：「這筆交易牽涉許多利害關係。如果不請您來一趟，交易就做不成。這對中國來說將會是國恥。如果摩根士丹利經過這些努力後還是失敗，會壞了我們的名聲。我們在中國將會很久都做不成生意。」

我背靠著賓士車的皮座椅。「我不會開除妳，孫瑋。」我說，「把我找來是百分之百正確的事。」接著我微笑。「好啦，那我們有什麼計畫？」

之後在接待室裡，我坐在朱鎔基旁邊，解釋如果中國想要改革經濟，政府不能干預國營企業，也就是補貼汽油價格。「重整國營企業的重點，是讓這些企業成為市場導向。」我說。

方頭大臉、眉毛跟我一樣濃密的朱鎔基，是個難以對付的人。他看著我，開口說道：「摩根士丹利正在做這筆交易，而你是領導者。我希望你個人向我承諾，你會盡最大努力讓交易成功。」

我將手放在胸前。「朱總理，我向您保證。我保證會參與這筆交易的每個細節，而且交易一定會成功。」

我說到做到，交易也成功了。如果沒有我的承諾，我的名譽將一文不值。中國之行的數星期後，中國政府同意讓國內的汽油價格隨國際原油價格調整。二〇〇〇年十月十九日，中國石化在紐約、倫敦和香港的證券交易上市，籌得三十五億美元的資金。

如果我只給一個建議，那就是：傾聽比你懂的人所給的建議，並且照著去做。就在我們準備和朱鎔基開會時，孫瑋告訴我：「您需要提到三件事，而且要照這個順序說。」她知道我必須如何做、如何說，或許更重要的是，眼睛該看誰。她對中國的了解，是我或甚至海外華人都無法做到的。做為在毛澤東文化大革命時期度過童年的孩子，她知道誰才是老大。在這趟拜會期間，我發覺對摩根士丹利的未來而言，孫瑋是不可多得的人才。她是個殺手級人物，聰明、率直、吹毛求疵、直覺敏銳。她在這場戰爭中（相信我，這是一場戰爭）是威力強大的武器，幫助我們搶得最好的生意，打敗高盛和其他在中國的投資銀行。

我還記得在中國的一個可怕夜晚，可能是在杭州吧，我食物中毒。細節容我略過，總之我起不了床，更別說去參加宴會。孫瑋從旅館大廳打電話來。她和司機來接我。「我去不了，」我低聲說道，「我病得太重，吐個不停。」

一陣安靜。

然後孫瑋說話了。「您一定得去，這沒得商量的。中國政府的重要人物都會出席。」

我搖搖晃晃地起床，沖了澡，著裝。趁這空檔，孫瑋叫司機去買一堆草藥，她把這些草藥煮成令人作嘔的藥茶。「給您，」她遞給我一杯，說道，「喝下去，一滴不剩。」

我看起來很糟，感覺更糟。我正在發燒，全身是汗。但我還是跟孫瑋去了餐會。她真是個不好惹的傢伙。

我在中國遇到另一位鐵娘子。吳亞軍是龍湖地產的共同創辦人，這家規模龐大的不動產公司遍及中國各地。當我們向吳亞軍提議讓龍湖股票上市時，她正糾結著要選摩根士丹利還是摩根大通。這是一筆數百萬美元的生意。

「或許我應該找摩根大通。他們能做股票上市，也會融資給我們。」吳對我們說，「你們只能做股票上市。」我一如往常地和藹可親，但我拿掉了討喜的部分。「我覺得您不太聰明。」我說。孫瑋瞪了我一眼，彷彿在說：**我的老天哪！您在做什麼啊！**我不理她。我又說了一次：「您不聰明，因為您忘了這件事的重點。重點是股票上市，而說到股票上市，摩根大通完全不是摩根士丹利的對手。您需要重新思考目標是什麼，以及誰有能力達到您的目標？」

吳亞軍看起來很震撼的樣子，但是當我解釋，摩根士丹利替一半的中國企業首次公開募股，她開始點頭贊同。會面尾聲，她說：「從來沒人那樣跟我說話，但我會給你這筆生意，麥先生。這是我想要的公司，一家能實話實說的公司。」

我和中國人建立了緊密的連結。他們知道我是銀行家，我的職責是為摩根士丹利賺錢。但他們也逐漸了解，我是真心誠意在乎他們。有一回，我和克莉絲蒂及孩子們在前往泰國途中過境香港，我花了一天去見王岐山。他已經離開中國建設銀行，成為廣東省副省長。我想看他過得好不好，同時敘敘舊。所以當我登上當晚中國的電視新聞時感到很吃驚。新聞播報員說：「摩根士丹利的麥晉桁前來會見王岐山。」我去見他並不是希望被媒體報導，而是因為他是我的朋友，任何人都會從行程中擠出時間來見朋友。

我真的很喜歡我認識的中國人，我覺得他們率直並且心胸開闊。他們把想法告訴我，而且和我一樣重視果斷的特質。或許我偶爾會做錯誤的決定，但我總是很快就下定決心。

一個決定可能會打亂我的職業生涯。

第十五章
CHAPTER FIFTEEN

Up Close and All in:
Life Lessons from a Wall Street Warrior

我不敢相信這天真的會到來，我坐在公正中心（Equitable Center）的講臺上，它位於曼哈頓中城的第七大道。在我面前有三百位熱切的財務分析師和財經記者，報紙和新聞通訊社的攝影師蹲在前排的地上拚命拍照，電視攝影機正在錄影，有更多亞洲、歐洲、非洲和拉丁美洲的分析師與新聞記者，透過衛星和電話「出席」這場記者會。

時間是一九九七年二月五日星期三的上午十點半，一個雨天。我們宣布摩根士丹利與添惠公司（Dean Witter, Discover & Co.）合併，這筆一百零二億美元的天價交易，立刻把我們推升到金融界同溫層的頂端。合併後管理的資產達兩千七百億美元，摩根士丹利添惠公司（Morgan Stanley Dean Witter, Discover）現在是全世界最大的金融服務公司。

講臺上，坐在迪克．費雪和我之間的，是添惠的總裁裴熙亮（Philip J. Purcell）。*合併後的巨大組織，將結合摩根士丹利在投資銀行的獨霸地位，與添惠這家美國第三大零售經紀商在機構銷售和交易的廣泛影響力。換言之，摩根士丹利的投資銀行家負責製造證券，而添惠的八千七百多位經紀商則是把證券賣給全美國。「這可說是最理想的合併案了。」裴熙亮向大眾表示。

裴熙亮、迪克和我，在講臺上有說有笑，展現融洽的夥伴情誼，我們三個分別亮出一張發現（Discover）信用卡。迪克沒有自己的發現卡，於是借了克莉絲蒂的出來秀，以食指遮住她的名字。這次合併有許多好事，特別是很少人因為合併而遭到資遣，因為摩根士丹利和添惠的業務除了研究和後勤行政這兩個領域，幾乎沒有重疊。

我在職業生涯中開過很多次記者會，這次可說是一百分。發表結束後，我們接受媒體發問。「有些人認為，你不會願意扮演次要角色。」《華爾街日報》的安妮塔・拉發凡（Anita Raghavan）對我說。

「安妮塔，妳不太了解我，」我回答，「合併的重點不在我，而是建立一個組織。我只在意對股東和員工最有利的事情。我在意的是能加入最好的團隊，而這就是最好的團隊。」

合併之前，即將退休的迪克任命我做他的接班人。我在一九九七年六月就被提名為摩根士丹利董事長的繼任人選。董事會已經為此背書。

但合併案改變了一切。

沒錯，我讓出了位子。我答應在新成立的摩根士丹利添惠，成為次於裴熙亮的第二號人物。裴熙亮擔任董事長兼執行長，我則是總裁兼營運長。原因是，如果不讓裴熙亮當大老闆，他就不會同意這筆交易。這很合情合理，四萬名員工的添惠比起一萬名員工的摩根士丹利大多了。技術上來說，是他們買下了摩根士丹利，而且付了一筆高額的股票溢價。

我願意當第二把手，過去我在迪克．費雪之下安然工作了二十幾年。我期待裴熙亮會是同樣具生產力的夥伴。裴熙亮經常跟人說，他也希望如此。

裴熙亮大我一歲，在鹽湖城長大。他拿到芝加哥大學商學院的ＭＢＡ學位

＊譯注：Philip J. Purcell 直譯為菲利普．珀塞爾，他接任摩根士丹利執行長後，公司依慣例請專人為其取中文姓名「裴熙亮」。在後文中，大家會在對話裡暱稱他為「菲爾」（Phil）。

後，在一九六七年加入麥肯錫（McKinsey）顧問公司，之後跳槽到麥肯錫的客戶西爾斯（Sears）。一九八一年，西爾斯買下添惠後，他主掌這家零售經紀公司。裴熙亮最為人所知的，是他成功推出革命性的免年費、現金回饋的發現信用卡（Discover Card）。

一九九二年秋天，西爾斯決定分拆添惠。年輕的菲爾・杜夫（Phil Duff）來自明尼蘇達州，是摩根士丹利的併購高手，經歷哈佛和麻省理工學院商學院之後，於一九九四年成為摩根士丹利的財務長（CFO），添惠也是他從高盛手中搶過來的客戶。摩根士丹利與添惠共同承銷並為這次的股票發行定價。

我坐在辦公桌前閱讀首次公開募股的說明書，對添惠的營收流大感驚訝。由於信用卡交易費以及公司從共同基金業務賺取的經常性收費，添惠每年前四個月的營收就足以支應它的經常性費用，五月一日之後全是獲利。對比之下，摩根士丹利的業務建立在成交和買賣交易上而難以預測，我們要到九月才能支應經常性費用，或甚至更晚。如果和添惠合併，我們會有穩定的收入來源，於是我向迪克說：「我不曉得我們為什麼要替西爾斯做這筆交易，我們為什麼不乾脆去西爾斯出價，買下添惠公司？」

「約翰，你的提議很有意思。」迪克微笑說道，「但我們是為客戶的需求和願望服務，不見得是我們自己的。我認為，如果我們決定應該是併購案而不是股票上市案，恐怕會讓一些人不開心。」不過，迪克當場也同意，跟添惠公司合作將是前景看好。

迪克和我邀請裴熙亮在摩根士丹利共進午餐，其間我們提出合併的想法。我立刻對裴熙亮產生好感，他有種謙卑的迷人氣質。但他不贊成這個想法。「我們一直是隸屬另一家公司，」——他說的是西爾斯——「很久了。」他告訴我們：「我想要獨立。」我完全能夠理解。但是，摩根士丹利的觀點不同。我們從一九三五年以來就單兵作業，如今正是我們結成策略合夥關係的時機。

假如我們回到一九七五年五月一日，美國證券交易委員會（Securities and Exchange Commission, SEC）強迫紐約證交所取消固定佣金，改採議價方式，證券業的利潤開始變得愈來愈微薄。但金融業還是繼續賺錢，多虧了全球化，讓交易量不斷成長。美國的金融業將積極、高競爭力、技術創新的作風輸出，使得摩根士丹利、高盛、J・P・摩根、美林等，在全球金融業各領風騷。這是上一個十年，也就是一九八〇年代的狀況。

摩根士丹利可說是一帆風順。但我的看法是，這樣的動能終究會用盡。我們需要不斷創新，爭取新的商機。我們想回答的問題包括：如何取得更多業務？如何分散收益？如何拉大與對手的差距？

答案是：擴大規模。我們需要在金融業創造更大的足跡。

一九九四年九月，大衛・修利爵士（Sir David Scholey）找上迪克提議合併。修利是英國最大投資銀行華寶（S. G. Warburg）的執行長。華寶以倫敦為基地，是知名的德國猶太銀行王朝的分支。聯姻將使我們的規模加倍。當時我們正在亞洲和拉丁美洲各地開設全新的營業處所，如果和華寶合併，摩根士丹利將把過去閉鎖的大門敞開，歡迎英國和歐洲菁英、歷史悠久的企業客戶進來。

華寶也擁有子公司水星資產管理（Mercury Asset Management）的七五%股權，這家公司管理的資產高達九百三十億美元，會提供我們正想要的穩定、經常性收入。由於我們在新興市場上要承受巨大風險，這家公司將以多樣化的形式提供穩定的力量。

迪克在談判過程中扮演帶頭的角色，我負責和華寶與我位階相當的西蒙・凱恩斯勛爵（Lord Simon Cairns）打交道。表面上，我們是截然不同的兩個人。他具貴族氣息，是個素食者，曾經上過伊頓公學（Eton），這所極負盛名的寄宿學校，是亨利六世於一四四〇年成立。我畢業於莫爾斯維爾中學，最愛的是上面鋪了涼拌高麗菜的手撕豬肉三明治。不過我們相處愉快。凱恩斯是個有操守的銀行家，他希望做長遠來看對公司最好的事。這對於我們兩人同時成為董事長迪克底下的總裁，是個好兆頭。十二月初，我們談得很順利，也認為達成了共識。《華爾街日報》撰文報導，標題是：「摩根士丹利與華寶討論合併：七十億美元股票交換將觸角伸向全球，總資產一千五百億美元。」華爾街上最多人閱讀的報紙，認為這個潛在合併，可能是「貴族血統的聯姻」。

但是，阻礙出現了。最大的問題是，水星資產管理公司對公共投資人持有的二五％股權所定的價格，竟然荒謬地高達交易價格的三五〇％。「我們永遠無法跟這些人打交道。」迪克告訴菲爾・杜夫。他說的沒錯。這筆交易吹了。凱恩斯和我試圖挽救，卻無能為力。

＊＊＊

一九八〇年代末，美國企業界漸漸不再提供退休員工固定金額的年金，改採現行的退休儲蓄計畫（401(k) plans）。這個轉變改變了華爾街，因為嬰兒潮世代投資股票和共同基金。根據查爾斯・蓋斯特（Charles Geisst）在《華爾街：歷史》（*Wall Street: A History*）中所描述：「一九九〇年至一九九七年間，投資共同基金的金額增加超過十倍，買共同基金的投資者人數幾乎翻倍。」我們無法忽視像這樣的數字。摩根士丹利已經處理退休基金數十年，但我們無法接觸一般的投資者。如果公司真正想要取得重要地位，就需要把觸角伸向全世界最大的資產庫：美國家戶。

此外，有一類特別的股票吸引了這群投資人的注意，那就是科技股。

摩根士丹利在資訊時代來臨之際並沒有缺席。史蒂夫・賈伯斯（Steve Jobs）

這位有遠見的蘋果電腦共同創辦人，首次與傑克．瓦茲沃斯會面時（這是在傑克搬去日本之前好幾年的事），賈伯斯抬起光腳放在會議桌上，問道：「所以說，摩根士丹利是做什麼的？」會面結束時，傑克和賈伯斯達成協議，由摩根士丹利負責讓蘋果的股票上市，這是一九八〇年的事。

從此，我們展開了科技業的業務。一九九〇年代前半，我們替直覺軟體公司（Intuit）和美國線上（AOL）處理首次公開募股。我們有瑪麗．米克（Mary Meeker）這個不太祕密的武器。瑪麗於一九九一年加入摩根士丹利擔任研究分析師，她具備超乎一般人的能力，能一眼發現前景看好的科技公司，因而以「網路女王」這個名號打響知名度。她於一九九五年開始推出的年度「網路趨勢」報告，成為必讀的刊物。同年八月九日，我們的客戶網景（Netscape）在高曝光且極其成功的首次公開募股中，股價飆上天價，點燃網路狂熱。

這段時間我一直在思考添惠（Dean Witter）。它在全美各地設有辦公室——有些其實是在西爾斯的店裡——替美國家庭管理數千億美元。我實在太好奇，於是跟克莉絲蒂去我們當地的西爾斯實地考察。克莉絲蒂在店內走道慢慢逛，回想她小時候跟家人在西爾斯購物的樣子，我則是和一位經紀商坐在添惠的亭子裡。買共同基金就和買錘子、襪子或洗衣乾衣機一樣容易，我覺得很酷，也很有新意。

美林是當時全世界最大的金融服務公司，它在投資銀行的業務方面表現一般。如果摩根士丹利將投資銀行這項主要業務，與添惠龐大的零售業務合併，將使股東大獲全勝，而且可以擊潰美林。

所以我們才想合併。

在一九九二年那次的午餐後，迪克和我繼續對裴熙亮和添惠公司緊追不捨。一九九五年，圍繞在網景首次公開募股的大量媒體曝光，激起了裴熙亮的興趣。他告訴我們，當添惠推出一檔新的共同基金時，客戶不是投資更多資金進去，而是賣掉現有的基金，把錢拿去買新基金，投資組合只是一增一減。但是客戶對科技股的看法就不同了，只要能在網路股大漲中分得一杯羹，他們願意投入更多資金。

一九九六年十二月，裴熙亮開始積極交涉。我認為促使他坐上談判桌的，是另一個合併案。國家銀行（NationsBank）——不久後被稱為美國銀行（Bank of

America）——買下了船夫銀行（Boatmen's Bancshares），後者是密蘇里州聖路易市以及中西部南部（lower Midwest）最大的銀行。裴熙亮一定是意識到添惠在國內多了另一個強大對手。「我很想重啟之前的討論，看大家能不能想出如何達成協議。」他在電話中告訴我們。

至此，談判才開始認真起來。

但是不久就被打斷。

克莉絲蒂和我在連假的時候邀請三對夫妻到鹿谷度假。我正小心滑下坡道時，有個滑雪客從後面猛然撞上我，把我一邊腎臟撞破了。愉快的時間就此結束。我整個週末都在醫院裡，除了躺著什麼也不能做。由於裴熙亮的滑雪屋距離我們鹿谷的住家不遠，迪克提議要飛到猶他州，讓我們協商的興致繼續維持。但是，在照顧我和招待朋友之間，克莉絲蒂做了決定。「不行，我們不要這麼做。」她對我說，「你不能躺著去協商。」我出院後，裴熙亮好心以添惠的飛機把我和克莉絲蒂載回紐約。

一月的最後一週，迪克、杜夫和我，在迪克位於中央公園西街的公寓，一連三天跟裴熙亮見面。我們在財務條款和誰來領導合併後的公司方面，無法達成協議。我們不清楚該如何把兩家公司合併在一起。我認為裴熙亮當初應該要主動釋出善意，換言之，他應該做些讓步。迪克提供了許多支持，但他的態度是，既然他五月就要退休，應該由我來主導會談。

這和我們近年來在公事上建立的關係一致，我是事實上的經營者。迪克從一九六二年以來就獻身摩根士丹利，如今六十歲了，即將梅開二度，他希望多花些時間和未來的妻子從事他感興趣的慈善事業與藝術活動。我在遇到不懂的事情時還是會請他幫忙，只是這種情形愈來愈少發生。

星期五早上，迪克、杜夫和我，與裴熙亮開了一個電話會議。「菲爾，我們應該叫停，」我說，「我們已經連著三晚都在搞這件事，到現在還搞不定。」這不是對的談判技巧，我認為合併已經不可能了。

裴熙亮不同意我的說法。他提出幾個好理由，說明我們應該努力朝這個方向去做。

掛掉電話後，杜夫走進我的辦公室，坐了下來。「約翰啊，我們就只差那麼一點點了。」他說，「這種機會不是很常有。我們已經討論過其他幾個可能標的，但是每個合併案都包含兩個部分。第一，策略一定要可行。第二，同樣重要的是，一定要你情我願。這並不容易。你不如再打個電話給裴熙亮，提議一起吃個晚飯，就你們兩個。」

那天晚上，裴熙亮和我約在東四十九街，一家不起眼的法國小餐館的包廂見面。

我將近午夜才回到家。「不得了的大事！」我對著等門的克莉絲蒂說。然後我打電話給杜夫。「我搞定了！去看你的傳真機，我傳了一頁條款清單給你。我們敲定了財務和股份交換比例。」

我接著說：「我們在新公司的領導團隊上達成共識。」

第二天早晨，我去迪克的公寓告訴他這件事時，他鏡片後的眼神變得冷峻，與他共事四分之一個世紀以來，我只見過這樣的眼神幾次。「我不希望你這麼做，約翰。」迪克說，「這是個錯誤，對公司並不好，也不適合你。應該由你當執行長，而不是菲爾。你是個比較強的領導者。」

我能理解迪克說的。但我衷心覺得，合併的好處高於把大位讓給裴熙亮來坐的壞處。這是一個千載難逢的機會，可以創造史上最大的金融服務公司。隨著千禧年即將到來，合併將使公司往前跨一大步。我願意放棄執行長的頭銜，來確保摩根士丹利的未來。「這不是我們的公司，迪克。」我注視著這個雇我進公司、讓我在摩根士丹利發展職業生涯的人，我很少對他在公事上的建議產生懷疑。「這是股東的公司，我們必須做對股東好的事。」

從過去到現在，繼任問題一直相當棘手且令人痛苦。迪克對我說，他和裴熙亮已經達成口頭共識，裴熙亮將在兩到三年內退位，由我來擔任摩根士丹利添惠的執行長。如今裴熙亮說口頭共識並不存在，最重要的是，沒有白紙黑字載明裴熙亮會把執行長的位子交給我。那個週末，兩家公司各自進行事前審查，律師草擬合併合約及所有相關文件。我們的公關團隊在草擬對外公布的內容。我們得快一點，以免消息外洩。我們不希望任何事情影響股價。

突然間，草擬的交易內容來到我們不曾討論過的部分。其中，裴熙亮堅持必須有七五%的董事會成員投票通過才能開除他，而不是五〇%。

杜夫看到傳真的修改內容後極為驚訝。「我們絕對不能同意這種事。」他對我說，「我們做出禁止客戶接受的讓步，根本就是侮慢不敬而且表裡不一。」

當我在寫這本書時，才真正領會迪克持保守態度的深度意涵。湯姆．尼德斯（Tom Nides）也是個冰雪聰明的明尼蘇達人，他負責摩根士丹利的媒體策略。近來他告訴我，在宣布合併的記者會召開的不到二十四小時前，迪克把他叫到摩根士丹利大樓四十樓的辦公室。迪克坐在辦公桌前，抽著雪茄。「我們不應該做這筆交易，」迪克告訴湯姆，「你應該說服約翰別做這筆交易。」

「迪克，我覺得太遲了，」湯姆回答，「約翰就要做交易了。」

第二天早上，在公正中心的禮堂，迪克、裴熙亮和我在攝影機前裝腔作勢。我那合不攏嘴的笑容完全發自內心，實現合併讓我樂不可支。當天結束時，市場也樂翻天：摩根士丹利的股票大漲七．八七五美元，來到每股五四．二五美元；添惠股票每股上漲二美元，來到四〇．六二五美元。

合併案也登上世界各地的頭條新聞。《華爾街日報》大聲疾呼「華爾街想要『小傢伙』，他將合併轉大人」。《紐約時報》宣告「重申個別投資人力量的交易」。《夏洛特觀察者》（*Charlotte Observer*）咆哮著「經紀商巨人誕生」，附上一大張裴熙亮和我咧嘴笑的照片。

幾位評論員發出預警。「一家公司是白鞋，另一家是白襪，」《華盛頓郵報》引述一位華爾街的知情人士，「或許他們有同一套哲學，但他們非常不同。」

「這樁婚姻能走得下去嗎？」彭博新聞問。

第十六章
CHAPTER SIXTEEN

Up Close and All in:
Life Lessons from a Wall Street Warrior

我承認，看著裴熙亮把他六尺五的身軀，塞進迪克·費雪在會議桌的主位，感覺很彆扭。公司六十二年的歷史中，頭一回讓一位對摩根士丹利傳統、價值觀或常規一無所知的人來經營。

一開始正如專家所預言，摩根士丹利和添惠的文化南轅北轍。我們**可能**是個傲慢的渾球，而添惠的員工似乎把一切都當成是侮辱。我還記得第一次合併後的管理委員會在一起開會，裴熙亮和我逐一點名。「報告你們業務單位在國內外的最新情形。」我對各部門的主管說。我是真心想認識新的管理者，並且培養一種大家同在一個團隊的感覺。

發現信用卡的負責人開始談論他的國際業務，敘述在加拿大的營運情形。向來心直口快的彼得·卡爾契斯打斷他的報告。「聽著，如果號碼開頭不是〇一一，就不是國際電話！」摩根士丹利的人都笑了。但我從添惠的人那裡感受到的，卻是一股怨懟的敵意，尤其是裴熙亮，他冷冷看了彼得一眼。

當然，我們知道加拿大是外國。這是彼得在做自己，捉弄這傢伙罷了。我並沒忘記我的團隊曾經不知道委內瑞拉債券或是哪家航空公司飛吉隆坡。但此時我們在全世界有八十四個營業處所。添惠的營運則幾乎都在美國。正如《紐約時報》所寫：「摩根士丹利的資深高階主管，穿著Gucci的流蘇樂福鞋和昂貴的亞曼尼西裝，每年飛到東京、倫敦、法蘭克福等世界金融中心，和政府官員與企業大亨做生意，賺進數百萬美元。他們往往出身常春藤名校，是頂尖商學院的畢業生，年輕且平步青雲，很多人不到五十歲就有錢到可以退休。與此同時，他們的合作夥伴添惠，喜歡穿布魯克兄弟和Dexter的鞋子，在郊區的高速公路上奔馳，即使是比較成功的人，年薪也頂多是數十萬美元，以兜售基本型共同基金、股票和債券給美國大街（Main Street）為主。」

這不是孰優孰劣的問題。如果紐約證券交易在一九六八年的文書處理塞車時，沒有禁止在全國各地開設新的分支機構，我可能已經替美邦公司在亞特蘭大開了一間零售辦公室。

雙方都有錯。聽到一位我很信賴的朋友傑夫．薩爾茲曼在與他添惠的新上司詹姆斯．希金斯（James Higgins）開會時遭到公開羞辱，我十分驚訝。傑夫和一位摩根士丹利私人客戶事業群的同事上臺報告，讓添惠零售事業的主管了解該事業群的營收、成本和利潤等細節。他們結束報告時，希金斯轉頭對著他的財務長說：「這些我全都不信，檢查所有的數字，再回來告訴我真實的情況。」傑夫最後辭職了，我重新雇用他，直接隸屬我的策略規畫部門。

我們努力融合兩種文化。就在合併不久後，裴熙亮和我都認為打高爾夫球是破冰的好方法，我們帶了幾位摩根士丹利的人和幾位添惠的人，到莫菲德鄉村高爾夫球俱樂部（Muirfield Village Golf Club）打球。這個高級球場是由傑克・尼可勞斯（Jack Nicklaus）與戴斯蒙・莫里海德（Desmond Muirhead）聯手設計，位在俄亥俄州的都柏林（Dublin）。第二天，我們一進入「第十九洞」，我就認為是時候回家了。我根本沒想太多。我去過中國無數次，從來不曾待超過三個晚上。包括我在內的摩根士丹利團隊，直奔機場飛回紐約。第二天早晨，我注意到裴熙亮不在辦公室，這才明白他和他的團隊在俄亥俄州多待了一個晚上。後來我遇到他時，他似乎不太高興的樣子。「你們這群人只想著搭機回去，」他說，「我還以為我們要一起吃晚餐呢。」

我很訝異。「菲爾，我們有工作要做。」

我注意到一個警訊。開會時，幾乎都是裴熙亮一個人在說話。當他的部屬總算發表意見時，他們只是附和他所說的一切。不可否認，裴熙亮是個頭腦敏銳的人，但我開始相信，他不喜歡被人質疑。在《藍血與變種》（*Blue Blood & Mutiny*）書中，摩根士丹利的高階主管鮑勃．史考特（Bob Scott）告訴派翠西亞．比爾德（Patricia Beard）說：「菲爾認為，只要能有足夠的時間，他可以把每個人的工作都做得比他們原本做的更好。」他似乎以為自己無所不知，我認為他會希望獲得下屬的擁戴。人們談到裴熙亮說的笑話：「在添惠，我叫大家左轉，他們就乖乖左轉。在摩根士丹利，他們會看著我，問我為什麼。」

我跟他相反。我一直都知道我不是在場最聰明的人，我會向我雇用來的人請益，並且借助他們的才能。從剛當上管理者的那段日子開始，我就鼓勵員工有話直說。我經常送員工去受訓，學會在開會時說出自己的意見，有效表達自己的觀點，並且挑戰其他人所說的話，包括我說的。

裴熙亮和我的行事風格自然會有某些差異。我要找的不是一個雙胞胎。我是個極端外向的人，裴熙亮則是內向到令我驚訝。當他到達距離辦公室四個街區以內的地方時，會叫司機先打電話給大樓保全。保全會預留一座空電梯讓他獨自搭乘。我採取開門策略。想見裴熙亮，你得預約。

此外還存在地理問題。一九八二年，裴熙亮掌管了位在華爾街核心地區的添惠，但他從不曾將妻子和七個兒子從芝加哥郊區搬到紐約來。他反而是搭一架獵鷹（Falcon）——後來是灣流（Gulfstream）的公務機——往返公司和住家，通常是星期一早晨飛來公司，星期四下午飛回家，合併後還是如此。考慮到他身居這個位置的名望和責任，我認為他必須住在紐約當地，才對得起公司和股東。加上摩根士丹利就像所有華爾街的公司一樣，期待領導者參與這個城市的慈善活動。我還是個年輕的常務董事時，鮑勃・鮑德溫就曾經要我參加哥倫比亞長老會醫院（Columbia-Presbyterian Hospital）的活動。其他人則是把時間、精力和金錢，奉獻給摩根圖書館與大都會藝術博物館（Metropolitan Museum of Art）。

除了看起來對紐約市繼續保持疏離的態度，我認為裴熙亮對於他可以從迪克・費雪身上獲得的驚人資源，也顯得不太領情。迪克擁有的不僅是對這個組織的了解，也是真正的智慧。合併後，裴熙亮主持新公司董事會的執行委員會，委員會成員其中七位來自添惠，另外七位來自摩根士丹利。但是在我看來，在裴熙亮簽下合併合約的那一剎那起，就刻意怠慢迪克。

一九九五年，我們搬到百老匯一五八五號的摩根士丹利大樓時，迪克和我把高階主管辦公室設在四十樓。但裴熙亮似乎不想跟迪克在同一個樓層，於是花了數百萬美元，在三十九樓設了高階主管套房，把迪克一人留在四十樓。由於我隸屬裴熙亮，所以也得跟著搬。

裴熙亮對待迪克的態度在我看來冷酷無情，甚至殘忍，令我相當氣憤。但我無法改變他的行為，更糟的是，在正式合併一週年時，也就是一九九八年五月三十一日，迪克被診斷出罹患最終導致他過世的攝護腺癌。

直到開始與裴熙亮共事，我才充分體會我和迪克之間是一種獨特的夥伴關係。我從不質疑迪克的動機，他從不暗中盤算，我們在公事上的關係，是任何地方的任何公司所沒有的。迪克是個心平氣和、聰明而且溫柔的人——我所謂的溫柔並非軟弱。如果我有問題去找他，我知道他永遠不會令我難堪，或是對我說教。

我們之間並不存在私下較勁或是潛臺詞。回想起來，以為和裴熙亮之間能有同樣的關係或信賴度，是我太天真了。

裴熙亮的決策過程也讓我傻眼。他從不聚集一群人共同討論利弊得失，而是把人一個一個找去，聽取他們的意見。那麼做也就算了。在我看來，問題是他大部分的工作時間都關在辦公室裡研究商業策略。我認為他用腦力慢慢推敲的做法，導致太多理論與太少執行。

我的做法不同。接下來談談我做事的方式。

就在摩根士丹利添惠合併的同時，我也幫哥倫比亞長老會醫院和紐約醫院（New York Hosptal）進行合併。我們找了兩家醫院的負責醫生來主其事。哥倫比亞長老會醫院的比爾．史貝克（Bill Speck）成為合併後的總裁，紐約醫院的大衛．史其納（David Skinner）擔任執行長。幾個月後，我和華友銀行（Chemical Bank）的執行長約翰．麥克吉利卡迪（John McGillicuddy）、媒體財團赫斯特（Hearst）睿智又優雅的執行長法蘭克．班納克（Frank Bennack），以及首都城市傳播公司（Capital Cities/ABC）受人尊敬的電視臺高階主管丹．柏克（Dan

Burke），在《好家政》（*Good Housekeeping*）的餐室進行每月一次的受託人早餐會。有人說：「史其納和史貝克的人事安排根本行不通。合併是場災難，問題出在史貝克。他在規避史其納。」

「把他找來吧，」我說，「我們得處理這件事。」我拿起電話，打給比爾‧史貝克。「嘿！比爾，你在哪裡？」

「我在車上，正要去醫院。」他說。

「過來一下，我們在赫斯特大樓的九樓，我們想跟你聊聊。」

史貝克醫師一走進來坐下，我就開口：「比爾，我們不能接受這些衝突的發生。我們不能接受你暗中扯大衛‧史其納的後腿。這個合併案一定要成功。所以我們做了決定。我們會給你一筆錢，你被開除了。」

我一直與比爾密切合作，我認為他是個優秀的醫師與行政管理人員，但讓合併成功的重要程度，超過我和他的交情。沒得談，他被開除了。史貝克醫師一走出去，麥克吉利卡迪看著我，說道：「你這魄力是哪來的？」

「應該要這麼做，」我說，「喝著咖啡，說些你好我好的廢話有什麼意義？

沒有任何意義。應該是說：『你必須辭職，我們會尊重你，但你必須離開。』我是用這種方式經營摩根士丹利的。」

出身德州聖安東尼奧（San Antonio）的班納克說：「約翰，你不會花很多時間來處理一個棘手的問題。你很快就能下決定，對嗎？」

＊＊＊

回顧過去，我意識到法蘭克．佩提托、鮑勃．鮑德溫、派克．吉爾伯特和迪克．費雪都屬於非典型領導者，尤其對他們那個時代而言。他們主持下的摩根士丹利是扁平型組織，最好的想法就獲得採用，而不是根據提議者的位階。對比之下，裴熙亮經營的添惠是家傳統公司。高層坐在金字塔頂端發號施令，沒有人徵詢基層員工的意見。根據我的觀察，裴熙亮也採用老式做法來升遷員工。想要出人頭地，似乎就必須成為他的盟友。大家也以為我是以這種方式經營固定收益部門，換言之，必須成為「約翰之友」才能升遷。當湯姆．狄龍警示我這個問題時，我請他提出一個更客觀的升遷程序。摩根士丹利在企業進化上，遠遠超越添惠。

還有其他差異。其中之一是團隊合作。在摩根士丹利，團隊合作是必要元素。數十億美元的併購交易，不是光靠一個人就能完成，需要大家通力合作，而且往往是歷經好幾個月的徹夜工作。交易員和銷售員的盤算經常發生利害衝突，必須齊心協力把債券賣出去。諸如此類的經驗把人和人連結在一起，培養出團隊精神。添惠的核心是個別零售經紀商構成的網絡，「合作」並無法推升他們的職業生涯，因為經紀商和客戶的關係才是關鍵。他們靠佣金維生，是一種「論功行賞」（eat what you kill）的概念。

在這次的合併案中，我被安排掌管添惠全國各地上千名零售經紀商。這個事業群的總部設在世界貿易中心（World Trade Center）。正如我過去把「魚缸」設在交易大廳的中間，我也想和零售經紀商及其管理者一對一互動。我想知道他們在工作上遇到什麼問題，我可以如何幫助他們的客戶。如果要領導他們，我需要了解他們。

「我想在添惠設立一間辦公室。」我告訴裴熙亮。

「不要。」他回答。討論結束。

後來，我發現裴熙亮之所以拒絕我的要求，是因為添惠的主管擔心我會拿放大鏡檢視他們。這正是我想做的。那就是我的工作。在沒有選擇的情況下，我勉強接受裴熙亮的決定。然而，我每次出差都會設法擠出時間去分行看看。例如我要去加州普萊森頓（Pleasanton）會見喜互惠超市（Safeway）的執行長，由於提前數小時到達，我決定順道去附近的添惠分行。我接受一些提問，也提出幾個我的問題：「你們需要我們做什麼？我們如何讓你們的工作更順暢？」

第二天，裴熙亮把我叫進他的辦公室。「我知道你去了添惠在北加州的分行。」他說。

「是啊，很棒。我得到一些很好的意見回饋。」

「約翰，你不能這麼做。」

我大吃一驚。「等等，你是說，我不能順道去分行嗎？」

「對。艾德・布倫納（Ed Brennan）當執行長時，從來不會不打招呼就造訪西爾斯的店面。他都是幾星期前就安排了。」

「這是我聽過最愚蠢的事！」我大聲吼道，「為什麼？好讓大家穿上對的襯衫，剪短頭髮，只因為『老闆來了』？這裡不是他媽的西爾斯！」

就在這一刻，我意識到自己並不尊重裴熙亮。我認為他沒有安全感，而那種不安全感似乎使他產生了領地意識。懷抱領地意識的領導者，也是很糟糕的領導者，因為他們把保護個人權力放在他們應該領導的機構之上。

在我眼中，裴熙亮把注意力放在強化他對董事會的掌控，而不是如何讓摩根士丹利更好。合併前，摩根士丹利的董事會，是一群會用頭腦冷靜思考的人，像是唐納·倫斯斐（Donald Rumsfeld）和迪克·錢尼（Dick Cheney）。當他們被輪替掉後，裴熙亮以一群對他忠誠的人取而代之，通常是來自中西部製造業的執行長。在我看來，他似乎會花心思取悅他們，假如某位董事要到南加州的海灘度假屋，裴熙亮會讓公務機加滿油，到跑道上待命。

儘管有這樣的摩擦，我從不對合併有所懷疑。數字是最好的證明。我們所有的事業群，包括財富管理、資產管理、固定收益、併購，都是一片大好。我們在首次公開募股的市場上排名第一，我們的股票以公司帳面價值的七倍成交。（帳面價值是公司資產減去負債。）我們已經做到應該做的，那就是為股東謀取利益。二〇〇〇年九月，摩根士丹利的股票來到高點，以每股一〇九．三八美元成交。我們是美國最賺錢的證券公司。

然後，網路狂熱開始冷卻。投資人發覺許多新創的科技公司把錢燒光，卻沒有一絲獲利的展望。突然間，「新經濟」顯得跟「舊經濟」半斤八兩，投資人必須有個鐵胃，才能持有一家正在貶值的公司的股票，哪怕它聲稱多麼尖端，能造成翻天覆地的改變。

和華爾街其他業者一樣，摩根士丹利也感受到了這股寒意。我們在電信業的高收益債券（也就是垃圾債券）的發行上虧損十億美元。裴熙亮將責任歸咎於投資銀行與機構證券的負責人彼得．卡爾契斯，迫使他離職。我到董事會去聲援，主張留任彼得，卻鎩羽而歸。我覺得裴熙亮似乎從來不了解一家像摩根士丹利這樣的頂尖公司是如何運作的：從過去到現在，風險是投資銀行固有的特質。我們必須承擔風險才能賺錢，其中一些風險導致虧損乃是在所難免。事情就是如此。

但是，彼得的非自願離職還有一個原因。打從一開始，他就無法隱藏對裴熙亮的輕蔑。有一天，裴熙亮做了一件讓彼得特別惱怒的事，於是彼得對裴熙亮說：「這就像是你在打美國公開賽，而你有十七分差點。」換言之，裴熙亮的程度差太多。

從我在一九七六年雇用彼得以來，我們一直合作無間。他的離開對我是個損失。我對上班失去熱忱。我搞不懂裴熙亮。我永遠不明白，在他那副飛行員眼鏡與和藹的外表背後，究竟在想些什麼。我從沒見過他生氣或跟人起衝突，但我觀察到，如果他覺得受到某個人威脅，這個人打包走人只是遲早的事。

科技公司持續失去魅力之際，當初在這些股票火紅時搶破頭買進股票的投資個體戶如今做鳥獸散，於是牛市（多頭市場）變成了熊市（空頭市場）。摩根士丹利的股票下跌四五％，二〇〇〇年十二月二十九日收在六五．八九美元。

凡是曾經在不景氣時期在公司工作過的人都知道這套戲碼：小團體形成，謠言滿天飛，遺散的疑慮出現，漫漫長夜開始。關於資本的配置，出現了爭議。我們要投資哪些領域？我經營的機構業務，包括權益和固定收益，是所有風險所在。裴熙亮希望大幅縮減風險，專注於零售和信用卡業務。

如果是我，會有不同的處理方式，正好也是我們的競爭對手所採取的方式。就在裴熙亮縮手的同時，高盛和摩根大通則是前進，尋找總是隨著危機而來的轉機。他們在摩根士丹利曾經獨霸的領域上大有斬獲，個人認為，我們失去了焦點和專注力，也失去了華爾街的領導地位。

但我不是主事者。事實上，我愈來愈沒有掌控力。一九九八年，裴熙亮拿掉我轄下的資產管理。二〇〇〇年，他又拿掉零售，但加入信用卡。每隔一段時間，我何時接替裴熙亮的問題就會浮現出來。我們賺的錢一樣多，但公司是裴熙亮在經營，我則愈來愈像個精神領袖。迪克．費雪很擔心他在摩根士丹利添惠看到的這些事。

「你必須給約翰更多責任，」他拜託裴熙亮，「他應該是執行長，你應該是董事長。」

但是裴熙亮給了我別的東西。「我的辦公室有一間私人衛浴，」有一天他對我說，「你也應該有一間衛浴。」他想給我象徵權力的東西而不是真正的責任，以此來安撫我。但這是行不通的。我愈來愈覺得，裴熙亮永遠不會讓我當執行長。

除了和迪克及克莉絲蒂的談話，我把我的擔憂放在心裡。我愈來愈有種被困住的感覺，於是決定向一位我由衷尊敬的人請益，就是精明、敢於冒險的億萬創業家菲利普・安舒茲（Philip Anschutz）。我知道菲利普是個口風很緊的人，他也會對我直言不諱，於是我飛到丹佛去找他。我是在一九八〇年代認識菲利普，當時他收購了南太平洋鐵路，摩根士丹利協助融資。菲利普將版圖擴展到電信、石油和娛樂等業務時，依然是我們的客戶。在此過程中，我們成了朋友。一個人會喜歡的人，也就這麼幾個。我經常到菲利普在科羅拉多州的農場作客，我們會去獵捕鵪子。

「我已經盡了一切努力要讓我和裴熙亮的夥伴關係持續下去。」我告訴他，「他是個障礙，我沒辦法越過他。我沒道理再留下來，但我擔心會讓摩根士丹利的人以及客戶失望。我不希望他們覺得我是落跑。」

「約翰，大家都知道你已經盡了全力。」菲利普說，「你放棄你該得的執行長位子，把自己放在第二位。你會做對的事情，因為你不曉得其他方式。」

菲利普・安舒茲給了我底氣，讓我做我該做的事。這很痛苦，但同時我想，**如果我即將死掉，我希望死得快一點**。留在摩根士丹利會被凌遲而死，每天傷痕累累。

我得離開。

＊＊＊

我人生的這段時期，讓我想起一段我極度不快樂的時期。當人們說到大學是人生的精華歲月時，我總是不以為然。在杜克並不是如此。我在莫爾斯維爾中學一直名列前茅，還是個全州足球明星。但我大一那年卻很震撼。那讓我知道我並非自己以為的那麼聰明，也沒那麼有運動天分。我第一學期的地質學差點被當掉，因為我有兩個月沒去上課，以為只要讀課本就夠了。但是，我一把主修轉到歷史，開始用功讀書，在學業上就沒問題了。

足球則不同，我去參加第一次練習時，以為自己大出鋒頭。練習第四天，我把左腳的韌帶拉傷，也導致我大一整年都無法上場比賽。等到拆了石膏，教練把我放到練習隊。舉例來說，如果我們星期六和克萊門森大學（Clemson）比賽，我們這個小隊就要把我們認為老虎隊（Tigers）可能會使用的戰術策略表現出來。我們就是砲灰。我在每一場練習時都被輾壓。我跟塊頭比我大、速度比我快、體格比我強壯，以及比我有天分的人競爭。有些人會進到NFL繼續打球。我以為我真的能夠增加價值，於是我去查看名單，發現我在第二隊。我有動力，卻沒能力擠進第一隊。

當時我十八歲，完全不知道自己在做什麼。在球季期間，我花很多時間穿上球衣去練習場。有時一天有兩場練習。我還記得那種心理壓力。教練在意的是贏球，不是球員。如果球員沒有贏球，教練就會被開除。我在傷害自己，卻毫無進展。無論我多努力練習，無論我在舉重室流多少汗，無論我多麼想要，都無法改變結果。我不斷問自己，**我到底在做什麼？**

最後，在大三那年，我總算可以上場打球，那是杜克對上北卡州立大學的比賽。我在北卡州大回防時觸地得分，群眾歡呼，感覺太爽了！

在那之後不久，有一回我們在練球時，教練要我把頭放低，對著截鋒的假人跑，以最大的力量撞過去。我分毫不差地做到了。接著就感覺脖子彷彿被撕裂般地疼痛，倒在了地上。

我弄裂了C4脊椎骨，它對支撐頭部和頸部非常重要。這次的傷沒有痊癒，我的上半身在痛。每次阻截對方球員時，我的左手就不聽使喚。當我告訴球隊醫生，一位骨科醫師，說我的左手失去了大部分知覺，他同情地看著我說：「孩子，你的足球生涯結束了。」

更慘的是，我總是手頭拮据。我的足球獎學金幫我支付了學費和住宿費。但是，特別是我父親在我大三那年過世後，我必須設法支付其他費用，從刮鬍膏到加油錢到約會的開銷。於是我想出一個天才伎倆，當醫學白老鼠。我志願做心理測驗，做一次十五美元。杜克醫學院付錢很慷慨。有個特別的實驗，要我騎一臺健身腳踏車，這臺健身腳踏車在一個管狀如潛水艇的高壓艙房中，提供一〇〇%的氧氣，用來治療一些受了傷無法痊癒的患者，以及罹患減壓症的深海潛水員。我戴上鼻夾，一根相當於麥當勞吸管大小的十六號針頭，強行戳進我的手臂。我盡最大努力拚命踩踏板，同時有位技師測量我血液中的氧氣和二氧化碳。兩位醫生透過玻璃舷窗觀看，並且做筆記。我對自己說，**我真是個他媽的猴子**。我踩著健身腳踏車，艙房裡的壓力從一大氣壓上升到二大氣壓。換言之，我就相當於在近三十三英尺深的水中踩腳踏車。我的臉愈來愈紅，呼吸愈來愈吃力，這痛苦和羞辱讓我賺進三十二美元，相當於今天的兩百三十五美元。至今我仍會做跟這次實驗有關的噩夢。

一天下午，我走進杜克學生健康服務中心（Duke Student Health Service Center），醫師問我哪裡不舒服。「我好痛苦。」我回答，「我必須去練習才能保住我的獎學金，但當其他隊友在球場上比賽時，我是在器材室清掃防滑釘、把水桶裝滿。每個星期六晚上，我得開車把球賽的底片送去高點（High Point），等著照片洗出來，凌晨一點才回得了家。我無法睡覺，無法專心，吃不下東西。我覺得自己不屬於杜克。」

「我認為你應該找人談談，」他輕聲說道，「一位心理醫師。」

「心理醫師？真的假的？」

「是的，有個治療團體，晚上會在這裡聚會，我覺得你會從中有所收穫。」

參加星期二的治療團體，對我真的有幫助。聽團體中比我年長的人談論配偶、孩子、職業生涯的問題，讓我對自己的問題有了不同的看法。我去了幾次之後就不再去，但我對於當初決定參加感到自豪。相信我，一九六七年，來自北卡羅萊納州莫爾斯維爾的足球員，不會跟治療師和陌生人談論他們的感受。但是請聽我說，當你覺得招架不住的時候，要尋求幫助。

我永遠不會忘記當時心情有多差，感覺對發生在我身上的事一點辦法都沒有。杜克球場上那些炎熱、潮溼、悲慘的日子，已經是幾十年前的事了。但當我從裴熙亮的辦公室出來，坐在摩根士丹利三十九樓的大廳時，我感受到了同樣的無力感。

＊＊＊

在迪克的催促下，我到麥迪遜大道附近，在東六十四街的雅典娜廣場飯店

（Hôtel Plaza Athénée）祕密會見了三位董事。我不是去談判，因為我心意已決。「摩根士丹利過去是任人唯賢，」我們在私人套房一坐下，我就開口說道，「裴熙亮領導下的摩根士丹利添惠則不是。該是我離開的時候了。」

後來我發現，迪克試圖讓董事會把我留下來。他已經卸任董事，於是來到摩根士丹利辦公室，坐在董事會開會的會議室外，等著被叫進去發言。最後裴熙亮把頭探出來，說他們沒興趣聽他說話。

二〇〇一年一月二十三日星期二，我走進裴熙亮的辦公室。「很顯然，你並不希望我在這裡。」我說，「我不能再這樣下去了。」

「好吧。」裴熙亮不帶感情地說。

「我不會做任何傷害公司的事，」我繼續說道，「我會保持正向的態度。」

第二天，摩根士丹利宣布我離開的消息。我對員工說完話後，是三分鐘的起立鼓掌。然後我走下了舞臺。一月二十五日《紐約時報》的頭條寫著：「摩根士丹利總裁辭職，震驚華爾街。」

那天晚上，應裴熙亮的要求，我搭上飛機，去參加一場外地舉行的會議，地點在亞利桑那州史考茲谷（Scottsdale）的巨石休閒度假水療中心（Boulders Resort & Spa），有大約七十位摩根士丹利的高階主管參加。我還是摩根士丹利的股東，在公司還有很多朋友，而我也希望公司愈來愈好。我露出燦爛的笑臉，在開幕的接待會中與大家寒暄。

第二天早上六點，我打開房門去拿《華爾街日報》，砰的一聲，門在我身後關上。我站在那裡，一絲不掛地被鎖在我的房門外。這實在太荒謬了，我開始放聲大笑。我拿《華爾街日報》遮住自己，沿著通往接待處的長廊爬行去取鑰匙。半路上我看到一位清潔人員，於是示意要他停下來。他以推車送我回房間，幫我打開房門。

就這樣，我在摩根士丹利的歲月結束了。

人是赤身裸體來到這世界，我猜走的時候也是。

第十七章
CHAPTER SEVENTEEN

Up Close and All in:
Life Lessons from a Wall Street Warrior

「我厭惡這場爛遊戲。」我告訴克莉絲蒂。我站在她的書房門口，幾年前我們家搬到了拉依（Rye）。時間是二〇〇一年春天，一個天空很藍的星期三下午，我才剛從帕切斯的高爾夫球俱樂部打完十八洞回來。我五十六歲，領悟到一件事：如果說，我的人生除了妻子和孩子，最重要的一件事是高爾夫球，代表情況不太妙。

很不妙。

現在我正式失業了。我被晾在架子上。我不需為錢發愁，這很重要。但是三十三年來，或者打從我八歲開始在父親的倉庫替雜貨裝箱以來，我第一次無所事事。之前的那個我，那個掌管全世界上萬員工的我，已經消失了。那個人天還不亮就從我家環形車道上車，上了車立刻開始打電話給幕僚，監控海外業務。到了辦公室，他有兩位主管助理負責記錄行事曆，以十五分鐘為一個單位，安排他的行程。重要會議一個接一個，所有電話留言都會回覆。他的助理就像航管員一樣，把來電排序，他跟一個人講電話的同時，下一個在線上等著隨時接聽，之後是下一個。他的行李箱永遠收拾妥當，護照總帶在身邊。他照慣例會飛越時區，去跟銀行家與世界領導人見面。

現在，這個新的我，整天盯著時鐘看。時間曾經是最稀少的資源，要以分鐘來計算，現在卻是要多少有多少。過去我以加倍的速率運轉，如今拚命想找事情做。我永遠不會忘記小學的合唱老師痛罵我的話：「約翰的歌聲會把馬嚇到魂不附體。」我去上歌唱課，這樣就可以在必要時高聲唱「生日快樂」。我還每天打高爾夫球，有時一天兩次。

我高中時第一次拿高爾夫球桿。我家沒有加入鄉村俱樂部，所以我朋友在附近的公共球場教我打球。到了紐約，我發現華爾街的人對高爾夫球是出了名的痴迷，當然，除了金錢。我上高爾夫球課，球技也愈來愈精進，最好的成績是十二個差點。在摩根士丹利，我經常把客戶和銷售員湊在一起打球。因為打一場球動輒要在球場花費四小時，高爾夫球是了解人的好方法。這些年來我發現，在果嶺上是什麼樣的人，在談判桌上也會是那樣。在高爾夫球場上作弊的人，生意上也可能不老實。

用一根大球桿擊打一顆小球，對我來說真的很紓壓。

高爾夫球場自然地成為搞笑麥晉桁的舞臺。我想到有一次把高爾夫球座擺在朋友的冰茶吸管底下還會笑得要死。當他滿臉通紅地把茶吸上來之後，才注意到我笑得前翻後仰。還有一次，在杜拜一處嶄新高調的高爾夫球場，每次我朋友推桿的時候，我就偷偷把他高爾夫球袋的繩子鬆開，等我們開到下一洞時，他的球桿滾出了袋子，身穿體面制服的果嶺服務員擔心地跑過來查看有沒有問題。等到我大笑，詭計才被拆穿。

到國內外各個不同球場，也有助於建立和強化友誼。我愛我的妻子和孩子勝過一切，我也愛我的朋友。人很容易就會困在工作和家庭的責任間，但友誼對我來說是不可或缺的。忽視朋友，友誼便會消失，這點再怎麼強調也不為過。

這幾十年來，我和摩根士丹利的三個人變得很親近，他們是傑瑞·伍德、麥克·蘭考維茲（Mike Rankowitz）和麥克·卡西迪（Mike Cassedy）。我們多次到外地打高爾夫球，但有時旅行的亮點和高爾夫無關。有個難忘的夜晚跟麥克·卡西迪有關，這位來自芝加哥的銷售高手，是彼得·卡爾契斯和我在一九八四年替固定收益事業群雇用並帶到紐約的。我帶固定收益銷售團隊在美國國家高爾夫球場（National Golf Links of America）的錦標賽中打兩天高爾夫球，這個高級球場位在長島（Long Island）的南安普敦（Southampton），我是球場的會員。球場的俱樂部會所建於一九一一年，可供住宿過夜。由於房間數量不足，我們得同宿一室。麥克和我是室友，同住一間活像是恐怖電影中老舊又令人毛骨悚然的小房間。

我在其中一張床睡著，凌晨兩點聽到麥克上廁所而醒來。麥克關掉浴室的電燈，在黑暗中摸索著回到床上。我趁他不注意時溜上他的床。他上床後，不假思索地小聲說：「茉琳嗎？」那是他太太的名字。

「是的，親愛的。」我拍拍他的手臂。

「約翰，你這王八蛋！滾出我的床！」

我的內心是個八歲男孩。

還有一次，傑瑞、蘭克（麥克．蘭考維茲的暱稱）和我週末去打高爾夫球，我們匆忙穿過擁擠的車陣，準時前往紐華克（Newark）機場。我們總算檢查好行李和高爾夫球桿，但是等我們到櫃檯時，發現班機被取消了。

「我們還是要去！」我宣布。我們發現另一班飛機在十五分鐘後起飛，但是我們的行李和高爾夫球桿不在身邊，而是託運到前一班飛機去了，於是我們揮手攔下機場的行李搬運工。「我可以在五分鐘內把你們的行李拿回來。」他打包票。蘭克從口袋掏出一張二十元的鈔票，說道：「太好了，去拿吧。」我伸手把二十元搶了過來，撕成兩半，給了他一半。「等你把我們的東西拿回來，我再給你另一半。」我說。

我們帶著高爾夫球桿上了飛機，但是因為一場意外的大風雪，只打了一天的球。幸好我們有當天晚上籃球比賽的票，只是白天沒事做，最後決定去打保齡球。我們開心地開彼此玩笑，交換保齡球鞋，當個如假包換的傻瓜。

假如你有二十年沒見到某人，說真的，你們之間的友誼還剩多少？你不需要花很多時間和你關心的人在一起，但保持連絡極其重要，會讓你想起為何你們在對方心中如此重要，從而創造新的記憶。

＊＊＊

高爾夫球是我在摩根士丹利幫助女性公平競爭的一種方法。隨著我在公司的職位升高，也更深刻感受到，儘管女性在加入摩根士丹利時，無論是聰明才智、教育與努力程度都和男性不相上下，升遷速度卻不及同時進公司的男性同儕。一九九二年初，我成為營運委員會的主席後，克莉絲蒂和我邀請四位女性員工和她們的配偶，到我們鹿谷的滑雪屋度週末，討論她們遇到的障礙，包括長時間工作、頻繁出差、雙重標準、懷孕和照顧孩子的議題。我知道我沒有權力消除這所有的挑戰，毫無疑問，投資銀行是個男性主導的行業，需要父母之中有一人待在家裡。

但是在我們的談話過程中，她們經常提到沒有受邀去和客戶與上司打高爾夫球，而這項活動曾經對我有莫大的幫助。結果，她們沒有一人曾經拿起過高爾夫球桿。「這些女性說，她們沒辦法拿到和男性同事相同的客戶，因為她們不會打高爾夫球。」我們在等著搭纜車時，我和克莉絲蒂說。我打算改變這個情況，領導者的工作之一，是排除和處理妨礙下屬前進的障礙物，任何使他們無法達成目標的東西。

於是我卯起來做。次月，我帶二十五位女性經理去基窪島（Kiawah Island）的一處度假中心，它位在南卡羅萊納州的查爾斯頓（Charleston）附近。我請來經驗豐富的教練蓋瑞．史密斯（Gary Smith），他在奧蘭多（Orlando）市郊的大衛．李貝特高爾夫學院（The David Leadbetter Golf Academy）教課。（大衛．李貝特至今依然是高爾夫球界的宗師，蓋瑞之後成為ＡＢＣ和ＥＳＰＮ的高爾夫球評論員。）有幾位女性已經會打球，蓋瑞和傑瑞幫忙改善她們的揮桿動作，其他人則從基礎學起。

基窪島的週末還有後續。我們帶好幾群女性到同樣位在北卡羅萊納州的藍佛鄉村俱樂部（Country Club of Landfall），以及湯姆．法吉歐（Tom Fazio）設計的鷹點高爾夫球俱樂部（Eagle Point Golf Club）。之後我們請一群女性到帕切斯的俱樂部打球，我們的後院緊鄰高爾夫球場的第三洞。「這些活動最棒的地方不僅僅是打高爾夫。」最近卡拉．哈里斯（Carla Harris）告訴我。卡拉是摩根士丹利全球財富管理事業群的副董事長，她解釋：「我有機會與公司的總裁共度一兩天，獲得這樣的曝光度，對於一個身處投資銀行界的黑人女性來說相當寶貴。」

最終，摩根士丹利的女性員工開始為她們的女性客戶舉辦一年一度的高爾夫球錦標賽。每年我受邀參與時，都覺得自己就像個驕傲的父親。但同樣讓我感到自豪的是，我不再是推動的力量。大家自動自發地接著做你當初開頭的事，是領導者所能期待的最好的一件事。

但是，這一切都是過去的事了。現在我和一夥退休人士混在一塊兒，他們除了打高爾夫球，啥都不做。

＊＊＊

很多人，特別是在華爾街，都擁有所謂的「數字」，也就是需要累積多少財富才可以辭掉工作。可能是五百萬，也可能是五億。數額不是重點，重點是他們想離開職場，去過自己的人生。他們或許是三十歲，或許是五十五歲。他們愛的是錢，不是工作。摩根士丹利有些優秀的員工是這麼想的。

我跟他們相反。我很愛錢，但我投入其中是為了工作。工作賦予我生活的目的和架構。我喜歡穿上在塞維街（Savile Row）的亨利普爾（Henry Poole）訂製的西裝，這家倫敦的公司從拿破崙的滑鐵盧戰役前就在做生意。我找機會跟客戶互動，並且了解訓練生。我從主持會議、做交易、負責做出艱困決定中成長。我喜歡壓力和風險。如今我無聊得要命，我認為我還在職業生涯的顛峰期，還可以做出很多貢獻。

這個冬天，我婉拒了被提名為美國證券交易委員會董事長的機會。我早在迪克·錢尼擔任摩根士丹利董事的時期就認識他，後來他成為小布希的副總統。「我很榮幸，副總統先生，」我跟他說，「但我不認為自己是監督者的料。」

我該何去何從？我試探了其他機會，但那些都沒讓我心動。克莉絲蒂從更深層的觀點來看這個問題。「約翰，」有一天我在家裡的前廳卸下高爾夫球袋時，她說，「我覺得，尋找其他興趣或許對你是件好事，可以在你的生活中找到一些平衡。」她曾經受邀在某個週末，去亞利桑那州土桑（Tucson）的米拉佛度假中心（Miraval Resort），參加為慈善家和醫師舉行的大會，議程是讓醫師更方便運用整合醫療在病人身上。「你應該來，約翰。」克莉絲蒂說。

幾個週末後，我們在獸欄裡參加度假中心的馬術體驗（Equine Experience）。關鍵是透過清晰、非語言的溝通，讓被獸欄圍住的馬抬起後蹄。幾位參加者沒能讓馬兒做出反應，有些人經過多次嘗試終於成功。團體中有位小兒科醫生花了一小時。

我跨步進入獸欄，馬就乖乖聽話了。我猜即使我一副無所事事的樣子，骨子裡仍然是個老闆。

＊＊＊

一天下午，我接到里昂內爾・平卡司（Lionel Pincus）打來的電話，他是個傳奇的創投業者，也是私募股權公司華平投資（Warburg Pincus）的董事長。這些年來，我們一起做成了幾樁交易。「約翰，我覺得你可以跟盧卡斯・穆勒曼（Lukas Mühlemann）聊聊。」他說。穆勒曼是瑞士信貸集團（Credit Suisse Group）的董事長兼執行長，這間巨大的瑞士銀行成立於一八五六年，擁有一百四十五年歷史，是全球九大綜合銀行之一，提供完整的商業和機構服務，與德意志銀行（Deutsche Bank）和匯豐銀行（HSBC）並駕齊驅。儘管大多數美國人對它並不熟悉，它卻是金融業的大哥大，在世界各地有幾十家營業處所。它的投資銀行事業群瑞士信貸第一波士頓（Credit Suisse First Boston, CSFB），總部設在曼哈頓，是華爾街上重量級的存在。

我和平卡斯與穆勒曼約在東五十二街的四季飯店共進中餐。這家簡約優雅的餐廳位在地標性建築西格拉姆大廈（Seagram Building）的一樓，是曼哈頓高階主管午餐時間出沒的地點。一位《君子》（*Esquire*）雜誌的記者，在描述餐廳具代表性的格里爾廳（Grill Room）時，創造出「權力午餐」這個新用語。

穆勒曼出生於蘇黎世，擁有瑞士的法律學位和哈佛MBA學位，在出任瑞士信貸集團的最高職位之前，曾經執掌麥肯錫的瑞士辦事處。他是個冷靜、從容不迫的人，並且一板一眼、即知即行。「我要請你來主持瑞士信貸第一波士頓。」

我正要動手吃午餐時，他說。

穆勒曼解釋，他正計畫把目前的執行長艾倫．惠特（Allen Wheat）換掉。公司在許多方面遇到問題，混亂的情況損害了銀行的股價。證券管理委員會和紐約的首席檢察官艾略特．史畢茲（Eliot Spitzer），正在檢討是否要針對幾位CSFB的銀行家收受回扣一事提起刑事訴訟。穆勒曼需要引進一位會做事、能收拾殘局的執行長。我懷疑他和我約在曼哈頓一家最容易被關注的餐廳共進午餐並非偶然。CSFB的情況相當棘手，我在想穆勒曼是不是想趕在蘇黎世的董事對他開鍘之前，讓他們知道他正在處理。「你具備我們想要的行政管理技能，約翰。」他說，「我們需要一隻八百磅重的大猩猩，而你就是。」

「讓我考慮看看。」我回答。我不會沒有和克莉絲蒂談過，就做出像這樣的重大決定，但我不會跟穆勒曼說。事實上，我跟克莉絲蒂沒什麼好談的，我曾經推掉執行長的冠冕，我不打算再犯一次同樣的錯誤。

瑞士信貸於七月十一日在倫敦解除惠特的職務。當七月十二日我的名字被宣布成為CSFB的新任執行長時，瑞士信貸的股價上漲了五%。《紐約郵報》

在隔天的標題「華爾街擔心大麥克攻擊」之下報導：「約翰・麥克，五十六歲，他的新工作是擔任瑞士信貸第一波士頓的舵手，可說是優雅轉身回到華爾街。」我的精神也為之一振。就在我上任前幾天，我希望對新公司有些了解。晚餐過後，我在黃色記事本上振筆疾書，寫著第二天早上的待辦事項，感覺蓄勢待發。

但是，有時我會想起當我跟人說我要接這份工作時，他們對我說的話。我重視我的朋友蘇菲亞・米亞・米爾斯（Sofia Mia Mills）的判斷，她在摩根士丹利的公務機上擔任空服員，我們曾經玩過上百小時的金羅美紙牌遊戲（gin rummy）和聊天。就在我雇用她之前，她曾經和幾位瑞士信貸的主管同機。當我告訴米亞，我即將去CSFB工作，她說：「哦，祝你在瑞士好運。」

我笑了。「約翰，我想你不懂我的意思。」她繼續說，「他們不一樣。他們製作鐘錶，他們是完美主義者，他們冷酷，他們缺乏彈性。」

我也打電話給傑克．瓦茲沃斯，請他到西五十四街的大學俱樂部跟我喝一杯。傑克在加入摩根士丹利前，曾經在第一波士頓工作十五年，而且是一九七八年與瑞士信貸談判成立五十／五十合資企業的成員之一。「你認為如何，傑克？」我們坐在優雅的酒吧，邊喝冰啤酒邊聊。

「這個嘛，我對瑞士的印象跟一九七八年那時候一樣。」他告訴我，「約翰，為了生存，你有兩個選擇。一是把第一波士頓分拆，讓它成為獨立的公司。第二是搬到蘇黎世。」

「不然的話，他們會整死你。」

第十八章
CHAPTER EIGHTEEN

會很開心的。當司機把車子停靠在麥迪遜大道十一號的CSFB總部前時，我心裡這麼想。這棟三十層樓的裝飾藝術摩天大樓建於一九三三年，巍然聳立於薄霧籠罩的夏季陽光中。

我即將成為華爾街上前幾大投資銀行的執行長，這是我第一次獨當一面。但我也接手了這個深受創傷的特許企業的兩萬八千名員工，這家公司經常上頭條，而且都不是因為好事。盧卡斯．穆勒曼下令要我整頓，實施更嚴謹的程序並且大幅減少成本。他不只是雇用麥晉桁，而是把「麥小刀」帶了進來。

我第一個雇用的人是史蒂芬．沃克（Stephen Volk），他是律師，擁有完美的信譽。我聘請他，也是對華盛頓和紐約的管理機關送出一個明確的信號，表示我嚴肅看待他們的調查。史蒂芬和我立刻雇用蓋瑞．林區（Gary Lynch）擔任CSFB的法律總顧問。一九八〇年代，蓋瑞曾經在SEC掌管執行部（Enforcement Division），調查過著名的華爾街人物麥克．米爾肯（Michael Milken）和伊萬．布斯基（Ivan Boesky）的內線交易。〔電影《華爾街》（*Wall Street*）中的哥頓．蓋科（Gordon Gekko）是以布斯基為模型，他的座右銘是「貪婪是好事」。〕蓋瑞和我做的頭幾件事，包括親自飛到華盛頓與主管機關會面，我承諾他們：「你們會獲得更好的配合。」

CSFB面臨的其他問題，很多源自它在十一個月前，以超過一百一十億美元收購帝傑（DLJ）所導致的災難。DLJ成立於一九五九年，是一家作風大膽、有朝氣的投資公司，但是收購價高得離譜。我的前任艾倫・惠特精簡人事的程度與我認為必要的相去甚遠。「這就像是諾亞方舟！」史蒂芬跟我說到投資銀行單位，「每件事都有一體兩面。」

CSFB的薪資和紅利，也讓華爾街其他同業相形失色。我得阻止銀行再亂撒錢。這家公司充滿了MBA和金融奇才，許多人試圖從公司挖到最多的薪酬，他們似乎不介意在這過程中是否會把CSFB害死。典型的企業是從每一美元的營收中，發放二十至二十五美分給員工。由於人才是投資銀行的主要資產，因此通常每一美元收入會發給員工五十美分，另外一半則給股東和支付行政成本。但是CSFB是每一美元收入有六十美分進入員工口袋。對於營收數億美元來說，每一美元多付十美分，差別就很大了。

還有另一個問題，那就是合約的書寫方式。無論公司獲利多寡，CSFB的員工拿到的薪酬都一樣，導致無法實施「根據績效支付」的概念。

結論是，CSFB當年度即將虧損十億美元。

還不光是薪水，津貼補助也令人咋舌。DLJ的每一位執行董事，都可以租用一輛由公司支付的豪車，並且擁有金額不限的加油卡。如果你進入管理委員會，配偶也能同享VIP的交通禮遇。許多CSFB的高階主管也擁有私人飛機。

我曾邀請湯姆．尼德斯加入CSFB，他曾在迪克和我執掌的摩根士丹利負責媒體策略。他是我的吉米尼蟋蟀（Jiminy Cricket，小木偶皮諾丘的良心），每當我快要做出傻事時，他總是會讓我懸崖勒馬。「你他媽瘋了嗎？」他會說，「那是**很糟**的想法！」

有一天，湯姆走進我的辦公室，看起來快要爆炸了。「湯姆，我幹了什麼蠢事？」我問。但這次不是我。「約翰，你不會相信的，」他在空中揮著厚厚一疊的費用報告書，「這裡有些人正在用公司給的加油卡幫他們的私人飛機加油！」

當高層沉湎於公司補貼的奢侈生活時，CSFB的大多數員工並未享有這類津貼，也沒有領巨額的薪水。事實上，士氣低落的大多數人並沒有合約，而且收入遠低於他們該得的。

我必須廢除這套功能不良的制度。

我在CSFB的禮堂召開常務董事會議。「我希望你們每一位放棄合約的二五%，」我說，「我也希望你們叫你們的員工比照辦理。相信我，我會記得誰合群，誰不合群。」我的要求彷彿是在冷天裡喝冷湯。座位中響起一個聲音，「約翰，你會不會放棄你收入的二五%？」

「會。」我說。這個字就從我口袋拿走八百萬美元。

幾天後，主持槓桿融資與私募股權（Leverage Finance and Private Equity）的班奈特．古德曼（Bennett Goodman）來到我的辦公室。「我的團隊願意退回紅利的二五%。」他告訴我。我的背往椅子上一靠，給了他堅定的眼神，說道：「謝謝你，班奈特。」然後繼續看我桌上的彭博螢幕。

他的臉沉了下來，轉身離開，明顯洩了氣。

班奈特回到辦公桌前，他的電話響了。助理跟他說：「有個叫麥克什麼的正在線上。」

「誰？」班奈特問。

「我不知道——他的姓很長、很複雜。」

「問他怎麼拚。」他告訴她。

助理回來，說是麥克．薛塞斯基——一級大學男籃史上最多贏球紀錄的教練——班奈特以為是誰在跟他開玩笑。他接起電話，說道：「嘿！教練，你好嗎？」裝做一副跟他很熟的樣子。

電話那頭是杜克有名的K教練。

我剛來到CSFB時，看到班奈特的辦公室有一本K教練的書。「你是杜克的球迷嗎？」我問他。

「相當狂熱！」班奈特回答。

一九九〇年我帶兒子約翰去丹佛觀賞四強賽時就認識了K教練。我和麥克除了都熱愛杜克，還有許多共通處。我們聊天時總是言之有物，我們喜歡並且尊重彼此，我們都重視絕對的誠信，也都認為果斷是領導力的核心。他如同我的兄弟。

「你應該知道麥晉桁是我很要好的朋友之一，」K教練告訴班奈特，「他是個沒心肝的王八蛋，但你溫暖了他的心。他告訴我，他今天收到了最好的消息。他簡直無法置信，你跟你的下屬慷慨犧牲，讓團隊更成功。」

班奈特問：「為什麼他不自己跟我說？」

「他是個情感豐富的人。」K教練回答，「他認為如果是我來說，對你會更有意義。」

***

我巧妙地滲入公司的每個角落。CSFB有一間高雅的合夥人用餐室，食物美味無比。餐室有一張公用餐桌，人們在那裡享用白酒蘑菇燉小牛肉（Zürcher Geschnetzeltes）等瑞士美食，從中午一直打混到下午三點。

也就是說，直到我出現為止。

「今天你要拜訪誰？」我會問不同的合夥人。「我可以怎麼幫助你的客戶？

給我點事情做。我很樂意去拜訪、開會，或者飛到任何地方。我會做任何事來幫助你達成交易。」我希望盡我所能為CSFB創造各方面的優勢。

我的直截了當嚇到了某些人。原本會去吃中飯的人開始打電話給主辦者問道：「約翰在嗎？」如果我在，他們就在自己的辦公桌吃飯。但是不久，比較有雄心的銀行家開始說：「我跟客戶的每一場會議，都希望約翰參加。」

一天早上，我察覺到又有一個建立文化的機會。當時是八月中旬，曼哈頓有時很悶熱，但我走向CSFB總部時看到的情景，可以拿這當藉口嗎？絕對不能。我無法置信。有個人穿著牛仔短褲來上班，毛茸茸的腿暴露在外，全世界的人都看得見。

我一路看著他，跟著他走進電梯，仔細看他按哪一層樓。等他踏出電梯，我也跟著出去，跟著他走到他的辦公桌。然後我去找他的上司。「你有看到你的員工今天穿什麼來上班嗎？」我問。「我知道今天是週五便裝日（casual Friday），但也得有個限度。上班就要有上班的樣子，老兄。你去叫他到附近的Gap買一條像樣的卡其褲。我不希望這棟樓有任何人衣著不得體。」

花時間去捉捕一個時尚的異端份子，對我來說值得嗎？

當然值得。

我希望CSFB的人對自己的工作和他們所展現的公司形象感到自豪。我希望那位「牛仔短褲先生」的上司了解，他要為員工的所作所為承擔責任。管理者有責任把我在上層建立的文化往下推行。

話傳了開來，就像我在摩根士丹利斥責那位讓三明治外送員等待的交易員一樣。

***

九月九日星期天，我在帕切斯的高爾夫俱樂部打了一輪球。我已經來到CSFB八個星期，高爾夫球在我生活中重新回到了正確的位置，也就是，從繁忙的行程中硬擠進去。我的心情很好，CSFB的情況遠比我預期的糟糕許多，但我們正在進步。

許多執行長在接管一家新公司時所犯的一個錯誤，就是帶進一批自己的人，無視原本就在那裡的員工。我最終雇用了幾位在摩根士丹利被我信任的人才，包括孫瑋、傑夫・薩爾茲曼和傑瑞・伍德。但我也尋找CSFB內部有天賦的人。我在那裡待愈久，就發現有愈多人才可以重用。

我也在外部物色一流人才。九月十一日星期二，我約了私募專家布萊恩・芬恩（Brian Finn）吃晚餐。私募股權公司在投資一間公司後會協助其經營，布萊恩曾是第一波士頓的青年才俊，但於一九九七年離開CSFB。我想引誘他回來。

我們的晚餐將被推遲了。

那天早晨大約八點四十五分，我在CSFB總部二十七樓的主管會議室，準備主持管理委員會的會議。我從面南的大窗看到濃密的黑煙往市區萬里無雲的天空翻騰。「怎麼搞的？」我問。大家坐在椅子上轉向凝視。「是起大火了嗎？」其中一位猜。我們打開CNN，播報員說，一架飛機撞上世貿中心的北塔。

接著是第二架飛機。這次是南塔。

我們震驚而沉默地站著，我在心裡快速清點了家人。我知道克莉絲蒂沒事，她人在拉依。三個孩子都成年了，住在曼哈頓，完全沒有理由出現在華爾街附近的任何地方。

我很擔心我們位於五號樓的辦公室，那裡有CSFB的八百多名員工。我們得知窗戶被炸碎，建築物遭受大面積損害。人們正在被清點和疏散，但有幾位員工失蹤了。湯姆．尼德斯發狂似地試圖要找到他們。

最後，CSFB失去了一個人。四十二歲的常務董事史蒂芬．葛利克（Steven Glick），最近回到公司以便多陪陪家人。他在世界之窗（Windows on the World）參加金融技術研討會，這家地標餐廳位在北塔的一〇六樓和一〇七樓，以絕佳視野聞名。史蒂夫身後留下妻子和兩個分別是六歲與四歲的孩子。

湯姆在講電話，我抓起另一隻電話，出於本能地打到摩根士丹利。我的職業生涯有大半時間在這家公司度過，它也是世界貿易中心最大的房客，有將近三千七百位零售與資產管理的員工。當天摩根士丹利失去十三位員工。其他公司遭遇了無法想像的損失。每一位——總共是六百五十八位——在九月十一日到世貿中心一號大樓的建達公司（Cantor Fitzgerald）上班的人，全數罹難。

許多銀行的電腦系統都當機了，這意味著他們沒有自己買進賣出的資訊。逃過一劫但想趁亂打劫的公司，可以承認對自己有利的交易、拒絕對自己不利的交易。但這不是我的作風。「我們的情況很不錯，」我對團隊說，「假如讓我抓到有人利用這個時候占對手便宜，我會開除他們。」

我永遠不會忘記那天早上我接到的幾通電話。後來成為中國國務院副總理的王岐山，打來問我是否安好。中國人民銀行行長周小川也打來問候。「約翰，」他說，「我看到發生的事，心都要碎了。」

時間一分一秒過去，市區辦公室的同事零零星星地出現了。他們身上滿是灰煙，因為極度驚嚇而一臉茫然。有些人在逃竄中掉了鞋子而光著腳。由於地鐵幾乎是立即被關閉，CSFB的員工得步行二·五英里，穿過瓦礫堆、刺鼻的煙味，以及向南呼嘯而去的救護車所發出的尖銳鳴笛聲。我們為他們準備了飲水、食物和電話。在這創傷的時刻，我必須讓大家看見。這時候要記住，領導是動詞而不是名詞，大家需要看見有人指揮若定。

九月十二日星期三，紐約證券交易所董事長迪克．葛拉索（Dick Grasso），把我和幾位華爾街的執行長叫去開會。議程是：多久可以重啟市場？我認為，金融制度盡快開始運轉至關重要。美國資本主義的象徵崩塌了。天際線出現巨大的裂口，災變現場還在冒煙。展現國家韌性最好的做法之一，是重新開始交易。但是，由於威訊（Verizon）服務下曼哈頓區的地下電話與網路電纜遭到破壞，股市直到九月十七日星期一才重新開始。

在這段日子裡，我很難把持自己的情緒。我問了暱稱「史奇普」的法蘭克．鮑曼（Frank "Skip" Bowman），他是我大學時期的朋友，後來成為美國海軍的四星上將。「你在軍隊接受訓練來處理類似情況，」我說，「你了解有些人沒辦法回家，這是服軍職的部分特點。但是這些一如往常在星期二早上去上班的人，他們的家人萬萬沒想到他們再也回不了家，你會怎麼處理這種情形呢？」我在《查理羅斯秀》（*The Charlie Rose Show*）節目中，重述了這段鼓勵的話：「在這個國家，看見大家齊心合作，我感到很光榮。我認為，歸根結柢，我們是戰士。我們是倖存者。我們不會被威嚇。」即使我說了這些話，還是在鏡頭前崩潰了。

＊＊＊

布萊恩．芬恩和我見面吃晚餐，是在原本約定的九月十一日的幾個星期後。

「你喜歡你現在工作的哪些方面？」我問。

「我很喜歡這家公司，我喜歡那裡的人，我喜歡我的團隊。」布萊恩說。「老實說，最有趣的公司，就是搞砸了的公司。」

「布萊恩，」我趨身向前，說道，「我這裡有一家全世界最大、被搞砸得一塌糊塗的公司，回來CSFB幫我整頓它吧。」

他答應了。

我在日曆上又訂了一次公事晚餐，這次在十月三日。我打電話給法蘭克．奎特隆（Frank Quattrone），他是CSFB有名的銀行家，在加州帕羅奧圖（Palo Alto）替我們做科技業的首次公開募股。二〇〇〇年，他撈進一．二億美元。當時華爾街的人賺很多錢，但沒有人像他那樣，他的收入比從事類似工作的其他人多出十到二十倍。我告訴他：「我們需要聊聊。」

我認識法蘭克很久了，一九七七年他從華頓商學院一畢業就進入摩根士丹利，並在一九八一年史丹佛商學院畢業後再度加入。由於他預見電腦和網路將改變經濟和世界，於是在矽谷成立摩根士丹利的技術團隊。一九八〇年代，矽谷還是個小社區。怪咖、創業企業家、創投家、律師——法蘭克全認識。

一九九〇年，法蘭克負責思科（Cisco）的首次公開募股。五年後，他是造成轟動的網景首次公開募股的掛名負責人，讓全世界正襟危坐地關注科技股。不久，法蘭克來找迪克．費雪和我，要求我們允許他在加州的公司裡成立一家公司，並讓他分享收入。

迪克和我立刻察覺，法蘭克的提議會給一位常務董事太大的權力、太多的金錢，同時太少的監督。這將毀壞我們建立起來的「團結一體的公司」文化，因此我們的答案是立即且明確的「不」。

法蘭克跳槽到德意志銀行，一九九七年負責亞馬遜的首次公開募股。一年後，他和他的團體加入CSFB。法蘭克拿到的合約，讓他幾乎完全掌控他的團隊，換言之，是法蘭克決定雇用誰、開除誰，以及付給誰多少錢，而不是CSFB。法蘭克的合約意味著，雖然我在**名義上**是CSFB的執行長，但我不是法蘭克或他團隊中任何人的主管。我無權置喙他們承擔的風險，或者他們可能迴避的法律和道德規範。

我必須設置護欄機制，而且要快。

要了解這件事有多麼重要，得回到一九八〇年代末。麥克・米爾肯曾經是德克索投資銀行（Drexel Burnham Lambert）的超級巨星，靠著銷售垃圾債券為自己和公司賺進數十億美元。米爾肯賺取的龐大獲利，蒙蔽了德克索的執行長，因而沒能管好這位孤狼員工。在米爾肯因為違反聯邦證券與稅法而鋃鐺入獄後，德克索也被迫破產。在一九九〇年，成為大蕭條以來第一家宣告「十一章」（Chapter 11）的投資銀行。

我監督下的CSFB不能發生這種事。

史蒂芬・沃克和我約了法蘭克在密蘇里州堪薩斯城見面，這裡剛好是我們雙方的中間點。我開門見山說道：「法蘭克，我不打算繼續維持公司和你之間的約定。我們要重擬你的合約，否則我打算終止一切。」

「你不能這麼做，」法蘭克回答，「這是一份合約。」

「我可以。」我說，「我相信我在法律上站得住腳，我也有上法庭的準備。」

對我來說，法蘭克的合約賦予他太多的掌控權，違反了證券公司的規章制度。我知道我想在哪裡設停損點，我也知道為此我必須強硬起來。當你在談判的時候，唯唯諾諾無法達到目的。

在我們起身之前，法蘭克及其團隊同意和史蒂芬與蓋瑞・林區一起擬定一紙新合約。

但我和法蘭克之間的問題才正要開始。在科技股狂熱時期，法蘭克負責的首次公開募股居華爾街之冠。二〇〇一年，當前景看好的網路沒有兌現承諾，為美國的一般投資人帶來財富，法蘭克成為眾矢之的，從而成為州和聯邦執法機關的調查目標。我們必須付出數億美元的罰款。

然後是臭名昭彰的「法蘭克之友」。二〇〇二年九月，《華爾街日報》登了頭版獨家新聞，是關於他的團隊如何把價值不菲的ＩＰＯ股票提供給網路公司的高階主管，期待能搶到他們的投資銀行業務。這次我們又付出罰金。但是，頭痛的事還沒完。七個月後，聯邦檢察官起訴法蘭克妨礙司法及干擾證人，這個案子主要是以二〇〇〇年十二月所發生的事件為中心。一位CSFB的律師告訴法蘭克，他的團隊會受到大陪審團（grand jury）調查，之後法蘭克轉傳一封電郵，指示如下：「是時候清理檔案了。」這只是單純的年終數位大掃除嗎？或者如同檢察官指控的，法蘭克叫他底下的人湮滅證據？

我請蓋瑞調查這點。「約翰，在我內心深處，」他告訴我，「我不認為他是在那個訊息中叫大家去銷毀文件。」

我只需要聽到這個，我信賴蓋瑞。

在法蘭克第一次審判以無效審判告終後，接著陪審團裁定他在所有指控上都是有罪的，後來上訴撤銷判決。最後政府撤訴，並取消針對法蘭克終生不得在證券業工作的禁令。

撇開結果不談，法蘭克的英雄事蹟證明迪克和我這一路以來都是對的。萬萬不可給予**任何人**封地。

＊＊＊

二〇〇一年成為十年間併購和首次公開募股最糟的一年。就在我和史蒂芬從堪薩斯城回來的那個星期，我宣布公司必須刪減十億美元成本，並且裁撤紐約和倫敦共兩千個工作崗位。我知道我讓大家痛苦，但我別無選擇，來自蘇黎世的解雇通知，目的是要使公司的營運更有效率。

次年春天，我宣布新一輪的裁減。這次是三百個高階主管的位子，包括五十位常務董事。我把這重擔交給事業群的主管。我把阿德巴約·奧貢勒西（Adebayo Ogunlesi）提拔為投資銀行的負責人。他出生於奈及利亞，綽號叫巴約，畢業於英格蘭的牛津大學，並在哈佛獲得法律與ＭＢＡ雙學位。之後擔任最高法院法官瑟古德·馬歇爾（Thurgood Marshall）的書記員，成為第一位在美國最高法院擔任書記員的非美國人。

我賦予他的任務，並沒有因為這些令人印象深刻的資歷而變得輕鬆。巴約必須裁掉很多人。「有一陣子，人們看到來電的人是我就不接電話。」他對我說。幾年後，巴約說他一看到是我來電，就曉得會發生什麼事。如果我第一句話是：「嘿！老兄。」表示我們的對話會很愉快。如果不是，巴約就知道他有麻煩了。我自己都不知道還可以這樣分辨。

二〇〇二年七月，我在CSFB即將滿一年，我覺得很愉快。但是接二連三的麻煩衝著CSFB的母公司瑞士信貸集團（CS）而來。DLJ只是盧卡斯．穆勒曼那些災難性收購中的一個。當年CS的股價暴跌三五%，也是歐美表現最差的銀行。虧損令CS股東極為憤怒，要求整頓高層。

為了平息眾怒，穆勒曼提議他卸下公司董事長的職務，但繼續擔任執行長。他和他的董事會來到紐約，說明他們正考慮引進一位有銀行背景的瑞士學界人士來擔任董事長。

「你覺得如何？」盧卡斯在午餐時問我。

我給了他一份艾莉絲．麥克分量的坦誠。「呃，你們想做什麼就去做，但我絕不會帶這個人去見客戶。他這人平庸又無趣，就算把生意擺在銀盤子裡給他，他也做不成。」

結局是？穆勒曼離職，這位學界人士沒有被雇用，瑞士信貸的董事沃特・奇霍茲（Walter Kielholz）升任董事長。

我被要求接任瑞士信貸的執行長，這次的升遷需要我和克莉絲蒂搬到蘇黎世。但在當時，我們並不想改變生活方式。瑞士信貸的董事會還堅持我必須學習瑞士德語，這是他們在蘇黎世說的方言。「我沒時間上語言課程。」我說。

董事會決定讓我擔任瑞士信貸的共同執行長，繼續留在紐約，和奧斯華・葛魯貝（Oswald Grubel）一起分攤工作。以「奧茲」這個暱稱為人所知的葛魯貝是德國人，他會在蘇黎世坐鎮。奧茲在瑞士信貸三十年，是同事口中板著臉的工作狂。我們繼續進行嚴格的成本刪減。最後，奧茲和我總共開除了一萬名員工。

在我的職業生涯中，曾經與六大洲的人打過交道，我對自己竟然和瑞士人處不來感到驚訝。有一回，奧茲、史蒂芬・沃克和我，與他們的政府主管機關開會，他們堅持只說瑞士德語。史蒂芬和我完全聽不懂他們在說什麼，他們也沒有應我的要求提供翻譯，結果這工作就落到奧茲頭上。這件事說明了他們有多封閉且傲慢。

再舉一個例子。瑞士的國家航空公司瑞士航空（Swissair）過度擴張，九一一事件發生後，人們暫時停止搭飛機，於是財務上面臨嚴重的衝擊，生意很快就一落千丈。由於航空公司雇用大量員工，瑞士政府遂施壓瑞士信貸，要求提供巨額貸款給這家航空公司。即使這樣也救不起來。十月三日，瑞士航空的現金用罄，機隊無法升空。瑞士電視臺報導，有超過四萬名旅客滯留在世界各地。

就在我被任命為共同執行長後，政府又來要求提供更多貸款。我對董事會表明嚴正立場：「你們這是把錢扔進無底洞裡。絕對不能再給貸款了。」沃特．奇霍茲和董事會還是再度對航空公司紓困，我生氣極了。

我們在討論CSFB的員工薪酬時，董事會也讓我生氣。班奈特．古德曼等人在二〇〇一年把大額金錢交還給公司。二〇〇三年，我讓CSFB轉虧為盈，賺了十四億美元。公司裡的班奈特們相信我會做對他們好的事，我希望獎勵他們的成就，以及他們早先做出的金錢犧牲。但是蘇黎世的小氣鬼們試圖阻止我。就是那時候，我當著他們的面說他們愚蠢。

在目睹過幾場「戰爭」後，湯姆．貝爾（Tom Bell），這位我帶進董事會的朋友，也是同樣出身於南方的夥伴，讓我在蘇黎世一間飯店的酒吧裡坐下來。他在不動產和廣告公司擔任執行長達數十年。「約翰，你必須停止。」他說。

「停止什麼？」我問。

「每一次的薪酬會議，你都跟董事會說他們很愚蠢。」他說。

「湯姆啊，我忍不住。他們確實愚蠢。他們擁有一家很好的公司，而他們正在揮霍它。」

公司開始賺錢，紐約的氣氛也變得輕鬆了一些。二〇〇三年夏天的慈善活動中，我穿上連身的灰絲絨鯊魚服，一面跳舞一面對嘴唱著〈尖刀麥克〉。二〇〇一年那個沒心肝的人，現在變得很搞笑。公司回歸正軌後，我要往前看。對我來說，合理的下一步會是尋求和一間大銀行合併，如此將給我們更多金融上的火力。瑞士信貸的董事會不同意。

二〇〇四年六月二十三日晚上，瑞士信貸的董事會在曼哈頓聚餐。我完全不知道董事會正打算除掉我。

第二天一大早，湯姆．貝爾衝進我的辦公室。「約翰，他們不跟你續約，」

他說，「他們今天要在董事會上表決。」

「這群渾蛋。」我對湯姆說。

然後我放聲大笑。

奧茲成為瑞士信貸的唯一執行長，他的子弟兵布萊迪．道根（Brady Dougan）取代我，成為CSFB的執行長。就這樣，粗魯地結束了我跟這群瑞士人共事的時光。但我對我們的成就感到驕傲。二〇〇一年虧損十億美元，二〇〇二年虧損十二億美元後，我讓這間衰弱的銀行恢復了生機。我們有了巨額的獲利，並且和主管機關有良好的溝通。我會希望在那裡多待幾年嗎？或許吧。這個草率弄走我的舉動，會讓這群瑞士人明白自己很愚蠢嗎？或許不會。

但是就如我當初預測的，我在這裡度過了美好的時光。

第十九章
CHAPTER NINETEEN

二〇〇五年一月十二日星期三，天氣寒冷而天色明亮，帶點微風，是個天氣和煦的日子，而我們要去參加告別式。克莉絲蒂和我穿著一身黑服，陰鬱地走進河濱教堂（Riverside Church），它位在紐約上西城晨邊高地（Morningside Heights）街區一帶。我們去參加迪克．費雪的告別式。迪克於十二月十六日去世，才六十八歲。六年半前，迪克被診斷出罹患前列腺癌。他勇敢面對疾病，就像他對待每一件事的態度，毫不畏懼。我從沒聽迪克抱怨過——甚至沒有承認過——因為童年時期罹患小兒麻痺，他褲子裡面是一雙鋼製的腿部支架。下意識地，我相信迪克一定能克服病魔，沒有任何事能打倒他。這讓我更難理解他已經離開的事實。

這座巍然的哥德式拱形教堂，是根據十三世紀著名的法國沙特爾大教堂（Chartres Cathedral）設計的。克莉絲蒂和我看著先是教會長椅坐滿人，然後是走道，人群多到只有立錐之地，顯示迪克受人喜愛和景仰的程度。他的鞋匠來了，紐約市長麥可．彭博（Michael Bloomberg）也到場。除了迪克在華爾街無懈可擊的聲望與他對藝術的慷慨支持，他也是真心喜歡並且樂於和人們共處。

一九七二年，我們第一次在摩根士丹利合夥人餐廳吃午餐時，我就看到他對每個人都是同樣的溫暖、幽默，而且睿智。巴德學院（Brad College）的校長里昂・波茲坦（Leon Botstein）發表其中一篇悼辭。迪克將時間和金錢都奉獻給位在紐約市以北一百一十英里的這間小小的文理學院。波茲坦形容迪克具備了「專注於他人身上的優雅天賦」。我坐在克莉絲蒂旁邊握著她的手，心裡想著：完全正確。**這就是迪克如此與眾不同的原因**。

離開教堂時，我們停下腳步，跟摩根士丹利的朋友寒暄。「感覺這不只是迪克的告別式，」其中一位說，「而是一個時代的結束。」其他人點點頭。我什麼也沒說。這時我已經離開摩根士丹利四年了，早已隔絕了離開時的痛苦。

其他老鳥則抱怨道：「你們有沒有看到，董事會連來個人都懶？」我有留意到裴熙亮和彭博以及一小撮摩根士丹利的資深員工坐在一起。但是沒有董事會的人。我很高興那些輕視迪克的人沒有參加告別式，但還是令我感到驚訝。在摩根士丹利工作超過二十五年的投資銀行主管塔瑞克・阿布德梅蓋德（Tarek Abdel-Meguid）——大家通常叫他泰瑞・梅蓋德（Terry Meguid）——來跟我握手。「約翰，」他說，「這裡亂得一團糟。我們必須請你回來。你得回來主持摩根士丹利。」

我來這裡不是要來談論摩根士丹利、裴熙亮，或者扼殺公司的平庸文化。我總認為一旦離開球場，就不該在星期一早晨又回來當主將。所以我只是回答：「泰瑞，我之前才確認過，某人確實是在主持摩根士丹利。」

「呃，」泰瑞說，「只是行不通。」

當時，我並沒有預見到，接下來半年，在摩根士丹利守舊派當中滲透的不滿情緒變得這麼嚴重。正如比大多數人了解摩根士丹利的路易斯·伯納德所說：「這就好像一八六〇年的美國，你感覺到一場戰爭即將發生，但你不知道它將如何被解決。」

＊＊＊

整頓一家數萬名員工的公司，每個月飛到蘇黎世，和瑞士人短視的決策奮鬥，使我沒有時間停下來，評估工作以外的事。但是，在前一年六月離開瑞士信貸後，我盤點了一下自己的生活。我告訴克莉絲蒂：「我透過電話和朋友交談，但我從沒去見過他們。我想和我在意的人共度時光。」沒錯，我在高爾夫球場見朋友，克莉絲蒂和我也會跟不同的夫妻吃飯，但還是遺漏了很多人。

「與其讓你的六十歲生日那天變得只是又老了一歲，我們何不把它變成一種重新連繫的方式？」她建議。

我老婆是個天才。

二〇〇四年十一月有三天連假，我們邀請八十二位朋友到巴黎度假。我們安排大家住在香榭麗舍大道（Champs-Elysées）末端的克里庸大飯店（Hôtel de Crillon），這間五星級飯店位於十八世紀的皇宮內，可以俯瞰協和廣場（Place de la Concorde）。我喜歡把朋友湊在一塊兒共享這樣的體驗。

我們以月光下的遊船和塞納河上的晚餐，拉開了慶祝活動的序幕。第二天，我們包下具代表性的威尼斯新普倫東方快車（Venice Simplon-Orient-Express）前往諾曼第，一位法國嚮導帶我們去奧克角（Pointe du Hoc）的德國地下碉堡，然後前往猶他海灘（Utah Beach）與奧馬哈海灘（Omaha Beach），以及其他諾曼第登陸日（D-Day）的地標。這趟旅程的最高潮，是在諾曼第美國公墓與紀念館（Normandy American Cemetery and Memorial），它位於濱海科勒維爾（Colleville-sur-Mer）的峭壁上，俯瞰著英吉利海峽的奧馬哈海灘。九千三百八十六名美國士兵在此長眠，許多人才剛成年，就於一九四四年聯軍入侵法國時陣亡，也是我出生的那一年。一排接著一排的白色十字與大衛星（Star of David），標記著他們的犧牲。我的兩位同父異母哥哥喬治與飛利浦都打過二戰，也都平安回家。嚮導指著其他沒有那麼幸運的弟兄的墳墓，隨著傍晚逐漸逼近，在〈安息號〉哀戚的樂音中，士兵降下美國國旗，將折疊整齊的三角形交給彼得．卡爾契斯。我很高興彼得和他的妻子蘇珊可以來，當時他正在對抗白血症，兩年後過世，享年五十四歲。我們這群人都流淚了，向悲壯的一日致意。

最後一個晚上，我們在艾菲爾鐵塔頂樓辦了一場黑領帶晚宴，有香檳敬酒和祝賀影片。看著影片，我心想，**許多人以為六十歲是老人，他們錯了**。在六十歲這年，我知道自己擁有很多精力和經驗。我熱愛投資銀行，我還想做更多。

＊＊＊

一月，就在迪克告別式前後，我的老友亞瑟．山伯格（Arthur Samberg）邀請我到畢卡瓦資本管理公司（Pequot Capital Management Inc.）與他共事，這是一家六十五億美元的避險基金。（避險基金是投資水庫，利用不同策略來製造獲利，即使是在市場動盪或下跌的時候。）我透過拜倫．韋恩（Byron Wien）認識亞瑟，他在一九八五年加入摩根士丹利，擔任美國總策略家，接替我那節儉的共乘夥伴巴頓．畢格斯，畢格斯則升任公司的全球策略長。拜倫的敏銳與「十大驚奇」年度財務預測贏得華爾街讚賞，他也從不吝於表達自己的意見。摩根士丹利的股票上市後，拜倫對我說：「約翰，你一定要找個像亞瑟那麼聰明的人來管你的錢。」在當時，我的投資組合全是摩根士丹利的股票，拜倫堅信我應該分散投資。

拜倫說對了亞瑟，他不只是聰明，還是個精明的風險承擔者。他比我年長幾歲，生在布朗克斯區（Bronx）。亞瑟自麻省理工學院畢業後，在史丹佛大學獲得航空工程碩士，而後進入哥倫比亞商學院。亞瑟對科學深入了解，加上他在投資方面的高超能力，他很早就投入科技股而且成果豐碩。他和一位事業夥伴在一九九九年成立畢卡瓦公司，在他們將公司拆分之前，畢卡瓦是全世界最大的避險基金，管理的資產高達一百五十億美元。

亞瑟也是個很有趣的人。雖然他有個辦公室在中城，但設在康乃狄克州西港（Westport）的畢卡瓦總部，才能真正展現出亞瑟的作風。他設計的辦公室有一座室內籃球場。亞瑟熱愛籃球，每年都嘗試進入高中籃球隊，只是都沒成功。高三那年他總算擠進去。好強又不屈不撓，亞瑟就是這樣的人。

我對於在亞瑟的中城辦公室擔任兼職零工感到很滿意。瑞士信貸的成功經驗，讓我贏得了「整頓先生」的名號。整個冬季我感覺很有人氣，大銀行和頂尖的企業獵人公司紛紛找上門來，但都不吸引我。我領悟到自己最喜歡打造團隊，那才是我想做的。

由於摩根士丹利和CSFB都處理過避險基金，我很了解它的架構。但我從沒做過多少投資，我學到亞瑟如何判斷每一筆交易並做出決定。我們合作無間，激發彼此的點子。我們高度尊重彼此。我在畢卡瓦的作息跟以往不同，人生首度週一至週五、早上九點至下午五點工作。我不打電話，週末也不用到外地見客戶，我很驚訝自己對這樣的日常竟樂在其中。

亞瑟和我相處的時間愈多，我們的計畫也愈具體。畢卡瓦有大約一百五十名員工，我們決定讓公司成長。我不打算成為資產管理者，資產管理者需要具備特殊技能。我要做個敲門磚。我在全世界都擁有人脈可以拓展客戶。當我們和潛在投資人見面時，我提出大的構想，亞瑟則填補細節。而由於我對激勵和管理略知一二，我是主要的團隊建立者。二〇〇五年六月三日，在我離開瑞士信貸將滿一年時，我轉為正職。《華爾街日報》宣布我將成為畢卡瓦的董事長，亞瑟則繼續擔任執行長。

至少，計畫是這樣。

＊＊＊

三月底，裴熙亮在摩根士丹利死氣沉沉的領導風格，使人們內在的不滿終於對外爆發開來。問題已經不光是文化衝突，就連許多添惠的人也起而反對裴熙亮。就在華爾街其他公司勇往直前之際，裴熙亮——在我看來，他永遠是規避風險——卻退縮不前。高盛的股價在科技股泡沫化之後反彈，摩根士丹利的股價卻還在原地踏步，還不到二〇〇〇年高點一一〇美元的一半。錯失一個個商機，士氣降到谷底，最大的資產——每天早晨搭上電梯的一流人才——逐漸離去。八位前摩根士丹利的老臣驚覺公司空轉，於是寄了一封私人信函給裴熙亮和董事會。「我們相信，公司績效不彰最大的原因，是你做為執行長的領導不力，」他們寫道，「董事會務必迅速採取行動，來改變領導和統御摩根士丹利的方式。」簽署者都曾在公司扮演要角。派克・吉爾伯特在一九八四年至一九九〇年擔任董事長，於一九八六年帶領公司股票上市。鮑勃・史考特接任我成為總裁，後於二〇〇三年被裴熙亮逼退。安森・比爾德曾經帶領股權部門。路易斯・伯納德曾經負責行政管理與金融，在我早年擔任銷售經理時，管理委員會曾派他調停我和羅伯特・莫爾罕。這個所謂的「八人組」並沒有控制公司，因為他們的持股不夠多。「我們只是對公司的成就有著非常、非常強烈的執著。」路易斯後來告訴我，「而我們看到成就正在被侵蝕。」

裴熙亮以重組公司來回應八人組的訴求。他提升佐伊・克魯茲（Zoe Cruz）

和史帝夫．克勞佛（Steve Crawford）成為共同總裁，來取代維克朗．潘迪特（Vikram Pandit）和史蒂芬．紐浩斯（Stephan Newhouse）。克勞佛曾經擔任公司的財務長，是裴熙亮的忠臣，我對他評價不高。但我倒是極為尊敬佐伊，她是敢言、用心且直覺敏銳的領導者。我離開前將佐伊拔擢為全球固定收益、商品和外匯的負責人。我試圖把她挖到CSFB來，但沒有成功。

潘迪特連同機構權益負責人約翰．海文斯（John Havens）的離去，進一步刺激了八人組。先前不善在公眾面前曝光的這群人，把信件投書到《華爾街日報》、《紐約時報》和CNBC。《紐約時報》刊登了頭版專題報導，標題是「陰謀捲入摩根士丹利：兩名高階主管離職」。CNBC派了一位記者站在百老匯街的摩根士丹利大樓外，派克．吉爾伯特和鮑勃．史考特上了電視。吉爾伯特將公司的歷史娓娓道來，摩根士丹利是由他父親老派克．吉爾伯特（S. Parker Gilber Sr.）、繼父哈洛德．士丹利和教父亨利．摩根成立。「我們無法坐視這個歷史悠久的公司就這麼衰弱下去。」派克向CNBC表示。八人組在公布原始信件後，又在《華爾街日報》上以全版廣告公布更多信件，裴熙亮和董事會以反廣告

（counter ads）來反擊。摩根士丹利的現任與前任領導者決一勝負，貴族名門咆哮的罕見奇景令眾人目不暇給。

我的電話響個不停。記者打來請我評論，摩根士丹利的內部人士則是提供我最新進展。他們想知道，我認為會發生什麼事。我知道八人組有籌碼，但我是否確信他們有辦法迫使裴熙亮下臺？我認為機率是五〇％。裴熙亮說不定懷疑這場爭端是我唆使的，但這不是事實。我只是接起電話，然後聽，但沒有在裡面窮攪和。我不認為自己有立場這麼做，我讓自己與這件事保持距離。我不想被人認為是趁機報復裴熙亮，那會讓我的格局看起來很小。直到今天，我仍相信當初不加入戰局是對的。

知名的併購王牌泰瑞・梅蓋德和約瑟夫・裴瑞拉（Joseph Perella）於四月中旬辭職。五月，公司與投資家羅納德・柏爾曼（Ronald Perelman）的高調訴訟敗訴。柏爾曼控訴摩根士丹利在他於一九九八年和夏繽（Sunbeam）公司交易時，隱藏了這家公司財務狀況的警訊。一位佛羅里達的法官因為摩根士丹利未能移交數千封柏爾曼律師要求的電子郵件而感到非常憤怒，他指示陪審員假定摩根士丹利蓄意詐騙柏爾曼。陪審團的任務是決定摩根士丹利該支付多少損害賠償給柏爾曼，最後的判決是：一四．五億美元。

股價持續下跌。六月中，又有大約五十多人離職，包括兩組交易員在內。主持國際個人投資者集團的頂尖人才梅莉．克拉克也離開了。留下來的人忙著猜測接下來是誰會離職而無心工作，就連飲水機旁新進公司第一年的二十五歲職員也好奇不已。

最後，投資人對董事會的施壓愈來愈強烈，損害了董事會和裴熙亮的關係。二〇〇五年六月十三日星期一，六十一歲的裴熙亮宣布退休，帶著超過一．一三億美元離開。根據派翠西亞．比爾德在其著作《藍血與變種》中所述，條件包括四千兩百七十萬美元的分手紅利。

恰克．奈特（Chuck Knight）是負責物色新執行長的董事會成員，曾任位在聖路易市的艾默森電器（Emerson Electric）的執行長。他列出不能取代裴熙亮的人選，包括不能是八人組的成員、不能是過去幾個月辭職的人，如潘迪特、海文斯和裴瑞拉。

以及，不能是麥晉桁。

奈特明確將我除外，這點並不讓我意外。我從沒想過要回鍋摩根士丹利。但我知道另一件事：我是這份工作的最佳人選。

＊＊＊

有件事確實嚇了我一跳：一通來自裴熙亮的電話。他邀請我去東五十四街的聖彼得（San Pietro）吃午餐。在鑲了木邊的餐廳裡，裴熙亮坐在我的對面，說道：「我不認為董事會是對的，不過他們打算請你回公司。」裴熙亮分享了他對於業務以及今後走向的看法。我相信我們之間無論發生了什麼事都過去了。我們必須為股東和員工盡最大努力。裴熙亮邀我吃午餐需要勇氣，我敬佩他。我告訴自己，別沾沾自喜。但我一走出餐廳就打電話給克莉絲蒂。「妳絕對不會相信菲爾剛才跟我說什麼，」我說，「但我們都知道，董事會絕對不會選我。」

和裴熙亮共進午餐的幾天後，我又接到一通電話。這次是湯瑪士・聶夫

（Tommas J. Neff），高階主管獵人頭公司史賓賽史都華（Spencer Stuart）的負責人。「約翰，恰克・奈特和麥爾斯・馬爾許（Miles Marsh）想找你聊聊，」他說，「你有興趣嗎？」馬爾許也是摩根士丹利的董事，經營伊利諾的紙製品公司詹姆斯堡公司（Fort James Corporation）。

「我會跟他們聊，但我知道他們並不喜歡我。」我說，「他們其實並不考慮我來擔任執行長，他們只是在走程序罷了。」

「到卡萊爾飯店（Carlyle hotel）吃晚餐吧，」湯瑪士說，「我們會保密。」這家位在麥迪遜大道和七十六街上的藝術裝置飯店以低調著稱，曾被《紐約時報》稱為「祕密的殿堂」。黛安娜王妃造訪曼哈頓時喜歡待在這家飯店，約翰・甘迺迪總統謠傳是在這裡招待瑪麗蓮・夢露。我穿過豪華的大廳走進電梯時想，**至少我不必被特務偷偷帶進去**。董事們避開眾人耳目的做法很合理，因為媒體不斷私下議論著發生在摩根士丹利的爾虞我詐。

用餐過程中，我告訴麥爾斯和恰克，我和裴熙亮不合，以及我在二〇〇一年辭職的經過。「我們很感激你誠實相告，約翰。」他們說。接著向我提出執行長的職務。

「我要問的是，為什麼？」我問。

麥爾斯和恰克看起來很吃驚。這不是他們預期的回應。「約翰，我承認我有一點失望。」恰克說，「你對我們所提的，怎麼就不能更興奮一點？」

「我為何要為了回來而興奮呢，恰克？」我回答，「我離開的時候，你們沒有一個人叫我留下來。」

我承認，我喜歡責備該負責任的人——他們就是。

無論是誰當執行長，都不是輕鬆的工作。一九九七年合併至今已經八年，摩根士丹利添惠依然不是一家團結的公司，終究需要有人把投資銀行和零售整合起來，或者把後者分拆出去。這個人必須大幅提升公司的獲利能力和股價。柏爾曼的官司讓摩根士丹利的名譽受損，利潤將遭受超過十億美元的沉重打擊。士氣跌落谷底。我會想接這個爛攤子嗎？

我還沒決定我想做什麼。一方面，重掌摩根士丹利對我而言非常具吸引力。我在那裡有那麼長的歷史、那麼多的好朋友。它是華爾街的至寶。另一方面，我才剛修補了CSFB這家有問題的投資銀行。再說，我真的想跟一群當初在二〇〇一年選了裴熙亮而不是我的董事會共事嗎？

克莉絲蒂完全沒有這些疑慮。「約翰，」她說，「你一定要回去。摩根士丹利需要你。」

就在我試著做出決定的時候，我們做了一次計畫已久的旅行，飛到倫敦去見珍娜，她在那裡讀研究所。當時我們在一間我喜歡的黎巴嫩餐廳，這間餐廳位於梅費爾（Mayfair），離我們住宿的多切斯特（Dorchester）飯店不遠。我的手機響了，是奇異公司的董事長兼執行長傑夫·伊梅特（Jeff Immelt）打來的。「約翰，我們需要你當摩根士丹利的執行長。」他說，「摩根士丹利對奇異來說非常重要，我們仰賴它的才智和在市場上的影響力。不只摩根士丹利的員工需要你，我們這些客戶也是。」

「等我回紐約再跟你聊。」我對傑夫說。

那晚我們要上床睡覺前，克莉絲蒂問我：「你想怎麼做？」

「這個嘛，」我說，「我寧可接下這份工作之後感到後悔，也不要拒絕它卻想擁有它。」

「那就是你的答案了，約翰。」克莉絲蒂說。第二天早晨我們就飛回家了。

六月三十日星期四，董事們召開一次會議，一致表決通過，選擇我做為摩根士丹利的執行長兼董事長。在瑪利亞．巴帝羅默（Maria Bartiromo）為CNBC提供即時評論時，克莉絲蒂和我走過六樓的交易室。裡面一片混亂，擠滿了等著我們到來的人，有些人站在桌子上以便看個清楚。他們在尖叫、鼓掌、吹口哨，不停叫著：「麥晉桁！麥晉桁！麥晉桁！」我面帶微笑，一面努力壓抑激動的情緒。我彷彿成了搖滾巨星。克莉絲蒂和我走到大會堂，正式宣布我的任命。當我們步入時，兩百位常務董事站起來鼓掌。「我們來這裡，宣布華爾街上最難保守的祕密。」麥爾斯．馬爾許這麼介紹我。

我熱淚盈眶站在麥克風後，感覺好像是離家去環遊世界，如今回來了。我在與克莉絲蒂結婚前不到一個月加入摩根士丹利，我們在這裡成長。我請大家靜下來，努力嚥了嚥口水，說出心中想到的第一件事。「我完全不曉得我會回家。」

第二十章
CHAPTER TWENTY

Up Close and All in:
Life Lessons from a Wall Street Warrior

「瓦立德人呢？」我大聲說，「我要見瓦立德。」

我才離開大會堂，剛才我在那裡被任命為摩根士丹利的執行長，接著我就走下樓。「瓦立德的辦公室在哪兒？」我再次大聲問道，這次是對著一群驚訝的銀行家。他們指了指大堂下方。

瓦立德也就是瓦立德．查瑪（Walid Chammah），是摩根士丹利全球資本市場的負責人。他生於黎巴嫩的貝魯特，一九七七年在亞利桑那州的雷鳥國際管理學院（Thunderbird School of International Management）取得碩士學位。他既是具開創性的銀行家，也很善於建立人際關係。他是我在摩根士丹利最優秀的員工之一。我執掌CSFB的時候，曾經試圖把瓦立德挖過來，請他與巴約．奧貢勒西一起擔任投資銀行的共同負責人。

我知道他會是我重組投資銀行事業群的巨大資產。我對瓦立德展開攻勢，拚命找他喝酒吃飯，提醒我們之間有十幾年的交情。財經媒體使用「竊取」和「強奪」之類的字眼，大肆報導裴熙亮和我爭奪瓦立德的事。我們的「戰爭」被登上頭條新聞將近兩個星期。

我認為我贏了。瓦立德似乎打算跳船加入我的陣營。他和巴約曾經在電話上開過規畫討論會，媒體報導他「即將」離職。結果，我到最後一刻才獲知瓦立德會繼續留在摩根士丹利。「裴熙亮得一分，」《紐約時報》二〇〇二年二月二十一日的報導，開頭這麼寫著，「查瑪先生決定留在摩根士丹利，結束了兩家公司之間長期以來的角力戰……」媒體報導我祝瓦立德一切順利，但私底下我感到失望、丟臉，還有點生氣。

也難怪當瓦立德聽聞我即將回到摩根士丹利，就向他的上司佐伊・克魯茲提出辭呈。「這是約翰的公司，」瓦立德對佐伊說，「我不想礙事，把事情變得複雜。面對現實吧，我已經大禍臨頭，得離開了。」佐伊拒絕接受他的辭呈。

現在，瓦立德看見我在他辦公室外頭的走廊上，於是站了起來。他從鏡片後面注視著我，顯得有些焦慮。他一定以為我是來叫他打包走人，但我伸手攬住他的肩膀。「老兄，」我大聲說，好讓大家都聽見，「我想跟你共事，只是沒想到我得回摩根士丹利才辦得到！」

我用這番話，消除了所有我要來找他算帳的想法。重建一個團結一體的公司，靠的可不是剷除異己。瓦立德是個無可取代的人才，我希望他在我身邊，一起帶領摩根士丹利前進未來。

但是，從我第一天上任起，我就希望某些人能夠離開。裴熙亮在三月任命為共同總裁的史帝夫．克勞佛辭職了，他憑著在任上的短短三個月帶走三千兩百萬美元。裴熙亮和董事會交涉出這個令人咋舌的數字，好讓克勞佛成為他的下屬。

在我於六月下旬回來之前，有位董事會成員向另一位共同總裁佐伊．克魯茲透露，我即將重回摩根士丹利，於是她打電話給我。「我可以私下跟你聊聊嗎？」她問。

「我忙得要命。」我說。

「那我就在電話上談，約翰。我打電話來辭職，你該擁有自己的團隊。」

我聽得出她聲音中的情緒。

「妳不能這麼做。」我說，「妳不可以辭職，妳哪裡都不去。我們明天早上見個面，我七點到妳家。」

絕頂能幹、不好惹、果決、俐落的佐伊是個有骨氣的人，行事風格很有膽識。

我承認，她讓我想到我自己。我們都是從固定收益一路升上來的。她替公司賺了很多錢，我也相信她對於服務二十三年的摩根士丹利高度忠誠。對我而言，正是這些原因使她接受共同總裁一職，在裴熙亮麾下工作，而不是因為投機。在公司的危急時刻，她挺身而出幫忙救火。我希望和她一起工作。

然而毫無疑問，佐伊在公司裡就像是個避雷針。八人組跟其他很多人覺得她是投靠裴熙亮的叛徒。裴熙亮甚至提過將她視做繼任人選。有些人認為她好鬥、喜歡挑撥離間，而且沒有能力處理不同的意見——換言之，她不是個領導者的料。摩根士丹利的優秀老臣如史蒂芬．紐浩斯、維克朗．潘迪特、約瑟夫．裴瑞拉、約翰．海文斯和泰瑞．梅蓋德，他們說得很白，如果必須和佐伊共事，他們就不回來。

我不會因為任何人告訴我，他們願意或不願意和誰共事就照單全收。我不接受人家給我下最後通牒。這樣會顯得執行長有點弱，而且容易被擺布。

我任命佐伊成為代理總裁。「代理」兩個字引發了諸多揣測，而我這麼做是為了平息爭端。摩根士丹利才剛經歷過一場傷痕累累的內戰，瘡疤都還沒結痂。

佐伊來自固定收益，經常和投資銀行起衝突，這是工作性質使然。七個月後的二○○六年二月，我任命佐伊和羅伯特・史考利（Robert Scully）為共同總裁，史考利是個誠實、耿直又聰明的資深投資銀行家。我將高階主管套房重新安置在四十樓，並希望在此創造平衡。拔擢佐伊一事成為許多媒體的頭條新聞，稱她是華爾街上最有權力的女性。

當然，我雇用了我的御用老實人湯姆・尼德斯來擔任行政長（chief administrative officer）。掌權者身邊的人，只說掌權者想聽的話，這是一個巨大的錯誤。湯姆天生是個有話直說的人，哪怕他是錯的，也總會讓我停下來思考。

孫瑋曾經被我挖到CSFB，她提高公司在中國的獲利和知名度，可說是成績斐然。短短三年內，將CSFB在中國的業務從第十七名提升到第一名。在我被開除後，她立刻跟進表明辭意，轉而掌管花旗集團在中國的投資銀行團隊，再度戰功彪炳。二○○六年，我說服孫瑋回到摩根士丹利。當時我們在中國的營運正搖搖欲墜，首次公開募股的業務輸給了中國最大的銀行。「我們該怎麼改進？」我逼問她。

「摩根士丹利的人哪，這些年在中國的生意很成功，太安逸了。」孫瑋回答，「他們應該走出舒適圈，積極進取一點。現在的情況和你當初到中國時已經不同了。現在大家都在中國搶著做生意。」

我知道在孫瑋的主持下，中國的業務會得到最好的關照。對於零售部門，我並沒有現成的解決方案。雖然摩根士丹利和添惠的整合有進展，但是對於這項績效不彰的業務，未來仍是個大問號。我們應該留下它，還是賣掉它？投資銀行端的許多人，加上投資人和分析師，大聲疾呼要賣掉它。問題是，經紀事業群還沒有從科技股泡沫破滅中回復過來，而這拖累了公司其他部門。我們與添惠合併，以提供穩定的收入來源，結果卻恰恰相反。二〇〇五年十月，佐伊開始裁掉績效較差的經紀商（比例約為十分之一）。

這是個好的開始。但我想找個新鮮面孔來主掌零售部門，一個沒有參與摩根士丹利與添惠之間，或者裴熙亮和八人組之間的猛烈鬥爭的人。另一個必備的條件是，要有經營零售業務並且獲利良好的紀錄。佐伊和我開始面談候選人。

有個人浮出了檯面：詹姆斯．戈爾曼（James Gorman）。*

四十七歲的詹姆斯是澳洲人，在墨爾本長大，家中有十個孩子。他受過律師的訓練，之後轉換了跑道，來到美國就讀哥倫比亞商學院。他在麥肯錫待了十二年後，於一九九九年跳槽到麥肯錫的客戶美林證券，主持零售業務，監管一萬六千名經紀商。

詹姆斯努力為美林的「驚群效應」帶來更多驚奇，他開除績效不佳的人，嚴厲控管支出。除了其他令人印象深刻的改變，詹姆斯也把公司的焦點轉移到富裕階層。我打電話給他的前老闆，美林前執行長郭銘基（David Komansky），他大力誇獎：「戈爾曼非常優秀。」數字會說話，在詹姆斯的領導下，美林在私人客戶單位（Private Client）的獲利，是我們獲利的近四倍。

＊　譯注：詹姆斯．戈爾曼後來成為公司執行長，也依慣例取了一個中文名字：高聞。

一天晚上，詹姆斯和我就這份工作有過一次私人對話，他很直接。「我想加入這個團隊。」他告訴我。以他位階這麼高，卻願意屈居在零售經驗有限的佐伊之下，而不是要求直接隸屬於我，這舉動令人驚訝。這也讓我清楚知道，詹姆斯是個能夠解決問題、不矯揉造作的人。有了他，我就不會看到政治權謀、最後通牒和人事鬧劇上演。

那次談話後，我在感動之餘安排了和克莉絲蒂、詹姆斯及其妻子潘妮一起吃晚餐。「我要說的是，我們的零售業務做得很平庸。」我告訴他，「由你來決定。如果你告訴我說問題無法解決，應該把事業賣掉並繼續向前走，我會照你說的去做。如果你告訴我說你能解決問題，我會百分之百支持你。」

詹姆斯在八月中接受了這份工作，但他在美林的合約使他必須到次年二月才能上任。理論上，他的第一個工作日應該是二〇〇六年二月十七日星期五，也是總統日連假的第一天，摩根士丹利的人都以為詹姆斯要到二月二十一日星期二才進公司，所以當他在星期五早上八點出現時，下屬都很吃驚。「您怎麼來了，」他們問，「您不想星期二再開始工作嗎？」

「我幹麼要等到星期二？」他回答。「我是一名員工，我的工作已經開始了。」詹姆斯讓團隊成員清楚知道他的工作倫理和期待，這點我喜歡。

他來到摩根士丹利不久就告訴我，他能解決零售事業的問題。「業務的骨架是堅實的，」詹姆斯說，「理財顧問所做的，是建議客戶如何管理財富，和美林、瑞銀（UBS）、美聯銀行（Wachovia）完全一樣。」他繼續說：「問題在人事，這裡有很多績效不佳的理財顧問，他們製造了最多法律上的頭痛問題。」

詹姆斯所做的第一件事，是把公司名稱從「摩根士丹利添惠」改為「摩根士丹利」。看似小事一樁，卻蘊含巨大的象徵意義。「理財顧問需要了解，他們是替摩根士丹利工作，而不是摩根士丹利添惠。」詹姆斯告訴我，「緊接著他們要在摩根士丹利的**層級**上履行職責。」我一面點頭，心想，**改名將引起投資銀行家的注意，能夠灌輸榮耀感**。

詹姆斯在其他方面也展現了領導能力。他每個星期一早晨都會公布一項新措施。這麼做會製造焦慮、活力和節奏，為一個溫吞的組織添柴加火。有個星期一，他開除了兩千名經紀商，把他們的客戶轉給績效較好的人。每當他來找我說道：

「我打算這麼做，結果會是這樣。」我不會反問一句：「那如果你改成這樣做呢？」我完全相信他已經評估過各種他認為最好的策略。做為執行長，我的職責不是事後批評他，而是給予他成功所需的舞臺。我會說：「很好，你是我的人，我挺你，儘管去做。」

讓詹姆斯自由執行他認為最好的事，也是為了達到一個更大的目標。在我看來，一個「不」的文化已經在裴熙亮的領導下生根。那時，當有人想出一個點子，他得在提案中說明，通過層層階級往上呈，然後等待結果。幾個月後，答案循著行政管理系統往下傳達，而幾乎沒有例外，答案是否定的。我決心恢復一種「你還在等什麼？」的文化，激發大家主動的精神，而不是去壓制它。我希望摩根士丹利再度成為一個孕育大膽企業並提供資金的地方，一個培養樂觀主義和創新精神的地方。

所以，在我成為執行長不久，前往我們的倫敦總部時，我才會那麼充滿活力。我跟那裡的全體職員舉行長時間的公開討論。我希望每個人走出房間時，都有一股動力去重建我們失去的一切。在那之後，我被安排和一位名叫喬治斯・馬克歐

（Georges Makhoul）的投資銀行家進行十五分鐘的會面。他出生於黎巴嫩，當他來到艾利斯島時，湊巧跟我祖父是同一個姓氏。喬治斯來美國讀研究所，後來在摩根士丹利日本工作，然後才調到倫敦來。

他和其他人一直在仔細思考擴展到中東的優缺點。杜拜是個對商業友善的酋長國，熱切希望成為像新加坡那樣的全球金融中心，這裡也是他們的首選。「喬治斯，你對這件事有什麼想法？」我問。接下來的兩小時，他勾勒出杜拜是我們正確選擇的所有理由。杜拜於一九七一年從大不列顛獨立出來，在新一代的商業領袖領導下，正在經歷高速現代化。杜拜是個重要的港口，也是運輸的樞紐，它位在波斯灣南部，前往北非和東亞都很方便。在那裡設置摩根士丹利的辦公室，是向在客戶說：「我們來了。我們就在附近，隨時準備為您服務。」他們不再需要飛到倫敦、紐約或慕尼黑去做生意。

別忘了這是二〇〇五年，當時貸款的風氣非常興盛。這種情況對於俄羅斯、東歐、非洲、拉丁美洲和中東等新興市場很有利。加上石油在中東叫價到一桶八十美元，而且還在快速上漲，這意味著會有更多的錢被用在基礎建設、貿易和科技上。

我在星期四與喬治斯見面。他星期六就飛抵杜拜考察當地的狀況。隔週他打電話給我：「聽我說，我認為真的是有商機，我認為我們應該去。」

「那就去吧。」我說。

「約翰，我要先跟你說一件事。我確實是從中東來，而且會說阿拉伯語，但我從沒在那裡做過生意。」

我直接回覆喬治斯。「老兄，」我說，「你在日本做出了一番成績。如果你在日本能做出成績，你到哪裡都能。」

二〇〇五年十二月，我們拿到執照，準備開張大吉。於是，摩根士丹利成為在杜拜開設營業處所的第一家美國投資銀行。

＊＊＊

我還需要重建摩根士丹利做為團結一體的公司的文化。一個方式是讓紐約的同仁及其家人一起參與活動。九一一後，摩根士丹利買下位在帕切斯的德士古石油公司（Texaco）總部，做為在紐約市郊的撤退點。現在那裡是零售和資產管理的總部。這棟建物有片美麗的土地和一座池塘，是公司郊遊的理想地點。

在北卡，最能凝聚社群向心力的活動莫過於烤全豬派對，這也是教會、足球賽和政治集會最受歡迎的固定配備。因此克莉絲蒂和我認為聘請比爾・伊利斯（Bill Ellis）會是不錯的點子，他自從一九六三年在羅里（Raleigh）附近開了「比爾的得來速」（Bill's Drive-In）之後，就建造了一具燒烤爐。有一天，天生的創業家比爾，決定帶著他的饗宴上路。於是，二〇〇六年十月的某個星期六，兩臺聯結車停在了德士古園區的停車場，車體上寫著裝飾字體的「東岸到西岸外燴——比爾・伊利斯的北卡威爾遜烤肉」。

烤一整隻八十至一百二十磅重的全豬直到骨肉分離，要花上幾小時。但是那天花的時間更久，因為那群北方人一直把烤爐的蓋子掀起來偷看豬的情況，讓熱氣和好聞的香氣飄散出來。這些北方人不知道的是，北卡東部和西部在烤肉上的競爭，就跟杜克大學和北卡大學之間的競爭一樣激烈。東部的烤肉就跟比爾的一樣，使用全豬和醋味醬汁。西部只烤豬肩肉，醬汁是以番茄醬為基底。那天比爾也烤雞，還端出很多道小菜，有高麗菜沙拉、羽衣甘藍和油炸玉米餅。我喜歡比爾的口號：「誠實和努力是唯一的路。」也喜歡他的食物。

十月底，我們舉辦了第二場更大規模的活動「鄉村市集」，還有摩天輪、旋轉木馬和可愛動物，非常齊全。上千位摩根士丹利的員工和家人參加了這場活動。當天最精采的要屬投籃攤位，某位執行長身穿泳褲坐著，大家排隊輪流對著目標丟壘球。一旦他們丟中了，我就會落水。在我成為坐在水池上的人之前，從來不知道掉進池子裡的速度可以這麼快。那天結束時，我成了落水狗，但我們募得許多善款。

我喜歡吃烤肉，也喜歡閒聊。但是主辦這些活動，還有一個更深層的目標。我對公司的文化退步如此之多感到很震驚。我剛進摩根士丹利的時候，法蘭克・佩提托、羅伯特・鮑德溫和迪克・費雪為公司對待員工的方式感到驕傲。他們也會舉辦一年一度的郊遊野餐，大家打壘球並且嘻嘻鬧鬧來培養夥伴情誼。各部門的老大在辦公室外與員工相處，可以提高士氣。員工會以驕傲的心情，將他們每天一起工作的夥伴介紹給配偶和孩子，反之亦然。從那時起，摩根士丹利呈倍數成長，我希望找回那種同屬一家人的感覺。

＊＊＊

過去幾年間，當金融風險帶來豐碩報酬的時期，摩根士丹利卻是華爾街上最膽怯的投資銀行。佐伊和我都認為公司錯失良機，需要找回我們的好運。我的態度是這樣的，我們有品牌，也有資本，就放手去做吧。我希望我們的人知道，如果他們積極進取，我不會放他們孤軍奮鬥。

為了承擔更多風險，我們運用了自己的資本。我們買進避險基金、提供私募股權公司臨時借貸（bridge loan），並且擴大了自營交易。這是指，交易員使用公司的錢，來買賣債券、衍生性金融商品、股票和其他金融工具，替公司賺錢，而不是為了客戶的利益來交易。報酬可能會相當驚人。

在這段期間，不動產抵押貸款證券正火紅。由於貸款容易，加上房價飆升，全世界陷入搶購不動產的風潮。不動產抵押貸款證券是將一組抵押貸款綁在一起，切分成多個部分，轉換成債券，賣給尋求高報酬的投資人。華爾街的報酬是優渥的收費，我們立刻參與其中。於是包括摩根士丹利在內，各家公司第一次買賣彼此的不動產抵押貸款證券。我們沒有覺察到這種風險的緊密纏繞附帶著難以預見的後果。在我們尋求更大的市場占有率時，也買進了在美國、義大利、英國和俄羅斯舉借不動抵押貸款的公司。

多方面下注使得獲利創了新高。二〇〇六年是摩根士丹利最賺錢的一年，我們的股價也隨之上揚。二〇〇五年六月三十日我上任當天，股價是五十美元。二〇〇六年十二月二十一日，股價已上升到八十一美元。

好消息一直進來。法律總顧問蓋瑞．林區在過去一年半一直努力和羅納德．柏爾曼的律師協商，讓夏緍的訴訟案早日塵埃落定。但是有一天下午蓋瑞在我的辦公室談到錢時，他說：「我們生存在完全不同的宇宙。」二〇〇七年三月，佛羅里達州上訴法院推翻原判決，令我們欣喜不已。我們突然不需要再為一五．八億美元煩惱，也就是現在的罰金連同利息的金額。另一場勝利發生在六月。高盛公布前一年的獲利幾乎沒有成長，貝爾斯登的獲利則下降了三三%。相反地，摩根士丹利公布本季的淨收益跳升四〇%。

這些成就令我們信心大增。當時可說是一帆風順。我們好比在船上開派對，卻沒有察覺危險的瀑布就在前方。

我還記得有位計程車司機跟我說，他在史泰登島買了一間房子，他申請到那間房子的二胎房貸，拿了錢又買了一間房子，然後他又用那間房子申請到二胎房貸。人人都想擁有自己的房子，之後又想擁有第二間、第三間。建商啟動挖土機，盡其所能地以最快的速度蓋出房子，人們紛紛向美國全國金融公司（Countrywide）和新世紀金融公司（New Century Financial）之類的不動產抵押貸款公司借錢。許多次級房貸的發行者沒有查看信用分數（credit scores）或收入證明，他們靠龐大的預付費用發大財，借錢給一些不了解條款的貸款人，然後趕著做下一筆生意。

聽著計程車司機描述他剛開始發展的不動產王國，我並沒有做其他聯想。然而，愈來愈多的風險和壞帳注入了交易市場。二〇〇七年初，房屋價值和價格開始下跌，而且跌跌不休。我們發現，當借款人無力償還抵押貸款而一走了之時，提供貸款的公司破產了，房屋市場也崩潰了。但我們大多數人相信損害已受到控制，包括一些頂尖的經濟學家在內。二〇〇七年五月十七日，聯準會主席柏南奇在首次針對次貸危機的公開談話中表示，他並未「預見嚴重的外溢效應」會從愈來愈多的不動產抵押貸款違約，進入經濟體中。

但是，就在那年秋天，我們發現我們全錯了。

尼爾．希爾（Neal Shear）於一九八二年加入摩根士丹利，擔任貴金屬交易員，後來升任固定收益銷售與交易部門主管，隸屬佐伊．克魯茲。二〇〇六年，希爾因為團隊表現優異而獲得三千五百萬美元的薪資。但是半年後，一筆涉及不動產抵押貸款證券的複雜交易爆出問題。

二〇〇六年底，希爾的交易團隊下了二十億美元的賭注，賭不動產抵押的次貸市場在二〇〇七年持續不被看好。換言之，他們放空市場。為了保險起見，希爾的團隊針對原始的下注採取避險策略，也就是反向操作，賭市場將上揚，買進價值一百四十億美元、我們以為安全的AAA等級不動產抵押。

由於不動產抵押的次貸市場持續下探，我們的第一筆交易獲利。但是大家沒有想到，而且沒有預測壓力測試的是，AAA不動產抵押也將損失價值。這些原本應該是安全的抵押物，法拍率竟只在四〇%至五〇%，導致無法出售。結果是，在十月下旬和十一月，避險的價值開始暴跌。原本以為是短打的交易，卻一不小心被套牢。

價值的崩跌令人瞠目結舌。十月三十一日，我們預期損失三十七億美元。到了十一月三十日，損失又增加四十一億美元。光是一筆二十億美元的避險，我們原本以為是安全無虞，卻損失高達七十八億美元。摩根士丹利最後得聽任那些賭AAA不動產抵押也會下跌的對家擺布。誰賭對了？我們的死對頭，高盛。

除了高盛，不動產抵押貸款證券和其他高風險的投資工具，造成華爾街的龐大損失。美林也遇到麻煩，公布虧損七十九億美元。萬聖節前一天，該公司的執行長史坦・歐尼爾（Stan O-Neal）下臺。接著花旗集團宣布虧損三十一億美元，導致執行長查克・普林斯（Chuck Prince）辭職。

我並不擔心會丟工作。摩根士丹利董事會對我有信心，而我對佐伊有信心。儘管我還沒有指定繼任人選，但我相信佐伊具備摩根士丹利執行長的所有特質。

但是，在接下來的幾個星期裡，我開始產生懷疑。

前一年夏天，佐伊有一次來找我。「約翰，我太難過了。」她說，「我認為公司整體狀況極佳，但我剛剛發現尼爾・希爾跟他的團隊虧損了二・五億美元。我好難過，因為如果當初他們聽我的勸，我們就會是唯一沒有虧損的公司。五月，我叫他們把帳面上的所有風險全部消除，因為情況要變壞了。」

「妳應該開除尼爾。」我說。

佐伊沒有聽我的建議，這是她的權利，她是希爾的上司。「我確定希爾會記取這次教訓。」她告訴我，「現在的他對我們格外重要。」但是既然決定留住他，她就有責任跟進，她應該每週都要求尼爾：「你取消了多少風險？給我看帳上的數字。」相反地，佐伊只是假設尼爾都有遵照她的指示。

十一月七日，我們宣布次貸交易虧損三十七億美元（當時的數字）時，佐伊來我的辦公室。佐伊記得她說：「你說的沒錯，約翰。我當初應該開除尼爾。」

我記得的不是這樣。我記得她說：「約翰，我不能理解尼爾怎麼能讓這些部位留在帳上，他們怎麼能這樣對我？」

而她應該說的是：「我負責。我會處理做這些決定的交易員和風險經理。」

整個感恩節假期，我都在反覆思考佐伊的事。佐伊是我的朋友，她是這麼好的一個人，我敬佩她，但這些都無關緊要。做為主事者就要有主事者的樣子，當你搞砸，就要承擔痛苦。

十一月二十九日星期四，我參加了董事會的會議。之後我走進佐伊的辦公室，開門見山說道：「我決定更換領導階層。」我這樣告訴她。

佐伊開始大笑，她以為我在開玩笑。

我又說了一遍：「我決定更換領導階層。」接著又說一遍：「我決定更換領導階層。」

佐伊終於明白我是說真的。她面露驚恐，目瞪口呆。不到一小時，佐伊離開了摩根士丹利。

我這把「麥小刀」，已經開除過上千人，但是開除佐伊絕對是我做過最艱難的一件事。第二天，我傳簡訊給她：「我可以請妳喝一杯嗎？」

「也許改天吧。」她回傳。

這個「改天」一改就是好幾年。最後佐伊總算打了電話給我，我們恢復了友誼，持續到今日。我曾經問她：「妳為什麼還願意理我？」

「我認為你把我開除是錯誤的決定。」她說，「但要不是你，我絕不可能在公司升到那個位置。你支持過我。」

***

我開除佐伊的那天，任命了兩位共同總裁：瓦立德・查瑪和詹姆斯・戈爾曼。我把羅伯特・史考利調到董事長辦公室，和我一起處理主權基金（Sovereign Fund）的客戶。我把尼爾・希爾調離銷售和交易的共同負責人一職，他在三月初離開摩根士丹利。

巨額虧損暴露了我們在風險管理上的結構性弱點，我立刻著手強化制度。我參加更多關於風險的會議，接著改變組織架構。風險經理向新任財務長柯爾姆・凱萊赫（Colm Kelleher）彙報，而不是隸屬於交易事業群的管理者。柯爾姆來自愛爾蘭的科克郡（Country Cork），在牛津大學取得歷史碩士學位，並且是個領有執照的會計師。他在一九八九年加入摩根士丹利。我替他取了綽號「唉呦喂」（Eeyore），因為他總在雞蛋裡挑骨頭，*這正是財務長該具備的特質。

新年過後不久，我多年的高爾夫球友兼共乘夥伴，在二〇〇〇年離開摩根士丹利之前曾經掌管固定收益部門的肯．迪芮特，來公司見我。他拿到好幾個工作機會，想聽聽我的建議。「別管這些工作了，肯，」我說，「公司正需要你的幫助。我們來找個適合你的工作，回來吧。」

「嗯，我五十幾歲，」肯說，「我有時間，有精力，還有點經驗。如果能夠

---

* 譯注：Eeyore 是小熊維尼動畫裡的一個角色，小驢屹耳。原文是說屹耳總能在每顆蘋果裡看到蟲。考慮到不是每位讀者都熟悉這部動畫，故而將 Eeyore 以諧音譯為「唉呦喂」，並將「在每顆蘋果裡看到蟲」轉換為相同概念——雞蛋裡挑骨頭。

幫助你和摩根士丹利，那會是件非常棒的事。」

我讓肯擔任風險長，直屬我和董事會。我知道他具備專業素養和人際手腕，來接下這個棘手的職務。我告訴他：「我不希望你像個剛調來鎮上的探長，我不希望你說，『你們搞砸了，我來清理門戶。』去跟大家聊聊，看我們應該如何改進。」

一年四次，包括投資公司在內的上市公司，都必須公布財務報表。過程是這樣的：首先，華爾街分析師和媒體會收到財務數字摘要的新聞稿。然後，同一天晚些時候，我們會開電話會議，來發表整體看法並回答問題。

這些電話連線通常相當愉快。我天生擅長對公眾講話，也是個笨拙的演員。但今天不行。

二〇〇七年十二月十九日，我繫上幸運領帶替自己打氣。那是珍娜在倫敦買了寄來給我的聖誕禮物。我走進董事會的會議室，就座，向介紹我的柯爾姆點頭示意。我在開口說話時，心裡想著：**我搞砸了**。

我劈頭就說出實話：「我們今天公布的結果，對我、對公司來說都相當難堪。這是固定收益部門的錯誤判斷，以及沒能正確管理風險所造成的結果。請別誤會，我們已經究責。我們積極做出必要的改變。」

我繼續說：「我要很清楚地表示，做為公司的領導者，我要為績效負責。」摩根士丹利在七十二年的歷史中，首次出現季度虧損。我們當年沖減了九十四億美元，這是個相當驚人的數字，而且是發生在我執掌公司的情況下。

諷刺的是，二〇〇七年也是成果斐然的一年。投資銀行、權益、銷售與交易，以及資產管理，全交出破紀錄的獲利成績。

我也趁這機會宣布中國的主權財富基金，中國投資有限責任公司（China Investment Corporation, CIC）已經同意以五十六億美元來購買摩根士丹利九．九％的股權。孫瑋再次成為超級巨星，是她把中國人帶上談判桌。

每次盈餘報告結束時，我都會回答關注摩根士丹利的分析師所提出的問題。「請幫助我們了解，這麼巨額的虧損是怎麼發生的。我的意思是，我以為你們有部位限制和風險限制。」高盛的威廉．塔諾納（William Tanona）說。

德意志銀行的麥克．梅約（Mike Mayo）問我們是否將改變風險組合。「我想，我們一直在衝刺，現在我們打算把腳步放慢一陣子。」我告訴他，「但我們還是會在市場上承擔風險。」

由於我是「績效決定薪水」的堅定信仰者，於是我向董事會表示，我不領取二〇〇七年的紅利。這也是要讓股東和員工清楚知道，我對沖減九十四億美元的沉痛心情。執行長們可以說他們要負起責任，但是放棄幾百萬美元，那表示他們是說真的。

這幾個月過得很辛苦。但是當我們一家人在聖誕夜享用黎巴嫩的饗宴時，我感覺摩根士丹利已經度過百年不遇的風暴。我舉起酒杯，心裡想，**敬未來風平浪靜**。

第二十一章
CHAPTER TWENTY-ONE

Up Close and All in:
Life Lessons from a Wall Street Warrior

二〇〇八年九月十二日下午五點剛過，行政助理探頭進辦公室，我正在和柯爾姆檢視這個星期的數據。雨打在四十樓的窗戶上。「提摩西．蓋特納打電話來，」她說，「他們要你六點前到紐約聯邦準備銀行開緊急會議。」蓋特納是紐約聯邦準備銀行總裁。十分鐘後，柯爾姆和我坐上我的銀色奧迪。「我們要趕去自由街（Liberty Street）三十三號。」我對司機喬說。

對我來說，到紐約聯邦準備銀行並不是件特別的事。七月份，華爾街所有執行長才去過那裡參加一場黑領帶晚宴，歡迎新上任的財政部長漢克．鮑爾森。漢克曾任高盛執行長，我是早年去中國出差時認識他的。蓋特納則是會定期邀一小群人午餐，了解華爾街上的動態。

但這次情況不同，感覺不妙。被要求一小時內去紐約聯邦準備銀行，不會是因為他們等不及要跟你分享好消息。

「你覺得會是跟什麼事有關？」柯爾姆從他的黑莓機螢幕上抬起頭問我。

「一定是雷曼。」我說。

上個週末，勞動節期間，財政部接管了不動產抵押貸款巨擘房利美（Fannie

Mae）和房地美（Freddie Mac）。雷曼兄弟肯定是下一個。華爾街上的第四大投資銀行，正瀕臨破產。近幾個月來，我跟該公司執行長迪克・富爾德（Dick Fuld）聊過幾次有關合併的可能性。

我為迪克感到難過。我喜歡這個人。他作風強勢粗暴，極具競爭性，因而獲得「大猩猩」這個綽號。二〇〇六年，雷曼公布獲利創新高。二〇〇七年二月，每股股價來到八十六美元的高點。但是在我們坐上車子前，我看了一下收盤價，股價暴跌到三・六五元。

三月，美國第五大投資銀行貝爾斯登周轉不靈。摩根大通立刻趁機出手，以微薄的價格吞下貝爾斯登，獲得美國政府的巨額財政援助。

貝爾斯登三月份的猝死將我們喚醒。過去半年來，柯爾姆一直忙著出售資產，把款項存進銀行。我們減少負債，提高流動性，建立了可以讓我們在愈來愈不安的市場上立於安全之地的資產負債表。到那天下午，我們一共累積了高達一千三百一十億美元的備戰基金。

當下最令我們擔心的是天氣。雨刷激烈地擺動著，還是趕不上雨滴落下的速度。星期五尖峰時段本來就塞得厲害，而一旦下雨，紐約市的交通就會陷入癱瘓狀態。大家好像都忘了怎麼開車。從摩根士丹利所在的百老匯街，到城裡的四十七街和四十八街之間，通常花不到半小時。現在是下午五點三十五分，與哈德遜河平行的西側高速公路（West Side Highway）成了停車場，然而距離自由街還有將近五英里。我們沒有多餘時間，蓋特納是美國金融界第三大有權勢的人，僅次於鮑爾森和柏南奇。沒人敢讓紐約聯邦準備銀行的總裁等候。

「嘿，老闆，那邊那條自行車道，會一直通到砲臺公園嗎？」之前當過警察的喬，操著濃重的布朗克斯腔問我。

「會的。」

下一刻，他把車子開上自行車道，猛踩油門往城裡衝，好像世界末日即將來臨。

下午五點五十五分，我們的車子停在聯邦準備銀行停車場內的門廊下。記者和電視採訪陣仗一字排開，我不曉得是誰洩漏了蓋特納要召開緊急會議的消息，但是我在華爾街四十年了，了解這裡沒有祕密。柯爾姆和我下了車，記者一擁而上，大聲問：「你們為什麼來這裡？有什麼事情會發生嗎？」

我擺出嚴肅的表情。我不曉得會發生什麼事，但在那一刻，我並不在意。我知道摩根士丹利已經做了萬全準備。

我走進聯邦大樓這棟壯觀的石造建築，踏入一樓鑲了木頭紋飾的會議室時，看到我這一輩的同業都來了。包括高盛的勞爾德·貝蘭克梵（Lloyd Blankfein）、摩根大通的傑米·戴蒙（Jamie Dimon）、曾任職摩根士丹利，現任花旗集團執行長的維克朗·潘迪特、我在CSFB的繼任人布萊迪·道根，以及最近被美林請去掌舵的約翰·塞恩（John Thain）。

我掃視在場的人，有位執行長沒來：迪克·富爾德。

每位執行長都帶著財務長一起來，我也不例外。高盛習慣多帶一人——他們的總裁兼營運長蓋瑞·柯恩（Gary Cohn）。

我們全是急忙趕去的，此刻時間分秒過去，卻只能等待。大約晚上六點四十五分，蓋特納走進會議室。這在我的預料中。我沒料到的是，後面還跟著漢克·鮑爾森，以及證券交易委員會主席克里斯多福·考克斯（Christopher

Cox）。鮑爾森親自從華盛頓特區飛來和我們談話，讓我意識到情況非同小可。

蓋特納說，市場出了大麻煩。接著開始敘述細節，以下是雷曼的約略數字，要想出一套搶救計畫，否則會是災難。「華盛頓並沒有要紓困的政治意願。」他說。

蓋特納的話引起了我的注意，但老實說，我認為美國政府終究會介入。主管機關幫助過戴蒙收購貝爾斯登，也營救過房利美和房地美。我是自由市場的信徒，但我認為政府的角色是限縮對制度的損害程度。

鮑爾森接著發言。他先謝謝我們趕來，然後直接切入主題：「雷曼有困難，」他重申，「我們需要大家想辦法解決。」

我注意到漢克不是說幫助**我們**找到解決之道，我對柯爾姆使了一個眼神。

漢克接著說：「如果你們想不出辦法，雷曼星期一起就不能繼續營業，將嚴重影響在場各位。」

在華爾街，我們活著是為了互相搶生意。我在管理固定收益時，在交易大廳一邊走，一邊大喊：「水裡有血腥味！我們來賺錢吧！」但是我想打敗競爭對手，不想看他們死掉。我隨時準備好盡己所能幫助雷曼。

漢克用我們都懂的語言直截了當地和我們說話。他使用的威脅方式，是我在點火時經常會說的——我會記得誰幫了忙，誰沒有。

「明天早上再回來，」提摩西對大家說，「準備做事了。」

八點半左右一散會，我就打電話給詹姆斯．戈爾曼和瓦立德．查瑪。「我們得想出拯救雷曼的方法。」我說，「鮑爾森和蓋特納把他們的資產負債表給了我們，等柯爾姆和我回辦公室再給你們看。他們希望我們明天早上九點到紐約聯邦準備銀行，這個週末不會好過。」

多虧我母親艾莉絲，我知道人在好好吃完一頓飯以後，腦袋會比較靈光。「我來打電話跟聖彼得訂餐，」我們前往中城時，我對喬和柯爾姆說，「我們外帶晚餐給大家吃。」

正當我們在餐廳外頭閒逛等餐時，我想起兩個月前，也就是七月的某個星期六早晨，迪克．富爾德曾經來到我們位在拉依的家。他打了幾次電話給我，提議或許有幾種方式可以讓我們兩家公司合併。當時我不知道他預見什麼事情會發生，但我願意聽他說，碰個面並無傷大雅，總是可以學到些東西。敏銳的策略家瓦立德認為這件事有潛力，如果我們合併，就能建立起一套新的、更強大的ＩＴ系統，給予我們技術上的優勢。

七月十二日早晨十點，雙方團隊坐在我家客廳。我們這方包括瓦立德和他能幹的副手，暱稱「柯利」的柯戴爾．史賓賽（Cordell "Cory" Spencer），以及現在的投資銀行負責人保羅．陶柏曼（Paul Taubman）。我原本期待迪克一開始會說：「我方認為你們應該買下我們公司，以下是合併後的樣子。」但他開場便說：「我跟約翰談了許多，他說你們或許有很多想法。」我的團隊在沙發上不自在地扭動著身體。**是誰要開這個會的？**我們都在納悶。

尷尬的五分鐘慢慢過去，我忍著不說出心裡的話。**等等，迪克。有麻煩的是你，是你想跟我們談，看要怎麼救你們吧？**我絕不會羞辱一個我請來家裡的人。為了填補沉默，我一一問團隊的成員：「你怎麼想？」他們說出幾個雷曼先天具備的強項。

迪克聽了很開心。「我了解你們是真的欣賞我的公司，認為我們或許可以透過幾種方式合作，」他說，「那麼，你們有什麼想法？」

我們從來沒有機會回答這個核心問題：我們應該把兩家公司合併嗎？相反地，我們非常確信迪克不願面對事實。他還是把雷曼視做一塊肥肉。

就在和聯邦準備銀行見面的兩天前，迪克打電話給我。穆迪投資人服務公司（Moody's Investor Service）發布新聞稿，宣布正在考慮降低雷曼的評等。當天晚上，我們安排兩組資深管理階層的團隊在瓦立德家見面，但我和迪克沒有參加。七月見面的時候，雷曼的每股股價是四十美元，現在不到十美元。我問瓦立德，現在是不是跟雷曼做交易的時候，但是瓦立德在看過各項財務數據後，向迪克的人表示交易無望。「他們的臉明顯沉了下來。」他回報給我。

兩個晚上過去了，現在大家在我的辦公室，一面吃義大利麵一面討論雷曼會不會內爆，以及如何限縮我們對這家公司的曝險。

＊＊＊

我依照蓋特納指示，組了A級隊伍，星期六前往紐約聯邦準備銀行。在我的車子裡，有柯爾姆、蓋瑞．林區和融資專家湯姆．偉夫（Tom Wipf）。另外，我請湯姆．尼德斯到紐約聯邦準備銀行跟我們會合。為了把保羅．陶柏曼從帕切斯高爾夫球俱樂部的會員錦標賽裡拉出來，我留言給他十八次，說：「你一定要給我滾來紐約聯邦準備銀行。」

我們早上八點到達，比約定時間早了一小時。這地方一片混亂，大夥吵成一團。這裡有全國頂尖的金融領導人和他們的幕僚，彼此推擠搶著椅子和插頭，好替筆電和手機充電。我打開一樓的某扇門，進入一間華麗的會議室。「摩根士丹利的人要坐這裡。」我手一揮，對大家宣布。

每個人都專注在雷曼的資產負債表上。問題是，金融業能不能一起投入夠多的資金，按部就班紓解雷曼的困境，而不是任由他們被迫宣告破產？我們分成幾個工作小組。摩根士丹利的任務，是和花旗集團與美林協調，大家一起評估雷曼的流動性問題。每隔一個半小時，蓋特納就會像個高中老師似地走進房間，鼓勵大家參與。「好啦，現在我們在做什麼啊？」他問，「要花多少時間和力氣？你們做出了什麼結果可以給我？」

我們全張大眼看著他，只差沒說：**老兄，那你又有什麼結果可以給我們呢？**

隨著時間過去，有件事愈來愈清楚：我們看雷曼看得愈仔細，就愈明白這家公司比任何人想像的都還要糟。而我在聯邦準備銀行待得愈久，就愈能感受到金融版圖的地層構造正在變動。那是大家所知的「雷曼週末」，不過雷曼不是唯一出問題的公司。管理機關在我們看不到的地方，正在處理全世界最大的保險公司：美國國際集團（American International Group Inc., AIG）。這家公司在一百三十個國家營業，雇用十一萬五千人，誇稱擁有資產一兆美元。悲慘的是，它出售保險給不動產抵押貸款證券，以防不動產崩盤，而理賠的期限將屆。換言之，AIG也即將周轉不靈。我們被告知已經訂了一個私下的解決方案來拯救AIG，而且摩根大通應該會提供融資。

既然華爾街處在如此的動盪中，我認為和美林談談應該無妨。美林帳上持有許多不良資產，但它是成立於一九一四年的世界知名特許企業，遠遠超越摩根士丹利。如果雷曼崩落，緊接著會是美林。於是在某個星期六下午，我向美林執行長約翰．塞恩提議：「或許我們應該聊聊。」

當天晚上，我和我的團隊，以及塞恩和他的團隊，在瓦立德位於上東區的家裡見面。經過兩小時具建設性的討論後，我說我星期一將向董事會報告，之後我們可以著手進行事前審核。我們很樂意接受美林的財富管理業務，這會是高明的一步棋。

令我驚訝的是，塞恩說他希望我們馬上決定。「在亞洲開盤前。」他告訴我們。換句話說，星期天晚上之前。

「那不可能。」我說。這麼做太危險，因為他公司的資產負債表中有很多無法被量化。我這才發現美林在一種無可名狀的壓力下，必須做成交易。由於我們並不覺得有急迫的需求，沒必要倉促決定。我很慶幸自己不是處在那種狀況下。

我不曉得的是，接下來的那個星期，我會被迫接受我無法想像的考驗。

星期六晚上，我們七人約在聖彼得的露臺吃飯，讓沒有去和塞恩開會的人了解情況。那個週末，我們自以為是倖存者，要擔任其他公司的救助者。漢克和蓋特納相信，我們會幫他們解決雷曼和美林的問題。美國銀行在週末結束前，將買下美林。

星期天上午八點，我們又回到聯邦準備銀行。我們正啜飲著難喝的咖啡時，管理機關告訴我們，英國的投資銀行巴克萊（Barclays）已經達成收購雷曼兄弟的協議。但是這家公司現在由我的勁敵鮑勃．戴蒙經營，只想要優良資產。換言之，不接受不動產資產。為了順利達成交易，鮑爾森和蓋特納要在場的十三家大型銀行交出三百三十億美元，拿這筆錢來沖銷雷曼資產負債表上的不良資產。我們只能搞清楚每家公司要出多少錢。

我們在爭論我們能負擔得起多少的數十億美元，一度討論到每家公司出三十億美元，但有些公司不同意。顯然在場人士還有許多保留。到了下午快一點，漢克走了進來，我看了他一眼，就知道他帶來壞消息。「英國人搞我們。」他說。英國的主管機關金融服務局（Financial Services Authority, FSA），拒絕在如此緊迫的情況下批准和巴克萊銀行的交易。看來雷曼已經走投無路。

我的電話響起，是迪克．富爾德打來的。「我無能為力，迪克，我很遺憾。」我只能這麼說。那天下午我們離開聯邦準備銀行前，蓋特納把柯爾姆和高盛的財務長拉到一邊。「你們需要什麼？你們有足夠現金，可以撐到下個週末嗎？」他問。

「約翰，我認為他在說笑，」柯爾姆事後重述對話內容時說，「我是說，我們有一千三百一十億美元的流動性。講真的，約翰，我認為我們體質健全。手頭有平常的三倍現金，我覺得很安心。」

星期天晚上大約十點，我接到一通電話。聯邦準備銀行要摩根士丹利代表它出席和ＡＩＧ的談判協議。情況發生了變化。政府正在考慮對這個保險巨擘紓困。由於ＡＩＧ的業務涉及廣泛，從退休金乃至壽險和家庭保險到年金，經營失敗將損害數百萬平民百姓的個人財務。鮑爾森和小布希總統不能讓這種事發生。

迪克．富爾德與其員工的命運更悲慘。就在我入睡前，得知九月十五日星期一凌晨一點四十五分，雷曼申請了「十一章」，也是美國史上最大宗的破產案件。在第七大道七四五號，距離時代廣場僅幾個街區，轉個彎就到摩根士丹利的地方，員工魚貫走出雷曼兄弟，捧著裝了私人物品的紙箱，進入陰暗的街道。

我把鬧鐘設在早晨五點半，以便提早進辦公室。然後我閉上眼睡去。

第二十二章
CHAPTER TWENTY-TWO

Up Close and All in:
Life Lessons from a Wall Street Warrior

九月十五日星期一，全世界一醒來就看到驚悚的頭條新聞。《華爾街日報》刊登了「華爾街危機，雷曼搖搖欲墜，美林出售，AIG急籌錢」。第一版的主題報導開頭寫著：「星期天，美國金融體系核心被撼動。」

我的責任是讓常務董事了解上個週末發生的事。更重要的是，動亂對我們的意義。我在講臺就定位之際，美國的股票期貨和歐洲的銀行股正跌跌不休。我望著一張張焦慮的臉龐，他們正等著聽我要說的話：「我充滿幹勁，大家也應該充滿幹勁。我希望我能夠來到這裡，說……這是個很棒的機會，放心吧，我們會很好，所有競爭對手基本上都已經被消滅了。」

「我不會這麼說的。」我說。我停下來，環顧四周。我沒有預演過。我一直認為，說肺腑之言才是最好的。

「我想說的是，提起精神吧，」我繼續說，「再努力一點。想想今年發生過的事，突然間三家競爭對手就結束營業。我知道你們每個人，不光是在場的每個人，我想是業界的每個人，都被撼動了。這是正常的。但是，不表示我們要發抖討饒……我們在這裡，是為了營業、服務客戶、取得市場占有……我認為一旦動盪逐漸平靜，而且必定會平靜，前途將無可限量。」

在我結束說話時，大夥兒顯得平靜了些。

但是有件詭異的事情正在發生。在尋常的星期一，無論股市漲跌，電話從不間斷地響著，空氣中充滿一股鈔票進進出出所散發的電力。如今，融資室鴉雀無聲。恐怖的靜默。大家坐在辦公桌前卻無事可做，心中感到害怕。害怕接下來可能發生的事，會凍結在投資銀行與商業銀行之間來回流動的借貸管道。我們在三樓設置一間現金室，有大約十幾位交易和融資部門的人，精準監控公司有多少錢進出。我讓湯姆・偉夫來負責，他是個四平八穩的人，自一九七七年以來都在企業融資部門工作。

我們幾乎是立刻就開始看到大規模的現金提領。避險基金的動作比我們預期的還要迅速。當他們無法把錢從雷曼領出來時，行為開始失去理性，由動物本能接手。他們想著，我已經被迫得向老闆報告，我有錢被卡在雷曼出不來。如果連摩根士丹利都有事，那我又多了個問題。所以，如果可以把錢從摩根士丹利領出來，就要趕快。如果可以把錢從美林領出來，就要趕快。如果可以把錢從高盛領

出來，就要趕快。我要把手上所有的現金，都拿去買美國國庫券。

星期一晚上，偉夫和他的幕僚，跟我們的出納大衛．黃（David Wong）一起清點現金。幾十年來，我訓練大家一有壞消息就要盡快上樓告訴我，這是麥晉桁的命令。好消息自己會傳開來。我想知道壞消息。消息愈壞，我就愈不容許自己做出反應，因為我需要知道更多事實。我絕不希望讓人感到害怕，或者使他們猶豫著不對我說實話。因此當柯爾姆走進我的辦公室，說：「約翰，我們的現金少了一百億美元。」我說「好」，一副他剛才說我們少了十美元的樣子。

我們辛苦累積，以為可以用好幾個月的現金，如今正在消失中。雖然摩根士丹利全世界的營業處所，並沒有出現絕望的存款人大排長龍要求把錢領出來，但畢竟還是像電影《風雲人物》（*It's a Wonderful Life*）那樣，要求提領的人潮突然就出現在我們的銀行。唯一的差別是數字更大，而且我們面對的是避險基金。但是概念相同。如果瓊斯太太跟她所有的鄰居紛紛把錢提領出來，那你就有麻煩了。你會沒有錢可以給他們。

柯爾姆和我只讓另一個人知道這個情況，那就是我們的總律師蓋瑞．林區。

萬一料想不到的事情發生，公司關門大吉、宣告破產，他需要隨時做好準備。

星期一，股市依舊慘不忍睹。當日下跌五〇四點，也是繼九一一後股市重新交易的那天以來，最慘的單日跌幅。二〇〇八年初，我們的股價以五〇・九五美元開盤。星期五下午，柯爾姆和我趕去紐約聯邦準備銀行時，每股收在三七・二三美元。目前跌到三二・一九美元。

九月十六日星期二，《金融時報》（*Financial Times*）記錄了我們前一天的經歷：「銀行界的黑色星期一在華爾街上演。」當天，《華爾街日報》的頭條新聞開頭寫著：「美國金融體系動盪，導致全球市場紛紛暴跌……」

當天上午七點到辦公室時，柯爾姆和我剛好搭同班電梯上四十樓。他的表情看起來很陰鬱。「柯爾姆，出電梯時我們兩個一定要面帶微笑，」我告訴他，「不能讓大家知道我們在擔心。」

在最糟的狀況下擺出最好的表情，這早在我十一歲起就烙印在我的DNA裡。在我的成長過程中，我相當崇拜同父異母哥哥喬治，他在二戰期間與德國交戰時，擔任B-17空中堡壘轟炸機的機尾砲手。戰後他回到莫爾斯維爾的家，在父親的倉庫裡工作。之後，喬治不知怎麼進了醫院，沒有人告訴我究竟怎麼回事。當我在客廳看見他躺在棺材裡，感到震驚不已。喬治死於白血症，得年三十四歲。

我還記得站在父母臥室外的門廊，看見父親跪在地上禱告。我看見他疲憊雙眼中的哀戚。全家人也因為他的悲傷而心情沉重。喬治死後，我決定不要再增加父親的負擔。無論在家或者在倉庫，我都要樂觀向上、不怨天尤人，快快樂樂的。當時的我也感到哀傷，但我不打算表現出來。這種掩飾難過和恐懼的能力，成為我性格的一部分。

我們要提振的不光是員工。雷曼解體加上美林被美國銀行收購，現在所有目光都放在摩根士丹利和高盛這兩家華爾街最後的獨立投資銀行上。投資人認為下一塊倒下的骨牌就是我們。我們知道判這種死刑是錯誤的，我們的數字很好。分析師預測我們的淨收入為六十二億美元，而實際結果將是八十億美元。我們超出華爾街的預期，而且超出很多。為了再次向市場保證摩根士丹利的體質良好，我們決定把和分析師一起公布獲利的電話會議，從原來的星期三提前到星期二下午。德意志銀行的分析師麥克·梅約問：「我想我知道答案，但我還是要問，你為什麼要今晚提前公布數據，你最想強調的是什麼？」

柯爾姆回答：「我想強調摩根士丹利的實力和穩健性。我希望能夠有一塊橋梁的基石，在情況失控、荒謬的謠言滿天飛的情況下，重建大家對市場的信心。如果我今天寫下某些謠言，明天重新讀，我大概會以為自己在作夢。這就是我們為什麼要公布的理由。因為我認為，讓市場恢復些許理性是很重要的。」

好消息通常會推升股價，但這次除外。我們的股票在一夜之間從二八．七〇美元跌到二二．八三美元。我們受到空方攻擊。一般而言，投資人買進股票，在持有的股票增值時實現獲利。放空則是相反。這是個複雜的投資策略，先借入股票而後賣出，之後再以較低的價格買進，賺取中間差價。九月十七日星期三中午，《紐約時報》的交易平臺（Dealbook）頭條標題是：「大型經紀商的股票直線下跌」。報導內容則寫著：「摩根士丹利決定提前一天公布第三季結果，似乎無法平息華爾街對其商業模式的生存能力所感到的恐懼。」

我習慣每天下午四點股市收盤後查看股價。現在我經過每一臺彭博螢幕都會瞄一眼，就像心臟病患者死盯著加護病房中的監視器。我們股票的交易量是平日的九倍，等於是空頭勢力總動員。空方正在把我們的股價往下拉。投資人和包括我在內的員工，眼睜睜地看著我們的財富蒸發。CNBC等有線頻道不斷直播，更增加了世界末日的氛圍。當天股價曾一度掉到一六．〇八美元。克莉絲蒂和我的九成財富都是摩根士丹利股票。但股價大跌還不是最糟的，遠遠不是。放空者在毀壞一個有歷史的特許企業，這是經歷近四分之三世紀的努力不懈和嚴守紀律建立起來的。我不止一次抱怨是避險基金在放空摩根士丹利的股票，幾個月來我一直在指出這個問題。

SEC對市場的瘋狂無所作為。我打電話給主席克里斯多福．考克斯。「主席先生，您需要採取措施來禁止這些放空者。」我告訴他。考克斯回答，放空是合法行為，他無從干預，況且學術研究證明，限制放空並無法停止市場的恐慌情緒。

「這不是學術研究，」我很生氣，「這是真實發生的事！」

我對考克斯感到失望，於是打電話給漢克．鮑爾森、白宮、紐約的兩位參議員查爾斯．舒默（Charles Schumer）和希拉蕊．柯林頓（Hillary Clinton），以及高盛執行長勞爾德．貝蘭克梵，爭取對禁止放空一事的支持。

隨著恐慌情緒快速蔓延，客戶對摩根士丹利漸漸失去信心，試圖從我們這裡提取更多金錢，說法大概是：「只要再多匯給我五百萬美元，因為我們擔心你們的信用。」我決定，欠錢要還，但不能更多了。儘管出納室替我們的錢做好了把關，但我的責任是搞清楚如何補足金庫。我給偉夫的訊息是：「你們拖延一下，我會想出辦法。」

另一方面，大家不再付錢給我們。假設你在某公司的後臺工作，你欠摩根士丹利一億美元，你看到新聞預測：「摩根士丹利即將倒閉。」你會想：**如果我不把這筆錢付出去，我老闆會很開心**。「盡全力去追到那些還沒付我們錢的人。」我對出納室的人說。偉夫給我一份欠款公司的名單。我打電話向這些公司的執行長要錢。正常情況下，我是打電話給客戶，幫我們的銀行家拿到生意。但現在我成了「討債麥晉桁」。

我發了一份備忘錄給全公司，解釋我看到的困難，以及我們現正採取的行動。我的原則是盡可能把最多事情告訴員工，只省略機密的部分。「外面發生了什麼事？」我寫，「對我來說很清楚，我們正處在一個被恐懼和謠言控制的市場當中……我們已經和鮑爾森部長與財政部談過，也積極和我們的長期股東、交易對手和客戶溝通。我鼓勵大家也和你們的客戶溝通，確保他們了解我們的優異績效和堅實的資金部位。」

情況還是老樣子。當天我們的股票收在二一．七五美元。

我們在另一個前線奮戰。我們不像摩根大通之類的商業銀行，坐擁龐大存款。相反地，我們主要是向其他機構短期借款，透過傳統的債務和短期貨幣市場，來支應日常的營運。隨著長期債務市場的門戶逐漸封閉，我們就更仰賴短期借款，如附買回協議。市場對我們債信的看法，反映在信用違約交換（credit default swap, CDS）的市場上。CDS是一種衍生性商品，根據「價差」（spread）基本點（一％的一百分之一）來追蹤債務的保險成本。舉例來說，二〇〇八年一月一日，我們的費率是二二八基點。但現在成本飆到令人咋舌且難以持續的八六六基點。我們曾接到摩根大通來電，威脅完全停止與我們交易，除非我們簽一份協議，並且存入一百億美元做為擔保。他們說：「如果今天晚上不簽，明天早上就不跟你們交易。」接到這通電話的是蓋瑞，他說：「現在是晚上六點半，也就是倫敦時間晚上十一點半。」（這類交易是在倫敦之外進行。）我們別無選擇，只好把錢存進去。

市場明明白白告訴我們，獨立投資銀行的商業模式無法存活。我在尋找一道防線。我問**每個人**有沒有好點子。我知道我不是所有細節都懂，所以我跟一群懂的人在一起。除了平常能想到的人選，還有一些人進出我的辦公室。包括董事會成員、曾任雅虎（Yahoo!）董事長的洛伊．波斯塔克（Roy Bostock），以及在柯林頓總統時期擔任白宮幕僚長和小型企業局局長的厄斯金．鮑爾斯（Erskine Bowles）。金融機構集團的（Financial Institutions Group）負責人露絲．波拉特（Ruth Porat）也加入我們。摩根士丹利的資深員工唐納．摩爾（Donald Moore）則從倫敦飛來。在某些人看來或許有點像馬戲團，只差沒有高空鋼索和吞火戲法。但你永遠無法預測誰會想出突破性的點子。

親朋好友紛紛來打氣。其中，湯姆．貝爾（Tom Bell）和K教練所說的話，極為激勵人心：「反敗為勝的時候到了，約翰！」他鼓勵我。孫瑋經常從北京辦公室打電話來，她的電話總是令我心情平靜。談論另一個大陸（亞洲）所發生的事，有助於轉換心情。星期三，她從科羅拉多州的亞斯本（Aspen）打電話來，她來參加私募基金創始人泰迪．佛斯特曼（Teddy Forstmann）召開的投資人年會。除了聊些平常的內容，孫瑋告訴我，中國投資公司（CIC）的總裁高西慶也跟她一起來開會，CIC去年十二月投資了五十六億美元。孫瑋和我討論到有必要把CIC帶來紐約，因為他們需要保護他們的九．九%持股。這也能幫助他們了解市場動盪的情況。

我和高西慶很熟，我們都是杜克大學董事會的成員。孫瑋說她和高西慶會在星期五晚上從亞斯本飛來紐約。

雖然可能和CIC做成交易令我振奮，但我們沒有等待的餘裕。我和我的團隊，打電話給所有想得到的人。我們連絡中東和亞洲的主權基金、外商銀行，包括英國的匯豐控股和西班牙的桑坦德銀行（Banco Santander），以及加拿大的退休基金。我們也向口袋很深的華倫．巴菲特求助。我打電話給維克朗．潘迪特討論和花旗集團交易，也和北卡同鄉美聯銀行的鮑勃．史提爾（Bob Steel）聊了許多。我叫詹姆斯打電話給富國銀行（Wells Fargo）的執行長約翰・斯頓普夫（John Stumpf），結果在佛羅里達州約翰母親的住處連絡上他。

每個人都在動腦筋。每個人都可以用三個字來形容：救生筏。

但是，出去的現金依然比進來的多。星期三晚上，那年秋天胖了三十五磅的柯爾姆走進我的辦公室。「約翰，」他說，「我身體不舒服，口裡泛酸水。還有就是，我們星期五就要沒錢了。」由於避險基金的客戶解約變現，當天超過五百億美元離開公司。

我驚呆了。「你可不可以再檢查一下，柯爾姆？」我問，我的胃在翻騰，「看看偉夫和融資櫃檯能不能挖出錢來。」

大約半小時後，柯爾姆回來了。「我想我們找到了足夠的錢可以撐到下星期初。」

摩根士丹利的人睡在沙發上和辦公桌下。雄心勃勃的新進分析師睡在辦公桌底下，是職業生涯中的必經過程。但是讓公司的共同總裁和財務長夜復一夜窩在辦公室的沙發上？前所未聞。有些人在公司過夜，是因為需要和不同時區的銀行家連絡。焦慮讓其他人留在原地，即使只是搓著雙手，在午夜過後幾乎無事可做，但很少人願意離開。蓋瑞．林區在辦公室待到凌晨四點，回家小睡一個鐘頭左右，沖個澡換上乾淨衣物，早上七點回到公司。

湯姆．偉夫和出納室的幹部就像吸血鬼，從未見過天日，早晨六點到公司，午夜回家。因為壓力而狂吃的不只柯爾姆，出納室經理損失的睡眠，就用卡洛里來彌補。外送員生意興隆，忙著送來塞滿乳酪的培根蛋三明治、雙份千層義大利麵和肉丸潛艇堡。晚餐是深夜牛排和啤酒。他們看起來很糟，我很擔心他們會因為壓力和高熱量、高油脂的飲食而倒下。於是我做了一個行政決策，指示他們的行政助理：「他們想吃多少就讓他們吃，但是從現在起，我希望送到出納室的食物，只有鮪魚三明治和沙拉。有問題的話，叫他們來找我。」我每隔幾天就會順道過去和他們一起吃飯，而且每次都吃沙拉。

星期四，《華爾街日報》的標題令人不寒而慄：「銀行界巨擘忙籌資，逐漸加劇的恐懼撼動全球市場」，以及，「三〇年代以來最慘的危機，還看不到盡頭」。一篇文章開頭寫著：「十三個月前開始的金融危機，已經進入一個更加嚴重的新階段。」一般人看到這樣的新聞報導，自然會和最聰明的顧問待在自己的辦公室裡商量對策。但是閉關自守的心態沒有用。領導者必須展現信心。我要讓大家相信，摩根士丹利會度過這次難關。每天早上，我走在大廳裡向大家問好。到了下午，我和交易員坐下喝咖啡，聊著洋基隊，回答關於現況的疑問。他們想，**如果麥晉桁都笑得出來，能像現在這樣過日子，情況應該不會太糟**。

我開玩笑地買來一個血壓計，讓大家隨時量血壓。但這適得其反。湯姆．尼德斯進了急診室，他擔心自己心臟病發作了，結果診斷是：恐慌症發作。我的一位高階主管因為壓力大到無法招架，一天下午他從辦公桌前站起來走了出去，從此再也沒回來。

在大廳徘徊的員工震驚不已，他們害怕自己即將失業，而手上持有的摩根士丹利股票將成為壁紙。九月十八日星期四，股價來到新低點：一一．七〇美元。那天下午，我對三十五個國家的六百多個營業處所，召開一次公開論壇廣播。我站在交易大廳，談到大家心裡最在意的一件事：究竟該不該賣股票？「我知道你們有些人很害怕。」我說，「或許我們每個人都很害怕。想賣股票嗎？那就去賣吧。我不會去看[誰賣了，誰沒賣]，我也不在意。」我又說：「我不會賣，但我真正更在意的是你們能安心。所以，想賣就賣吧。」我所說的，同樣適用於地下室的IT部門和四十樓頂樓的最高階主管。如果後者賣股票，他們必須向證管會申報股票轉出，媒體會藉這類資訊大作文章，會被報導成：「摩根士丹利的高階主管已經對公司失去信心。」但我無所謂。我要他們明白我不會介懷，無論如何都不會懲罰。我的訊息是：我們需要大家在精神上和實質上同在，幫我們度過這個難關。我們需要大家將一切交給我們。

我接受一些問題，之後我意識到我應該離開交易大廳了。如果再多待個一時半刻，我恐怕會崩潰。我感覺得到。於是我面帶微笑結束廣播。我每次做視訊公眾會議都是如此，在瀕臨崩潰前結束。

下午三點左右，CNBC的查理．加斯帕利諾（Charlie Gasparino）播報，消息來源指出，聯邦準備銀行有「一種類似RTC的計畫」，要「把銀行和經紀商部分或全部的不良資產，從資產負債表上清除」。RTC是清理信託公司（Resolution Trust Corporation）的縮寫，一九八九年於老布希（George H. W.

Bush）執政時期成立的單位，用來出售經營不善的儲蓄銀行及其資產。這有助於解決一九八〇年代的儲蓄和貸款醜聞，當時S&L把存款用在不動產投機上。在這些投資標的出問題後，讓顧客和政府付出數十億美元的代價。換言之，加斯帕利諾的意思是，現在政府打算接手癱瘓經濟的數十億美元次級抵押貸款和其他壞帳。此舉成為大家所知的不良資產紓困計畫（Troubled Asset Relief Program，或簡稱TARP）。消息既出，市場振奮，我們的股票也跟著上漲，收在二一．五五美元。

湯姆．尼德斯帶著更多好消息進我的辦公室：證管會已經決定暫時禁止放空。次日早晨，克里斯多福．考克斯正式公布：「緊急命令……將回復市場的平衡狀態。」「平衡狀態」聽起來不錯，TARP和考克斯的宣布也讓市場平靜了下來。但我知道摩根士丹利仍然在和生存奮鬥。我們需要一位投資者挺身而出，取得公司的大量股權。而且這件事需要在這個週末發生。

美聯銀行和摩根士丹利的團隊從星期三以來就一起躲起來計算數字，並開始為可能的合併進行事前審核。但是到了星期五下午，我懷疑合併不會成，使得我們迫切希望能和CIC做成交易。孫瑋和高西慶當晚將從亞斯本飛過來，但我有個擔憂。一年前，我們和CIC談判九・九％的股權時，過程相當冗長。摩根士丹利坐在長會議桌的一端，中方坐在另一端。接下來幾天，雙方團隊討論、爭執、勸誘，最後終於達成協議。這麼形容好了，雙方最終都到達了會議桌的中間，中國人是天生的談判能手，當時雙方都很愉快。但是現在，我們沒有多餘的時間，必須立刻到達桌子的中間。

他們抵達之前，孫瑋打電話告訴我，高西慶背痛得厲害。我們替CIC團隊在我辦公室隔壁的會議室設置了工作區，除了幫他們訂晚餐，我還推了一張沙發讓高西慶休息。我也安排了與我熟識的物理治療師佩姬・布利爾（Peggy Brill）過來摩根士丹利替他治療。

我知道高西慶的背痛不是唯一困擾他的事。中方很生氣。二〇〇七年十二月十九日，當我們宣布CIC將挹注五十六億美元時，我們的股價是五〇・〇八美元。今天是二七・二一美元，這意味著，他們投資的錢已經幾近腰斬。高西慶對我們說，CIC想提高對摩根士丹利的投資，從持股九・九％增加到四九％。但他們願意為多出來的三九・一％持股所付的錢，卻是低到看不起人——只有五十億美元。真是令人難以忍受的強迫取分戰術。如果是其他時候，我們會叫他們滾蛋。但今晚不同。我們同意讓他們看我們的帳冊。之後CIC告訴我們，他們一直在聽從德意志銀行的建議，德意志銀行是他們請來的顧問。

星期六我起了個大早，在廚房的飯桌上閱讀《華爾街日報》。這時電話響起，提摩西．蓋特納打來，他要我打電話給傑米．戴蒙。我在星期四曾與摩根大通的執行長通過話，就在他打電話給柯爾姆和詹姆斯之後。「他問有沒有可以幫忙的地方。」柯爾姆告訴我。就像所有精明的商人一樣，傑米是來刺探軍情的。如果我們的處境對調，我也會做同樣的事。我接起電話。「傑米，」我跟他說，「如果你想幫忙，直接跟我說就好，不必拐彎抹角。」

現在我乖乖照蓋特納說的去做。我第二次打電話給傑米，雙方有過簡短的對話。雖然蓋特納認為，讓摩根家族團圓會是個好主意，但我認為雙方的業務存在太多重疊，傑米的語氣聽起來也跟我一樣，對合併興趣缺缺。

我和高盛執行長勞爾德．貝蘭克梵的頻繁連繫則不同。我們突然間成了戰友。過去我們的公司是死對頭，就好比哈特菲爾德（Hatfields）和麥考伊（McCoys）

兩個家族間的夙怨。但是做為兩家依然屹立在華爾街上的投資銀行，我們面對相同的致命威脅。勞爾德不斷告訴我：「約翰，你一定要挺住，因為我跟你只相差二十秒。」

＊＊＊

九月十九日星期五下午，柯爾姆在附近一家名叫藍鰭（Blue Fin）的壽司餐廳吃午餐，在一起的還有詹姆斯、瓦立德、湯姆．尼德斯。這時他接到一通電話，是摩根士丹利日本的總裁強納森．欽德雷德（Jonathan Kindred）打來的。「三菱想投資摩根士丹利，」他告訴柯爾姆，「你可以組成一個交易團隊嗎？」

三菱日聯金融集團（MUFG）是日本最大的銀行。但這隱藏了一個困難點。如果說，中方在談判桌上很耗時，那日本人的速度更是溫吞。柯爾姆認為到頭來將會什麼都做不成，所以他告訴強納森：「我人力吃緊，沒有人可以給你。」強納森堅持：「他們是認真的，他們是認真的。」於是柯爾姆勉為其難組成了一個團隊。

我們大多數人就和柯爾姆一樣，對於日本人究竟能不能在我們期待的時間內做出決定感到懷疑。加上這通電話不是對方的執行長打來給我們的執行長，我們猜那些閱讀美國新聞的中階銀行家，只是想搞清楚目前的情況。大家一致認為，到頭來我們只會空歡喜一場。

只有詹姆斯．戈爾曼持樂觀看法。他說明他的想法：「我在美林的時候，曾經和他們建立了一家合資企業。我發現他們極度聰明，極度有紀律，非常會為別人著想，都是經過審慎考量才採取行動。他們不會因為一時興起而打那通電話給強納森．欽德雷德。」

詹姆斯繼續說：「他們不會像某些隨隨便便的主權基金，一覺醒來決定買摩根士丹利。這些人不是這麼幹的，他們非常專業。的確，他們的動作很慢，但他們大概是經過很多年的醞釀思考，最後才決定打電話給我們。我敢說他們投入了兩百個人在這件事情上。」

「詹姆斯，我由衷希望你是對的。」我說。

在我們試著搞清楚六千七百英里外的東京正在發生什麼事的同時，也必須搞清楚隔壁的情況。孫瑋正在密切關注CIC團隊的一舉一動。「約翰，那些德意志銀行的人很討厭，」她說，「他們叫中方幾乎是不出錢卻又要求公司的控制權。雙方的評價出現巨大差距，但我們正取得進展中。高西慶必須跟CIC的董事長樓繼偉報告，然後樓繼偉必須取得中國的其他部會和資深領導人同意。」

星期六下午，我接到漢克．鮑爾森的電話，我歡迎他經常來關切。漢克就像最佳教練，他講話從不嚇人，總是振奮人心。他會說：「你好嗎？在忙什麼啊？你有什麼想法？你有哪些選擇？」每通電話結束前，他一定會重複這句話：「我們一定會度過這個難關的。我們需要獨立的投資銀行。我正在努力。」

現在，我從他的聲音中聽到不同的語氣。「約翰，市場現在不堪一擊。」他告訴我，「你們公司的問題，一定要在星期一早上開市前解決才行。你們一定要找到合作夥伴。」

「漢克，你一直是我最大的支持者，」我說，「你從一開始就一直幫我們。現在你卻要放棄。我真的無法相信，你在這星期說的每句話一直帶給我希望，結果卻是這樣。」

「我跟你說，約翰。這不只跟摩根士丹利有關，」他回答，「這是跟全球金融業崩潰有關。你得找個合作夥伴。」

「嗯，我相信日本人會投資我們。」我說，「他們就是我的合作夥伴。」

「你我都知道，他們絕對不會那麼快下決定。」漢克說。他的語氣清楚表示，他認為我並不理性。

雙方掛斷電話後，我得重新振作起精神。漢克一直在替我加油打氣。他一直是我的盟友，讓我繼續往前。我獨自關在辦公室裡，不斷提醒自己，**別擔心發生在你周遭的事，專注在你想完成的事**。

保羅．陶柏曼打電話給東京團隊的人，當地時間凌晨三點鐘。「你們得打電話把三菱銀行的人叫醒，」他懇求他們，「然後請他們去把高階管理者叫醒。」要求下屬打電話把上司吵醒，在日本是前所未聞、違反禮儀的行為。「去問他們：『你們願意錯過職業生涯的機會，只因為害怕三更半夜打電話給上司嗎？』」

保羅繼續說：「一定要跟對方說：『你們有大約一天半的時間，如果你們是認真的，就要趕緊動起來。』」

我知道如果星期一股市開市時，我們還沒宣布已經找到大投資者，就會受到重創。大家會拒絕跟我們交易。那就是悲慘下場的開始。基於摩根士丹利愈來愈不可能熬過這關，我的董事會從世界各地飛來開緊急會議。柯爾姆在會議上解釋，我們的現金可能在星期三以前就會用盡。董事會於是聘請外部顧問來保護成員，以防萬一我們宣告破產而發生訴訟。

我無法相信正在發生的事。**偉大的摩根士丹利，星期六晚上在這裡坐困愁城**。**現金每天都在流失，我們最多只剩幾小時**。我得了重感冒，根據經驗，好好睡個覺以後，情況會好些。情況也不可能更差了，最好的做法就是回家。

回到家，克莉絲蒂在門口迎接我。「我想我要失去公司了，克莉絲蒂。」我脫口而出。

「什麼？」克莉絲蒂驚訝地說道。我還沒把糟糕的事跟她說。

直到那一刻之前，我也還沒對自己承認。

我是如此極盡所能地展現一切如常的樣子，有一天晚上我甚至離開辦公室去參加一位員工的五十歲生日派對。亨利在摩根士丹利的收發室工作了幾十年，他花了一整年來籌畫這次的慶生會。他舉目無親，父母和手足已經過世，我們就是他的家人。有人跟我說他一直在問：「你們覺得麥先生會來嗎？」大家都警告他說，因為危機，我可能會太忙而來不了。但我不管四十樓的野火燒得多旺，我走到鮑比范牛排屋（Bobby Van's Steakhouse）跟大家一一握手，向亨利敬酒。「敬這位讓摩根士丹利維持運轉的人！」我說。接著我回到辦公室。

現在，在我們家的門廳裡，我眼中充滿淚水。克莉絲蒂站在原地，我走來走去。幾分鐘後，我回到門廳擁抱她。我深吸一口氣，說道：「我好怕。但我寧可像現在這樣，也不願意坐在北卡的海邊讀書。」

第二十三章
CHAPTER TWENTY-THREE

星期天下午，我們彷彿度日如年。三菱的銀行家被深更半夜的電話吵醒，從他們那裡的星期天清晨就工作到現在。他們寄了一封信來，說他們試圖做成交易，但是三菱日聯金融集團的執行長畔柳信雄，堅持要跟我們開電話會議，帶我逐條了解投資條件書。

但是，會有個延遲的問題。信雄必須從他在東京郊外的住家開車到辦公室，因為他希望口譯員坐在他旁邊，而不是在電話上。如此一來，電話會議的時間將延後幾小時，到紐約時間星期天下午五點鐘，也就是東京時間星期一早上六點。即使我已經告訴漢克，三菱是我們的合作夥伴，但我們大多數人都認為交易成功的機率只有一半。就算CIC團隊還在隔壁交涉，但摩根士丹利的存活似乎依舊渺茫。

中午，我們一群人坐在我的辦公室。電視正播放紐約巨人隊對辛辛那提猛虎隊的足球賽，但沒有人注意。我們已經被判死刑，等著聽法官會不會延後執行。我的助理史黛西打開門。「鮑爾森部長在電話上。」她說。

我拿起話筒，漢克說：「約翰，我跟柏南奇和蓋特納在一起。」

「我想開免持聽筒，讓我的總顧問一起聽。」我說。

現場一片靜默。大夥兒一動不動，每個人都豎起耳朵聽。

漢克開始說：「我們不能讓星期一早上一團混亂。我們需要你設法處理你的公司。」

然後柏南奇說：「約翰，我們看事情的方式跟你們不同。你們如果發生事情，會比任何一家公司發生事情都還要嚴重。這是一場全球危機。我們一定要有解決方案，我們需要解決方案，來解決你公司的問題。」

蓋特納接著說話，他語氣平靜但是剛強。「我們的制度出了問題，」他說，「每家銀行都岌岌可危。為了國家好，我們得消除風險，方法是進行銀行和機構的合併。」他們試圖把問題甩掉。

「你要打電話給傑米，把交易做成。」蓋特納說。

「提摩西，基於對你的尊重，我已經打過電話給傑米了，」我說，「他沒興趣。」

「你應該再打一次給他，他會買摩根士丹利的。」

「是啊，他會用一美元買下。」我說，「問你們三人一個問題。我有四萬五千名員工。在紐約，受到AIG、雷曼兄弟、貝爾斯登和美林的影響，大概已經損失了四萬個工作機會。從公共政策的角度來看，這麼做合理嗎？」

「這和公共政策無關，」蓋特納說，「這攸關安定。這才是我們的重點。我們要你處理你的公司。」

「聽我說，我無比尊敬你們三位，」我回答，「你們為國家做的事，是愛國的表現。但我有四萬五千名員工，我不會照你們說的去做，這樣我會把公司毀了。」

我掛掉電話，結束了對話。

擠滿人的房間裡寂靜無聲，大家一動不動，沒有人開口說話。我能感覺到大家都在注視著我。

我掛掉電話時，並不是想當個渾球。管理機關在盡他們的責任，而且做得很好。而我也在盡我的責任，保護公司及員工。我在思考，若是摩根士丹利垮掉，會對人們造成什麼衝擊。

對我而言，把公司交給摩根大通，或是宣告破產，是同一回事。在我看來，無論哪一種，都是在簽發死刑執行令。我心愛的公司將不再存在，而成為鬼魅。

我看得出來，我的拒絕讓在場每個人為之振奮。我從他們的姿勢和表情可以得知。大家都把身體向前傾，不再露出驚恐的樣子，似乎有所期待。氣氛轉變了。突然間，我們不再等著被執行死刑。我看得出來，大家變得更有勇氣了。我們拒絕A計畫——把公司賣給傑米，而我們完全不知道B計畫是否行得通。但是管他去死，總之我們又拿回命運主導權，甚至覺得搞不好能度過這次難關。

半小時過後，我和信雄在講一通決定生死的電話。我身邊只有保羅·陶柏曼及其副手李紀媛（譯名，Ji-Yuen Lee）兩人。門是關著的。透過翻譯交涉需要高度集中精神。我先說話，等三十秒讓翻譯說。接著信雄說，然後我聽翻譯的內容。在這往返當中，史黛西敲門進來。「提摩西·蓋特納在電話上。他要跟您說話。」她說。

「告訴提摩西，我會回電，我正在和日本人講電話。」

我回到和信雄的對話上。我說一段，我等待，我聽對方說，就這麼來來回回。史黛西又進來了。這次她說：「鮑爾森部長在電話上，他想和您說話。」

「跟他說我會回電。我正在跟日本人講電話。」

三分鐘過去，史黛西又來了。「提摩西．蓋特納在電話上。他很堅持現在就要跟您說話。」

我看著史黛西。我正在講一通或許是我整個職業生涯中最重要的電話。我正努力交涉一筆價值數十億美元的交易，這筆交易可能會拯救摩根士丹利。我不會掛斷三菱執行長的電話，只為了遵照指示，再次打電話給傑米．戴蒙。

我遮住話筒。「叫提摩西滾蛋。」

＊＊＊

結束通話時，我相信我和信雄已經達成初步共識，同意三菱將以高達八十五億美元的價格，買入公司最多二〇%的股權。我們期待立即簽定意向書。

但是，我的工作還沒結束。高西慶和他的團隊還在隔壁。身為執行長，我知道我是傳達這個消息的唯一人選。我到會議室去，告訴他們，我們剛才和三菱已經做成了交易。他們在盛怒下收拾東西直奔機場。

星期天晚上將近九點半時，紐約聯邦準備銀行打電話來，通知我們已經准予我們要求，與高盛一起成為銀行控股公司。在此前一天，蓋瑞·林區已經填寫申請表，那是一疊有兩英寸厚的文件。我們不再是SEC監督下、受輕度規範的投資銀行。我們現在的監管機構是聯準會，它將對我們行使更加嚴厲的掌控。另一方面，我們從此能夠接觸聯準會貸款窗口。

這是個好消息，不過光是這樣還不夠。在日本人將簽好字的意向書傳真過來之前，情況還是岌岌可危。我們等待著，午夜之後是凌晨兩點、三點、四點。我們在傳真機旁邊走來走去，用念力希望它吐出那張救命的文件。終於在星期一黎明破曉之際，傳來了合約條款。

***

柯爾姆後來跟我說，我掛掉鮑爾森、柏南奇和蓋特納的電話，是摩根士丹利一個關鍵的時刻。「沒有其他執行長有這種腦袋，或許該說是魯莽，叫他們滾開。其他執行長會屈從。跟這三個人做對，必須承受巨大的個人風險。當時的你深信自己在做對的事情。」

當我回想那個星期天下午發生的事，我同意柯爾姆的話。我認為幾乎任何其他執行長都會說：聽著，我不同意你們，我認為你們誤判了當前的情況，但你們是美國經濟的三巨頭，所以我會照你們說的去做。

我毫不猶豫就回絕他們，這件事也令我自己感到不可思議。我想都不想，出於直覺說出來。我整個人豁了出去，絕不把公司「給」人。絕對不會。

九月二十二日星期一凌晨十二點二十二分，詹姆斯·戈爾曼傳來一封電郵：「我不是在哄你，但你這星期的表現實在太優秀了。」他寫道，「當你叫柏南奇、鮑爾森和蓋特納閃邊時，可以說是你職業生涯中最寶貴的十分鐘。老實說，這一幕讓我捏了一把冷汗，你說的沒錯……這整件事根本不合理……而你堅持不讓步。謝了。」

這封信對我而言意義重大。詹姆斯一直是個異常平靜和堅定的存在。當其他人煩惱著我們快要沒錢的時候，詹姆斯專注在如何籌措更多錢。這個活生生的例子說明了這個原則——永遠要成為解決之道的一部分，絕不要成為問題的一部分。

在那之後，詹姆斯和我聊到那天晚上發生的事，他的話一針見血。「你的本能反應是，談投降還太早。我不認為你真的知道如何脫困。你只知道還不到認輸的時候。」

今天，在我曼哈頓家的辦公室牆上，掛了一份詹姆斯的電郵。最後有一行他手寫的備注：「約翰，我在這十分鐘學到的，多過在我職業生涯中任何十二個月所學到的。我會一直傳述這個故事。謝謝你。詹姆斯。」

第二十四章
CHAPTER TWENTY-FOUR

我們做了一次深呼吸。接著再度開始。

儘管我們現在以銀行控股公司的身分得以接觸聯準會的窗口，而且有了三菱的意向書，依然沒有提高市場對摩根士丹利的信心。九月二十二日星期一，我們的股價持平收在二七・〇九美元，然後在九月二十四日星期三跌到二四・七九美元。

那天我啟程前往亞洲。我知道摩根士丹利的存活，要靠我說服三菱繼續進行交易。雖然他們簽了合約條款，現在正逐行檢視我們的帳務資料，但不能保證他們會兌現承諾。但東京不是我的第一站。北京才是。我得去那裡見高西慶和他的上司，CIC的董事長樓繼偉。

我很害怕。

平常我搭乘摩根士丹利的飛機時，會一路和米亞・米爾斯玩金羅美。這次她拿牌出來的時候，我只是搖搖頭。我安靜坐著，盯著窗外的雲層。直到飛機升空前，我都沒意識到自己多疲累。過去九天來，感覺我們好像是用指甲抓住陡峭的岩壁，我得做一個接著一個的決定，好讓大家不摔下去。即使是現在，我的團隊中還是有一些人，極力勸我待在紐約辦公室。「你在說笑吧！目前情勢還是一觸即發！」他們警告我，「我們隨時都要能連絡得到你。」

孫瑋不同意。她堅持我一定要到北京一趟。「你在中國的老朋友對你很不諒解，約翰，」她告訴我，「你需要親自去做損害管理，不能等了。」我知道摩根士丹利是ＣＩＣ最早的投資標的之一，而股價已經跌到谷底。他們提出以五十億美元的低價，額外取得摩根士丹利三九％的股權，是試圖用來攤平二〇〇七年十二月，最初投資五十六億美元的損失。中國民眾強烈不滿，認為ＣＩＣ為這項投資付出過高的成本，不符合國家利益。

樓繼偉賭上自己的信譽，想促成與摩根士丹利的第二次交易，但沒有成功。當他和高西慶發現我們同時間和日本人談判時，感覺被背叛。由於這對中國人是個恥辱，樓繼偉和高西慶都承受極大的壓力。「他們的前途危在旦夕。」孫瑋說。此外，也可能衍生出對摩根士丹利的嚴重後果。中方為了懲罰我們，可能會把公司列入黑名單，不准在中國做生意，其他投資銀行在交易不成的時候曾經發生過這種情況。ＣＩＣ仍然是摩根士丹利的大股東，即使第二筆交易沒做成，他們仍然持有公司一〇%的股權。我必須盡一切所能來修補關係。

和高西慶與樓繼偉會面時，我的態度既平靜且直接。我一步步解釋和三菱的交易是怎麼談成的。樓繼偉很激動，我專心聽他說，沒有替自己辯解，只是坐在那兒承受。會面結束時，我不知道自己是否成功修補了裂痕，抱著低落的心情直奔機場。

我不在的時候，又有一家美國巨型金融機構倒下。九月二十五日，美國財政部儲貸機構監理局（US Office of Thrift Supervision）取得華盛頓互惠公司（Washington Mutual）的控制權。華盛頓互惠是全美最大的儲貸合作社，一八八九年成立，也是班傑明・哈里森（Benjamin Harrison）宣示就任美國第二十三屆總統的那一年。華盛頓互惠擁有超過四萬三千名員工，在十五個州有兩千兩百多家分支機構，也是美國史上最大的銀行破產事件。這個消息讓投資人焦慮情緒飆升，反映在股市的反轉向下。

在華爾街大屠殺的情況下，我很訝異東京的會議竟然是在愉快氣氛下展開。我睡得很飽，趁開會前在旅館健身房好好練了身體。儘管情況嚴峻，我的心情卻很平靜。三菱的常務董事平野信行是這次交易的主導者。他和他的團隊，在公司總部精心準備的午餐會上，招待我和我的團隊。我讓自己內心在期望著，**或許這筆交易真的能做成**。

接著，平野要求單獨跟我談話。**時候到了**，我心想。**他們打算抽手**。

「麥先生，從我們第一次談話以來，你們的股價就變動得很劇烈。」他說，「我們需要做些調整。」接著他說明三菱的新條款。

「我不想在倉促間做決定，平野桑。」我說，「我先回紐約，我們想跟您一起想辦法，我需要時間來思考這些改變。」我努力不讓人聽出我的絕望，但那就是我真實的感受。

回到紐約，我帶著資深團隊逐一看過修正後的條件。「約翰，如果我們同意他們希望的價格，但我們改掉到期日，對交易做些調整，」保羅說，「這樣對我們比較好，同時對他們不是那麼有利。他們不會得到想要的一切，但是說不定會答應。」

我打電話給三菱。「平野桑，我願意照您期望的去做，」我說，「但您能否考慮做些微調？」

「麥先生，出於對您的尊敬，」第二天早晨他回電給我說道，「我們希望由您來選擇是要接受我們提議的交易，或者您建議的修正版本。」

三菱的善意令我相當感動。我把平野提出的條件告訴我們的管理委員會時，我說：「我不認為換做我們會這麼慷慨，我們會把每一分錢都拿走。這說明我們的處事態度是怎樣的呢？」

我們選擇對摩根士丹利較有利的條件。九月二十九日星期一，兩家公司宣布最終協議，但還要經主管機關核准。三菱將投資九十億美元，取得摩根士丹利二一%的股權。他們同意平均每股支付二十九美元，高於前一個星期五的收盤價二四．七五美元。但是全球經濟版圖的坑洞繼續擴大，在我們宣布的同一天，道瓊空前大跌七七七點。這次歷史性的股市崩盤，起因是國會拒絕漢克．鮑爾森所提的七千億美元紓困計畫。同一天，摩根士丹利的股價掉到二〇．九九美元。沒有人相信三菱會貫徹對我們的承諾。

十月三日星期五，國會態度逆轉並通過紓困，但接下來這個星期是摩根士丹利股票的末日。我們沒有人能承受即將碰觸的新低點。十月七日星期二，股價掉到一四．一三美元。我們做了更壞的心理準備，因為十月八日星期三午夜一過，放空禁令到期。同一天，我們的現金餘額來到歷史最低點。我們只能無助地看著一切發生，等待管理單位簽署三菱和摩根士丹利的交易。沒有他們的核准，什麼也做不成。

三菱依舊是言而有信，當天發布聲明，駁斥不斷傳出的那些交易將「胎死腹中」的傳言。「我們了解傳言的大意是說，MUFG正在想方設法不履行對摩根士丹利的投資以及和該公司的策略聯盟。我們的一貫政策是，不對傳言做任何評論。」聲明表示，「儘管如此，我們要聲明，任何類似的傳言都毫無根據。」我實在很感激。然而全世界依舊認為三菱會抽手，我們將會破產。

「這顯然是一場恐慌，而且是世界各地的恐慌。」我對著摩根士丹利金絲雀碼頭辦公室一群茫然不知所措的員工說。我飛到倫敦去替他們打氣，同時和三菱銀行的人見面，那個交易日——十月十日星期五——就在三菱對公司進行最後的事前審查時，我們的股價來到六．七一美元的低點，收盤時依然在個位數的九．

六八美元。

我在倫敦的時候，人在紐約的瓦立德努力穩住陣腳。星期五當天，他示範了真正的領導力。從四十樓開始，他對每一層樓的每一位員工說出同一段話。「我們不會讓公司倒下。」他站在一張又一張的辦公桌前說，「摩根士丹利已經成立七十三個年頭，還會繼續屹立七十三年。星期一公司照常營業，沒有人會收拾東西離開。」

我每十五分鐘打一通電話給瓦立德。「你有接到三菱的消息嗎？」我問，「你認為他們會想重新談判嗎？他們會反悔嗎？」

「我什麼也沒聽說，」他說，「約翰，這裡靜得像太平間。就連針掉在交易大廳的地上都聽得見。沒有一隻電話在響。我跟大家說，星期一早上我希望看到大家都在自己的位置上。」

「我們星期一會開門嗎，約翰？」

我不敢說。

＊＊＊

我從倫敦直飛華盛頓特區。世界銀行於十月十一日星期六召開一次緊急會議，請外國領導者共商金融危機，漢克·鮑爾森希望我到場。瓦立德打算去華盛頓跟我會合。「你今天晚上何不留在紐約，」我告訴他，「以防萬一。」

星期六下午，瓦立德還是沒接到三菱任何消息，正在拉瓜迪亞機場排隊登上前往華盛頓特區的短程班機時，他的手機響了。是三菱銀行的人打來的。「我們要跟您談談，查瑪先生。」對方說。

「我跟世界各地的銀行家正準備登機前往華盛頓，」瓦立德告訴他，「等等，我沒辦法講話，我先走出登機橋。」

「九十億美元還在，」這位銀行家說，「但是我們能否以貸款的形式給你們，而不是入股？」

「沒辦法，」瓦立德回答，「貸款對我們沒有幫助。我們需要入股，但我們當然可以做些修改。」

瓦立德趕回辦公室，保羅．陶柏曼和李紀媛已經在忙。從一名優秀的律師轉任摩根士丹利銀行家的羅伯特．金德勒（Robert Kindler），從鱈魚角（Cape Cod）飛回來加入他們。星期天，他們已經針對合約做了必要的修正，好讓三菱繼續和我們交易。

管理機構終於簽核。我們可以在十月十三日星期一將交易敲定。不過還有個問題。十月十三日是銀行放假日，那天在日本是運動日，*在美國是哥倫布日（現在是原住民日）。意思是說，三菱無法把九十億美元匯給我們。另一方面，紐約證券交易所有營業。我們不能再次承受星期五那樣的風險。我們禁不起股價遭到蹂躪，可能會一路跌到零也說不定。我們一定要在市場開盤前把錢拿到手。

投資團隊想出了一個非正統的解決方案。三菱願不願意開一張九十億美元的支票給摩根士丹利呢？

「甚至可以不必是保付支票。」金德勒說。

令我們驚訝的是，日方竟然同意了。大約早晨六點半，羅伯特走進沃奇爾．立普頓（Wachtell, Lipton）律師事務所。他身上還穿著來自鱈魚角的卡其褲和涼鞋，從飛抵紐約就開始沒日沒夜地工作，甚至沒有離開辦公室去換衣服。他希望三菱能請快遞把支票送來，結果來招呼他的，是一群西裝筆挺的日本銀行家和攝影人員。慌張的羅伯特於是向他們保證，他確實是摩根士丹利的副董事長。「如果可以的話，麥晉桁一定會親自來這裡的。」他告訴他們。

華盛頓時間早晨七點五十三分，我的黑莓機叮噹作響。是羅伯特傳來的電郵。主題寫著：「我們拿到支票了！！！！！」電郵的內文是：「結案！！！！！」

那是我這輩子收過最讓人開心的一封電郵。當下我總算鬆了一口氣。這就好像在超級盃的最後幾秒鐘，一記萬福瑪麗亞長傳（Hail Mary pass）落在球門區接球員的手裡。

＊譯注：十月的第二個星期一是日本的國定假日「運動日」。

幸好我不知道他們在摩根士丹利總部做了些什麼。蓋瑞．林區後來承認，一群頭昏眼花的銀行家和律師又笑又叫地在辦公室到處跑，活像吃了太多糖的小孩。「支票到哪裡去了？支票呢？我給你支票了嗎？沒有，我把支票給了『你』！」即使是這些平常動輒處理幾十億美元的華爾街老鳥，也不敢相信他們手上拿著一張九十億美元的支票。股市也鬆了一口氣。星期一當天，摩根士丹利的股價漲了快一倍，收在一八．一〇美元。

星期三，我針對與三菱的交易召開一場公開論壇。一位摩根士丹利的經理請我說說過去五個星期以來，我的「個人體驗」。

「在戰火最熱的時候，」我告訴她，「我是絕對、完全地投入和專注。我們經歷了一些我希望我們永遠不要再經歷的事情……讓我們將此時此刻延續下去。你們保持專注，不妥協。勇於承擔責任。我希望到我死前，一直處在戰鬥模式。你們也應該保持在戰鬥模式。」

過去五個星期如此可怕，但也令人振奮不已。我感到整個人充滿活力。我知道這很瘋狂，但我熱愛壓力。我喜歡領導統御，我喜歡行動。但如果沒有願意合作的夥伴，再怎麼努力也無法使我們度過這場嚴苛的考驗。在談判過程中，三菱一再展現高度的誠信與善意。兩家銀行的關係要追溯自一九七〇年代，大衛．菲力普斯簽下三菱這家客戶。在那段期間，我們開始把日本銀行中年輕有為的員工帶到摩根士丹利總部，接受為期一年的訓練。

當時誰會知道，命運正在向我們微笑？一九八三年九月至一九八四年八月間的這批訓練生之中，有一位就是平野信行。他盡心盡力把交易做成，在擬定合約條款的那個瘋狂週末，他睡在東京三菱辦公室的榻榻米上，手機就放在耳邊。強調誠實與對客戶忠誠的摩根士丹利文化，在平野及其同僚的心中留下無法磨滅的印象。當三菱總裁永易克典參觀我們的交易大廳時，摩根士丹利的每個人都為他起立鼓掌。他在演講中說道：「信任。信任。信任是我們同盟的關鍵。」

關於這點我只能說，幸好我們有三菱。真的很幸運。

第二十五章
CHAPTER TWENTY-FIVE

Up Close and All in:
Life Lessons from a Wall Street Warrior

早晨八點不到，羅伯特・金德勒就從三菱拿到支票。下午三點，漢克・鮑爾森要求我到華盛頓特區的美國財政部大樓，他保證會是好消息。

這次會面有點像是重演一個月前的雷曼週末。鮑爾森、柏南奇和蓋特納都到了，外加兩張新面孔：聯邦存款保險公司（Federal Deposit Insurance Corporation，ＦＤＩＣ）的負責人席拉・貝爾（Sheila Bair），以及貨幣監理署署長約翰・杜根（John Dugan）。根據機構名稱的字母排序就坐的，包括同為執行長的維克朗・潘迪特、勞爾德・貝蘭克梵、約翰・塞恩和傑米・戴蒙。另外還有塞恩的新老闆，美國銀行的肯・路易斯（Ken Lewis），以及來自紐約梅隆、道富集團（State Street Corporation）和富國銀行的高階主管。

漢克告訴我們，為了拯救美國經濟，一定要穩定美國的金融體系，並且恢復信用的流動。做為ＴＡＲＰ的一部分，我們的銀行會收到巨大的資金挹注，無論我們要不要。每家在場的銀行都被期待接受這筆錢，因為聯邦準備銀行不希望有些銀行的問題看起來比較大，即使美國銀行、花旗和摩根士丹利遭遇的困難，比起像是摩根大通來說，顯然比較嚴重。

每位執行長都拿到一份文件，上面概述了個別銀行的條款。我們得到的金額，不是根據銀行的財務狀況，而是依據規模：花旗集團、富國銀行和摩根大通兩百五十億；美國銀行一百五十億；紐約梅隆三十億；道富集團二十億。美林、高盛和摩根士丹利各獲得一百億美元。另一方面，我們都得把特別股給財政部。

幾家收受的銀行並不需要TARP的錢，例如傑米．戴蒙就像個政治家似地說，實際上這對制度來說是正確，所以我就從善如流吧。另一方面，富國銀行的董事長迪克．科瓦切維奇（Dick Kovacevich）則是相當憤怒。他從舊金山的銀行總部飛過來，對於被和他所謂沒辦法搞好資產負債表的「紐約這夥人」送作堆感到憤慨。「我和你們這夥借一大堆錢的紐約人不同。」他不滿地說，「我的銀行狀況良好。我不知道我為什麼被叫來。」

「你被叫來是因為你的管理機關希望你來，」鮑爾森說，「乖乖聽話就是了。」

對我而言，拿不拿錢由不得我決定。如果我沒拿錢，而後出了問題，公司會倒閉。我伸手拿了會議桌上的條款清單，簽了名字，再把它推回去。「你不用回到董事會上請求許可嗎？」塞恩不可置信地盯著我，問道。

我看著他，心想：**你在說笑嗎？**

「我叫董事會二十四小時待命，」我說，「董事會當然會同意。如果不同意，或許我運氣好會被他們炒魷魚。」

＊＊＊

這筆錢把我們從死亡邊緣拉回來。但即使是TARP的挹注、成為一家銀行控股公司，加上三菱的支票，還是不能抹消過去五個星期的痛苦。大起大落，這就是華爾街的節奏。但這次不同。這次的事件威脅到金融體系和全球經濟的存亡，也是自一九三〇年代大蕭條以來不曾發生過的事情。

二〇〇八年的危機期間，每次從摩根士丹利取出的數十億美元，每個被空方襲擊的下午，每次創下的股價新低，感覺都像是生死交關。我必須停下手邊的工作提醒自己，雖然這些事在當下讓我有這種**感覺**，但無論發生過什麼，**實際上**都不會把我殺死。的確，如果摩根士丹利倒下，我的名譽也毀了。我可能會面臨來自憤怒股東的眾多訴訟，更別說會有成千上萬人失去工作。而我將永遠不能在華爾街立足了。但是前途告終不等於生命告終。我沒有失去真正重要的一切：我還擁有我的婚姻與健康快樂的孩子，並且還能和朋友在一起。

不過，我確實受到了懲罰。我以為我們知道自己在做什麼，結果被大大地打了臉。我非常謙卑。由於我犯了錯，所以我再次婉拒紅利。我連續三年沒有接受紅利，瓦立德和詹姆斯也沒有接受二〇〇八年的紅利。此外，我們也將營運委員會成員的紅利刪減七五%，並且設置一個經理人薪酬追回條款（clawback provision），使我們能夠懲罰過度冒險的行為。我們把部分薪酬與多年度的績效表現連結在一起。

二〇〇七年的市場有太多風險、太多槓桿，說實在的，太過貪婪。那年夏天我打電話給提摩西．蓋特納，跟他談到這點。「失控了，」我告訴他，「我可以拒絕一次槓桿收購，我可以拒絕兩次槓桿收購。拒絕第三次會困難一點，因為這次《華爾街日報》會報導說我們不具競爭力。我的員工讀到這份報導會不高興，客戶也會看到。有些人會說：『麥晉桁真聰明。』更多人會說：『麥晉桁錯過這機會，真是個笨呆子。』你需要介入並停止這種瘋狂的行為。你必須讓大家平靜下來。」

「你不會喜歡聽到這個回答，約翰，」蓋特納回答，「但你是第二位打電話來跟我討論同樣問題的執行長。」

我不會責怪主管機關，這點我要講清楚。我會承擔責任。我衝太快，做了太多槓桿。二〇〇九年二月十一日，我被要求到華盛頓特區，在眾議院金融服務委員會（House Financial Services Committee）作證時，我知道自己應該做什麼。第二天《紐約郵報》頭版頭條標題寫著：「銀行家如坐針氈。」文章摘要替每一位作證的銀行執行長打分數。傑米·戴蒙拿到B，富國銀行的約翰·斯頓普夫拿到C，維克朗·潘迪特和勞爾德·貝蘭克梵雙雙得到D。只有我拿A。大家知道為什麼嗎？因為我道歉了。我趨前朝向麥克風，向聚集在此的眾議員說：「我們很抱歉。」《紐約郵報》寫的「如坐針氈」是對的。全國各地的人民相當憤怒，希望我們給個答案。接下來的一年半，我和執行長同儕多次被傳喚到國會山莊。

當我看著那時期的新聞照片時，我能看出當時的我有多緊繃。二〇一〇年一月，我在國會的金融危機調查委員會（Financial Crisis Inquiry Commission）作證時，國會山莊的氣氛沒有比較輕鬆。我坐在傑米．戴蒙旁邊，對他說：「我們的確是自食其果，而且還噎到了。」

某個角度來說，拯救摩根士丹利的，是我們在二〇〇七年十二月史上頭一遭發生季虧損。老天哪，我真是討厭宣布這些數字。但那種羞辱令我放慢腳步。我們從ＣＩＣ取得資本，我們出售資產、積存現金，並且保守行事。

漢克．鮑爾森是那天的英雄。首先，身為華爾街的前執行長，他了解業務。第二，小布希總統會聽他的意見。鮑爾森、柏南奇和蓋特納為市場注入流動性，並且支持銀行，這些都是勇氣可嘉的舉動。他們拯救銀行體系，創造一個安全網，讓市場沒有完全崩解而拖垮全球經濟。他們是真正對國家有所貢獻。

在我們接受ＴＡＲＰ的資助後，情況並沒有立刻穩定下來。二〇〇八年第四季，我們公布虧損二三．六億美元。在這之後到年底，股價在十至十五美元間波動。「每當我們看到海岸線，就又被沖了回去。」柯爾姆向《紐約時報》表示，

「這跟我們或我們的部位無關，而是和環境有關。」但是到了二〇〇九年春天，風變得小了些，股價也上揚了。當年六月，摩根士丹利能夠用二〇%年化報酬率，來償還我們的一百億美元TARP給納稅人。

相對之下，花旗集團又向政府要了兩百億美元。花旗持續需要資金，給了我們做成交易的機會。二〇〇六年，詹姆斯．戈爾曼加入公司。他告訴我，他能夠「某種程度」地整頓我們的零售營運。但他清楚表明，在那之後，為了使摩根士丹利成為金融業的要角，我們必須擴大規模。我對詹姆斯說：「你叫我去買一家零售經紀商，我們就去買。」一月，我們和花旗集團的美邦公司談判，將他們的財富管理業務與我們的財富管理集團合併。我們付給花旗二十七億美元，確保取得合併後五一%股權。合資事業給了我們一千家營業處所的一萬八千多位經紀人，以及一．七兆美元資產。現在，我們是美國財富管理業務中的第一把交椅了。

於是，摩根士丹利達成迪克．費雪和我在一九九〇年代初次尋求與添惠合併時的共同目標。擴展我們的財富管理業務，意味著有更多穩定的收入來源，幫助我們度過未來的難關。二〇〇八年的經驗告訴我們，難關在所難免。收購美邦公司證明與添惠合併是明智之舉，即使這讓我個人感到傷心。文化的衝突也掩蓋了這筆交易的前瞻思維與創新。我想說的是，如果裴熙亮和我沒有在一九九七年敲定合併的話，摩根士丹利熬不過二〇〇八年。

克莉絲蒂說，我的職業生涯已經圓滿。一九六八年我搬到紐約，在美邦工作，我的夢想是在南方某處開一個零售業務的辦公室。如今美邦成為摩根士丹利家族的成員。

＊＊＊

二〇〇八年十一月十七日，我六十四歲。在我吹滅生日蛋糕的蠟燭之際，我知道是時候開始思考下臺的事了。我告訴自己，你的職業生涯很精采。你度過危機，你是摩根士丹利的英雄，你在華爾街受到尊敬，那你為什麼還在出牌？下一次再搞砸的話，你可能就沒那麼容易脫身了。

選擇繼任人選很像是起草最後的遺言。人不可能永遠都在，這是存在的事實。挑選一個人來取代你，是領導者所能做的最重大決定。如果選錯了人，你的遺澤將被玷汙，公司將遭受損害。奇異公司的傳奇人物傑克・威爾許（Jack Welch）在二〇二〇年過世前，對財經作家也是前投資銀行家威廉・柯恩（William Cohan）表示：「〔當〕你挑選一位執行長時，你是在挑選公司的命運。」

我知道我的兩位共同總裁都會是優異的執行長，也會是摩根士丹利優秀的管理者。兩位有各自的強項，都是才能傑出的高階主管，值得獲得冠冕。一位是瓦立德・查瑪，他是典型的國際投資銀行家，衣著永遠一絲不苟，手裡總拿著一根雪茄。他以飛機為家，遊走世界各地。瓦立德在摩根士丹利的機構端著力甚深，我曾經把他送去倫敦，擔任摩根士丹利非美國業務的董事長和執行長，監管我們在歐洲和中東的營運。

瓦立德一直是個忠誠的左右手。他有時會不同意我的看法，但我一做決定，他就走出我的辦公室並給予百分之百的支持。我看得出，擔任共同總裁也讓他成長不少。金融危機期間，瓦立德和潛在合作夥伴打交道時，能精準感知怎麼做最符合公司利益。十月十日，當我人在倫敦，我們的股價大跌到六．七一美元時，他成功地頂替了我的位置。我看到了瓦立德在壓力下的優異表現。可惜他不願意接下執行長的工作。瓦立德和他的奧地利裔妻子凱倫，對他們在英國的生活非常滿意。

我的另一個選擇是詹姆斯．戈爾曼。詹姆斯在公司的資歷不到三年，生活方式顯然還沒有和摩根士丹利的老員工一致。他從沒在交易大廳做過，從沒有承銷過一筆交易，從沒做過首次公開募股。而且諷刺的是，詹姆斯和裴熙亮一樣，在麥肯錫擔任過顧問。他也像菲爾一樣出身零售業務，他非常善於分析，不是天生喜歡在辦公室裡到處走動的人。

但我已經夠了解詹姆斯了。我們每星期在摩根士丹利位於帕切斯的零售業務辦公室會有立食早餐的會議。詹姆斯剛進入我們曼哈頓的總部時，我看得出來他非常努力想精熟交易員和投資銀行家的業務。「放輕鬆，」我告訴他，「不要把自己逼得太緊，你做得非常好。」我只說了那麼一次，他很快就融入了一個本質上封閉和不友善的文化。他成功整合添惠，並使零售業務成長。在金融危機最嚴峻的期間，詹姆斯是我們之中唯一認為三菱會信守承諾的人。幾個月後，他領頭衝鋒向花旗集團收購美邦，並且擔任合資企業的董事長。他清楚知道公司在組織上需要做什麼，而且他冰雪聰明。詹姆斯的表現已經有目共睹，而正因為他不具備幾十年的人脈，因此能放手帶公司前往他認為該去的方向。

二〇〇九年九月，剛過完勞動節，我邀請詹姆斯去位於熨斗大樓（Flatiron Building）附近的黎巴嫩餐廳伊利利（Ilili）共進晚餐。「詹姆斯，我打算把你推薦給董事會，任命你為下一任執行長。」我說。我已經告訴瓦立德，我要推薦他為摩根士丹利國際的董事長。幾天後召開的董事會，他們一致支持我的選擇。

九月十一日星期五早上八點，詹姆斯、瓦立德和我主持一場公開論壇會議。我宣布從二〇一〇年一月一日起，詹姆斯將成為摩根士丹利執行長。「做為董事長，我將不會參加很多管理會議。我會花很多時間和客戶在一起。」我說。我們三人一起坐在六樓大會堂的講臺上。我還記得四年前麥爾斯・馬爾許在同一個地方宣布我成為摩根士丹利的新任董事長兼執行長。那天克莉絲蒂坐在第一排。現在我放眼望去，我的人生伴侶就在那裡。瓦立德談到我在金融危機期間的領導。

不絕於耳的鼓掌聲，著實令我感動到說不出話來。

詹姆斯以他的話語，來安定投資銀行端的人心。「我們並不是即將成為財富管理公司，」他說，「這個地方的核心、遺傳基因、組織結構，從以前一直就是機構法人的證券業務，老實說，也應該永遠都是機構法人的證券業務。」

接著，他說到比較個人的部分。詹姆斯說，他和他的妻子潘妮，對於克莉絲蒂給他們各自一份親筆慶賀函感到非常窩心。他也講了一個在他接受摩根士丹利的工作後，還沒有開始工作前的故事。

「我母親在英國的醫院裡……她有心臟方面的問題。她快八十歲了，有人暗示她會死在那裡。約翰聽說了這件事。

「他打電話到我家說：『我聽說了你母親的事。我們為何不乾脆派飛機去把她接來紐約長老會醫院，讓曾經替比爾．柯林頓動手術的頂尖心臟科醫師看看？』

「誰會這麼做？……誰會這麼大方派飛機去把某人的八十歲老母親接過來，而且這個人還沒開始在這裡工作？約翰認為如果這位醫師有本事治好柯林頓，必定有辦法醫治來自墨爾本的戈爾曼老太太。這很罕見。」

我已經忘記這整件事，但是詹姆斯還記得，對我來說意義重大。這告訴我，他珍惜我們在摩根士丹利建立的文化，一種大家彼此照應的文化，也是使我們與眾不同的文化。

我知道我可以放一百個心離開公司了，它將被交到一個可靠的人手上。

再一個教訓
OUTRO

Up Close and All in:
Life Lessons from a Wall Street Warrior

在我完成本書時，接到了一顆人生的變化球，我認為可以和大家分享。一位醫師通知克莉絲蒂和我，說我罹患了輕度認知功能障礙（ＭＣＩ），很可能是阿茲海默症的初期階段。過去幾年來，我的家人朋友都對我的記憶力表達過關切。他們一開始是說：「約翰，你五分鐘前才跟我們說過同樣的事。」我希望我的記憶問題是以前踢足球的舊傷造成，包括我在大學時期的幾次腦震盪，或者是比較近期的意外，我在我家位於北卡的農場開四輪沙灘車時翻車，整個人摔到了溝渠裡。當這些因素都被排除後，我開始了密集的智力訓練課程。但是當那項醫療計畫沒有發揮功效時，我和一位認知治療師進行了一連串測驗。

ＭＣＩ的診斷絕對是我料想不到的。當醫師公布測驗結果時，克莉絲蒂和我的反應相同。我們都沒有情緒激動；我們相當平靜。其實診斷令我們鬆了一口氣，因為我們終於了解究竟是怎麼回事，以及為什麼。「感謝上帝，現在我們知道我們正在面對什麼。」我們異口同聲。

或許我會多年維持現況而沒有進一步惡化，但我們不知道。目前無藥可醫，但我有幾位很棒的醫師，而且我都有遵照醫囑。我們很務實，過好每一天。無論發生什麼事，克莉絲蒂和我，以及我們的孩子，都會一起承擔。

我已經開始把這個問題告訴我的朋友，以及和我共事的董事會成員。公開這個消息令我自在許多。我總是以我的判斷力、直覺和務實精神，來面對和處理發生的事。我也以相同方式面對認知障礙。把事實告訴大家，給了我掌控權，表示我沒有把詮釋的權力交到別人手上。我不留給人們臆測的空間。我在事業上和在人際關係上都不會這麼做。這個診斷結果是我人生的一部分。我談論它。我處理它並採取開放態度的做法，恰恰說明了我的為人：直接、誠實、堅強。

不處理我的病狀也是一種處理，任何事情都一樣。換言之，我可以努力隱藏，但是每當我重複自己做過的事或說過的話，終究會洩漏問題的存在。公布實情，大家就不會竊竊私語。「你有沒有發現，約翰一直在重複一些事？到底怎麼了？」只要把實情告訴他們就好了。

我不知道未來幾年會怎麼樣，但是目前為止，我還跟得上市場的動態，可以為創業企業家提供建言，幫助人群，偶爾打打高爾夫球，與克莉絲蒂享受人生，和朋友出去吃晚餐，偷拉凳子（我還保有我的幽默感！），並且和孩子與孫女度過美好的時光。

我的預後離完美很遙遠，但我的人生很圓滿。如果回到當初剛抵達紐約市的時候，我不會改變任何事。我表現得極好。我在金融界一等一，我經營一家優秀的公司，我勇於面對政府，告訴他們我不會把摩根士丹利賣掉。我功成身退。

我寫不出一個比我的人生故事更精采的故事了。故事核心是一位了不起的女性，她在一九七二年走進我的生命，從此成為我生命的基石。遇到克莉絲蒂，等同中了頭彩。

我的家人和我都知道，未來或許會很辛苦。但五十年的婚姻、我的孩子、孫女和朋友，這樣的人生，夫復何求。

那就是我人生的功課。

財經企管　BCB788

摩根士丹利傳奇執行長麥晉桁回憶錄

Up Close and All In: Life Lessons from a Wall Street Warrior

作者 — 麥晉桁（John Mack）
譯者 — 陳正芬

總編輯 — 吳佩穎
研發副總監 — 郭昕詠
主編 — 張立雯
責任編輯 — 張彤華
校對 — 凌午（特約）
美術設計 — 張議文
內頁排版 — 蔡美芳（特約）

摩根士丹利傳奇執行長麥晉桁回憶錄 / 麥晉桁（John Mack）著 ; 陳正芬譯 . -- 第一版 . -- 臺北市 : 遠見天下文化 , 2022.12
448 面 ; 14.8×21 公分 . -- (財經企管 ; BCB788)
譯自 : Up Close and All In: Life Lessons from a Wall Street Warrior
ISBN 978-626-355-031-5 (平裝)
1. 麥晉桁 2. 企業領導 3. 回憶錄
785.28　　111020676

出版者 — 遠見天下文化出版股份有限公司
創辦人 — 高希均、王力行
遠見・天下文化 事業群董事長 — 高希均
事業群發行人 / CEO — 王力行
天下文化社長 — 林天來
天下文化總經理 — 林芳燕
國際事務開發部兼版權中心總監 — 潘欣
法律顧問 — 理律法律事務所陳長文律師
著作權顧問 — 魏啟翔律師
地址 — 台北市 104 松江路 93 巷 1 號 2 樓

讀者服務專線 — 02-2662-0012 ｜ 傳真 — 02-2662-0007, 02-2662-0009
電子郵件信箱 — cwpc@cwgv.com.tw
直接郵撥帳號 — 1326703-6 號　遠見天下文化出版股份有限公司

製版廠 — 東豪印刷事業有限公司
印刷廠 — 祥峰印刷事業有限公司
裝訂廠 — 台興印刷裝訂股份有限公司
登記證 — 局版台業字第 2517 號
總經銷 — 大和書報圖書股份有限公司 電話 / (02)8990-2588
出版日期 — 2022 年 12 月 26 日第一版第 1 次印行

定價 — NT550 元
ISBN — 978-626-355-031-5 ｜ EISBN — 9786263550346（EPUB）；9786263550353（PDF）
書號 — BCB788
天下文化官網 —— bookzone.cwgv.com.tw